MULHERES EM MOVIMENTO NA HISTÓRIA DA EDUCAÇÃO BRASILEIRA (1850/1950)

Editora Appris Ltda.
1.ª Edição - Copyright© 2024 dos autores
Direitos de Edição Reservados à Editora Appris Ltda.

Nenhuma parte desta obra poderá ser utilizada indevidamente, sem estar de acordo com a Lei nº 9.610/98. Se incorreções forem encontradas, serão de exclusiva responsabilidade de seus organizadores. Foi realizado o Depósito Legal na Fundação Biblioteca Nacional, de acordo com as Leis nos 10.994, de 14/12/2004, e 12.192, de 14/01/2010.

Catalogação na Fonte
Elaborado por: Dayanne Leal Souza
Bibliotecária CRB 9/2162

M956m 2024	Mulheres em movimento na História da Educação Brasileira (1850/1950) / Aline de Morais Limeira e Amanda Galvíncio (orgs.). – 1. ed. – Curitiba: Appris, 2024. 233 p. : il. ; 23 cm. – (Geral). Vários autores. Inclui referências. ISBN 978-65-250-6830-5 1. Educação. 2. História. 3. Mulheres. 4. Escola. 5. Imprensa. 6. Docência. I. Limeira, Aline de Morais. II. Galvíncio, Amanda. III. Título. IV. Série. CDD – 371.822

Livro de acordo com a normalização técnica da ABNT

Appris
editora

Editora e Livraria Appris Ltda.
Av. Manoel Ribas, 2265 – Mercês
Curitiba/PR – CEP: 80810-002
Tel. (41) 3156 - 4731
www.editoraappris.com.br

Printed in Brazil
Impresso no Brasil

Aline de Morais Limeira
Amanda Galvíncio
(org.)

MULHERES EM MOVIMENTO NA HISTÓRIA DA EDUCAÇÃO BRASILEIRA (1850/1950)

Appris editora

Curitiba, PR
2024

FICHA TÉCNICA

EDITORIAL	Augusto Coelho
	Sara C. de Andrade Coelho
COMITÊ EDITORIAL	Ana El Achkar (Universo/RJ)
	Andréa Barbosa Gouveia (UFPR)
	Antonio Evangelista de Souza Netto (PUC-SP)
	Belinda Cunha (UFPB)
	Délton Winter de Carvalho (FMP)
	Edson da Silva (UFVJM)
	Eliete Correia dos Santos (UEPB)
	Erineu Foerste (Ufes)
	Fabiano Santos (UERJ-IESP)
	Francinete Fernandes de Sousa (UEPB)
	Francisco Carlos Duarte (PUCPR)
	Francisco de Assis (Fiam-Faam-SP-Brasil)
	Gláucia Figueiredo (UNIPAMPA/ UDELAR)
	Jacques de Lima Ferreira (UNOESC)
	Jean Carlos Gonçalves (UFPR)
	José Wálter Nunes (UnB)
	Junia de Vilhena (PUC-RIO)
	Lucas Mesquita (UNILA)
	Márcia Gonçalves (Unitau)
	Maria Aparecida Barbosa (USP)
	Maria Margarida de Andrade (Umack)
	Marilda A. Behrens (PUCPR)
	Marília Andrade Torales Campos (UFPR)
	Marli Caetano
	Patrícia L. Torres (PUCPR)
	Paula Costa Mosca Macedo (UNIFESP)
	Ramon Blanco (UNILA)
	Roberta Ecleide Kelly (NEPE)
	Roque Ismael da Costa Güllich (UFFS)
	Sergio Gomes (UFRJ)
	Tiago Gagliano Pinto Alberto (PUCPR)
	Toni Reis (UP)
	Valdomiro de Oliveira (UFPR)
SUPERVISORA EDITORIAL	Renata C. Lopes
PRODUÇÃO EDITORIAL	Adrielli Almeida
REVISÃO	Monalisa Morais Gobetti
DIAGRAMAÇÃO	Andrezza Libel
CAPA	Carlos Pereira
REVISÃO DE PROVA	Bruna Santos

AGRADECIMENTOS

Este livro contou com financiamento público do Conselho Nacional de Desenvolvimento Científico e Tecnológico (CNPq) por meio do Edital Universal, Chamada CNPq/MCTI Nº 10/2023 - Faixa A - Grupos Emergentes, Processo 402585/2023-2.

PREFÁCIO

> "Minha escola primária. Minha memória
> reverencia minha velha mestra".
> (Cora Coralina, 2013)[1]

Sim! Este livro fala de velhas mestras; se não minhas nem suas, mas as de várias gerações de alunas/os que foram ocupando as escolas brasileiras, à medida que isto ia sendo possível, e, no caso das mulheres, quando permitido. Velhas mestras cujas ações repercutem até hoje em professoras/es, por mais que os tempos, as escolas, os métodos, as pessoas e a educação tenham mudado. Um dos significados de reverenciar é demonstrar respeito/consideração por algo ou alguém, em decorrência de suas virtudes e qualidades. Nesse sentido, esta coletânea também é uma forma de reverenciá-las quando nos trazem suas histórias de formação, as memórias de suas práticas, seus itinerários docentes, os espaços que ousaram ocupar a partir do magistério.

Desde a imagem na capa, percebe-se o esforço das organizadoras, Aline de Morais e Amanda Galvíncio (UFPB), em apontar para a diversidade de mulheres, remeter a nossa ascendência docente e seu papel na construção da história da educação brasileira. O título sugere contemplar as mulheres de todas as regiões do Brasil, mostrando que entre a segunda metade do século XIX e primeira do XX, elas estavam em movimentos a favor da própria educação e a de outros sujeitos, vencendo as condições adversas impostas. Ação que por muito tempo esteve silenciada e invisibilizada pelos cânones da história oficial e de abordagem tradicionalista heroicizante masculina. Embora essa perspectiva já venha sendo rompida, principalmente a partir das últimas décadas do século XX, com a criação de grupos de pesquisas que investigam mulheres em vários espaços, muito ainda precisa ser explorado, desvelado e publicizado nessa seara.

Ao narrar, a partir de múltiplas fontes e procedimentos variados, as trajetórias dessas mulheres professoras, uma instituição se destaca: a escola normal. Sua importância na formação das mulheres brasileiras também

---

[1] Cora Coralina é o pseudônimo da poeta e contista goiana Anna Lins dos Guimarães Peixoto Bretas (1889-1985), que publicou seu primeiro livro após os 70 anos. O poema *Mestra Silvina* foi publicado pela primeira vez no livro *Poemas dos becos de Goiás e estórias mais*, em 1965, pela editora José Olympio. Usamos aqui o poema publicado em *Vintém de cobre: meias confissões de Aninha*, da editora Global, em 2013, p. 129-130.

tem sido objeto de investigação e publicação há décadas, e sabe-se que a escola normal foi não apenas o lugar de formação, mas uma das principais portas de acesso à profissionalização feminina. Um aparte necessário nessa discussão é a presença de professoras leigas, gerada pela junção de condições precárias da organização do ensino no país e experiências pessoais desfavoráveis que dificultavam/impediam o acesso de muitas mulheres à educação formal, no recorte temporal ora contemplado.

Nos capítulos, uma série de ideias e configurações sobre educação, escolarização feminina, vidas de professoras vão se descortinando aos nossos olhos: processos formativos escolares e não escolares; vivências de alunas; práticas e estratégias educativas; associação de educação com religião para moldar mulheres controláveis; importância da docência no desenvolvimento da leitura e da escrita; empecilhos ao exercício de cargos de gestão pelas mulheres; ingresso das mulheres no ensino superior; apagamento dos percursos educacionais de professoras negras; ocupação tática de outros espaços sociais a partir da docência; permanência de discursos femininos em prol dos direitos da mulher; imprensa feminina, particularmente o jornal e sua importância na formação intelectual e como lugar de poder (mesmo regulado) feminino; experiências educacionais de judias no Brasil, e outras questões fundamentais para a escrita da história da educação das mulheres no Brasil, e no mundo.

Ao lado das educadoras destacadas nesta obra e tantas outras sequer ainda nomeadas, quantas e quais mulheres estavam formando os filhos da sociedade brasileira em seus contextos? Quantas precisavam pensar e agir taticamente (no sentido certeauniano) para sobreviver? Quantas quebraram regras e enfrentaram ultrajes por seus comportamentos? Quantas se colocaram à frente para ocupar espaços negados e definidos como impróprios ao feminino? Quantas não acessaram a escola porque estavam nas ruas, nas casas, nas fábricas, trabalhando?

Contar a história da escolarização das mulheres brasileiras, de sua formação e atuação, das práticas desenvolvidas nos espaços ocupados ainda é romper silêncios, buscar caminhos novos, garimpar fontes em territórios, às vezes, inóspitos, é, enfim, erguer outras histórias que permitam às mulheres existirem como potência na construção das sociedades em seus tempos.

Portanto, esta coletânea ecoa vozes e imagens femininas do Brasil afora, de ontem, de hoje e do devir: ao instigar novas questões, ao registrar que às vezes é preciso uma atitude curiosa, insistente, desbravadora e interseccional para localizar mulheres que na educação empenharam sua própria vida e por motivos numerosos que fundem classe, raça e gênero, a história dos homens fez questão de apagar.

Junto-me às palavras das autoras e convido-as/os à leitura destes textos como um exercício de conscientização, luta, empatia, empoderamento, reconhecimento e espaço de fala a nossa ancestralidade feminina e docente, dificultando, assim, a produção de novos apagamentos e silenciamentos.

Sigamos!

João Pessoa, maio de 2023.

Maria Lúcia da Silva Nunes
Professora do Centro de Educação da Universidade Federal da Paraíba
(CE/ UFPB)

SUMÁRIO

INTRODUÇÃO..13

CAPÍTULO 1
OFÍCIOS, LUGARES E MODOS DA PRESENÇA DE MULHERES NA EDUCAÇÃO NA DÉCADA 1950..................................15
Clarice Nascimento de Melo – UFPA
Gabriela Guimarães Silva – UFPA

CAPÍTULO 2
LETRAMENTO E EMANCIPAÇÃO FEMININA NO AMAZONAS NA VIRADA DO SÉCULO XIX PARA O XX..................................33
Maria Luiza Ugarte Pinheiro – UFAM

CAPÍTULO 3
NÍSIA FLORESTA E CHATARINA MOURA: DIREITO DAS MULHERES E A EDUCAÇÃO PELA PALAVRA..................................63
Aline de Morais Limeira – UFPB
Amanda Galvíncio de Sousa – UFPB

CAPÍTULO 4
AS TRAJETÓRIAS DE FORMAÇÃO E ATUAÇÃO DAS PROFESSORAS EUFROZINA AMÉLIA GUIMARÃES (1872-1964) E PENÉLOPE MAGALHÃES (1886-1982) NO ENSINO DE MÚSICA, TEATRO E LÍNGUAS ESTRANGEIRAS EM SERGIPE..................................87
Anamaria Gonçalves Bueno de Freitas – UFS
Thais Fernanda Vicente Rabelo Maciel – UFS

CAPÍTULO 5
HISTÓRIA DA EDUCAÇÃO E A INVISIBILIDADE DAS PROFESSORAS PRETAS EM SALVADOR E ILHÉUS ENTRE O IMPÉRIO E A REPÚBLICA..................................107
Cristiane Batista da Silva Santos – UESC/Ilhéus

CAPÍTULO 6
DOCÊNCIA E INSTRUÇÃO FEMININA: IDALINA MARGARIDA DE ASSUNÇÃO MEIRA HENRIQUES (PARAHYBA DO NORTE, 1859-1869) 127
Aldenize da Silva Ladislau – UFPB
Itacyara Vianna Miranda – UFPB

CAPÍTULO 7
CONSTRUÇÃO HISTÓRICA DAS DIFERENÇAS E EDUCAÇÃO DE MULHERES EM MATO GROSSO, BRASIL (SÉCULO XX) 147
Nilce Vieira Campos Ferreira – UFMT

CAPÍTULO 8
OS ÓBICES PROFISSIONAIS DE MULHERES DE LETRAS COM O TRÂNSITO NA DOCÊNCIA 167
Cristiane Ribeiro – UNICAMP

CAPÍTULO 9
MULHERES NO TRABALHO DOCENTE E NOS MOVIMENTOS SOCIAIS DO RIO DE JANEIRO ENTRE AS ÚLTIMAS DÉCADAS DO SÉCULO XIX E MEADOS DO SÉCULO XX: UMA QUESTÃO DE GÊNERO, RAÇA E CLASSE 185
Alessandra Frota Martinez de Schueler – UFF
Irma Rizzini – UFRJ

CAPÍTULO 10
A EDUCAÇÃO DE MULHERES JUDIAS NO INÍCIO DO SÉCULO XX 211
Natália Gil – UFRGS
Mariana Motta Klein – UFRGS

SOBRE AS AUTORAS 227

INTRODUÇÃO

Os conhecimentos produzidos e partilhados pela História da Educação acerca de mulheres, sobretudo nos últimos anos, permitem uma defesa inconteste acerca da importância e o papel político, cultural e social desse saber. Essas reflexões (e todas as outras que elas provocam) são elementos de luta em prol de uma sociedade mais democrática, diante de problemáticas tão atuais como o feminicídio e todo tipo de violência de gênero, seja ela simbólica, emocional, psicológica, material, física, sexual etc. Entendemos que o conhecimento histórico cumpre sua função social quando, ao se debruçar sobre experiências de sociedades passadas, compromete-se com a desnaturalização e problematização do tempo atual.

A História da Educação, que possui estreita relação com reflexões teóricas marcadas pelas práticas e marcadoras das práticas com suas ressonâncias, deve sempre se preocupar com a diversidade, a democracia, a representatividade, ajudando-nos a estranhar a conjuntura limitada do nosso e de outros presentes. Abordar a temática de gênero nessa perspectiva permite que se possam estranhar, desnaturalizar e repensar os papéis das mulheres na constituição da nossa sociedade, nos (re)condicionamentos de gênero, classe, raça, etnia, ao longo dos séculos. Assim, viabilizar a reunião destas pesquisas sobre mulheres é um passo fundamental, entre tantos outros, para dar relevo às problemáticas históricas e do tempo presente que nos marcam enquanto sociedade.

A História e História da Educação das mulheres têm experimentado inovações e expansões em termos quantitativos (ampliação do número de estudos e pesquisas) e qualitativos (temas, problemas, fontes, metodologias) que permitem dilatar a investigação sobre a inserção das mulheres em vários espaços sociais, políticos, culturais e educativos (formais e informais). Da mesma maneira, permitem refletir sobre a perspectiva da diversidade (raça, classe, etnia, localização geográfica, sexualidade, grau de instrução, condição civil...) como marca fundamental da existência e trajetória das mulheres ao longo dos séculos.

Parte dessa tarefa foi desempenhada neste esforço coletivo por um conjunto de 17 mulheres que representam as cinco regiões do Brasil em suas análises e recortes que desenham os 10 capítulos deste livro e mais um texto prefaciador. De norte a sul, contamos com Clarice Nascimento e

Gabriela Guimarães (UFPA), Maria Luiza Ugarte (Ufam), Aline de Morais e Amanda Galvíncio (UFPB), Anamaria Gonçalves e Thais Fernanda Vicente (UFS), Cristiane Batista (Uesc/Ilhéus), Itacyara Miranda e Aldenize Ladislau (UFPB), Nilce Vieira (UFMT), Cristiane Ribeiro (Unicamp), Alessandra Schueler (UFF) e Irma Rizzini (UFRJ), Natalia Gil e Mariana Motta (UFRGS), Maria Lúcia (UFPB).

João Pessoa, 10 de abril de 2024.

Aline de Morais Limeira
Amanda Galvíncio de Sousa

CAPÍTULO 1

OFÍCIOS, LUGARES E MODOS DA PRESENÇA DE MULHERES NA EDUCAÇÃO NA DÉCADA 1950

Clarice Nascimento de Melo – UFPA
Gabriela Guimarães Silva – UFPA

Destacamos neste artigo a presença das mulheres na educação paraense durante a década de 1950. A investigação tem como objeto as mulheres em seus ofícios, tempos e modos. Justifica-se pela potencialidade de apresentar as mulheres na educação na sociedade paraense e brasileira. Enquanto personagens importantes na conformação da educação brasileira, sua atuação deve ser evidenciada, compreendida e problematizada, a fim de que possamos perceber quais os principais embates vivenciados por essas mulheres. Dar voz e marcar a presença de mulheres na educação possui o sentido político, o qual pretende-se alcançar através deste trabalho.

O texto insere-se no campo da história da educação de mulheres, permitindo que, a partir das suas experiências política, social e cultural, possamos entender o contexto em que elas, enquanto profissionais da educação, estavam inseridas. A escolha dos campos de atuação em que trabalharam não dependia somente dessas mulheres, pois elas estavam subordinadas a limites impostos por toda uma sociedade, tudo isso por conta de um arranjo social que as incentivou a ter máxima da vida doméstica, casamento e família como suas prioridades e definia a sua vida profissional e os limites que deveriam seguir (Almeida, 1998).

A partir dos lugares, é possível sinalizar em que espaços de trabalho cada mulher esteve presente, considerando o tamanho continental do estado, as vozes dessas mulheres e suas demandas, surgiam de diversos pontos diferentes dentro dos limites territoriais paraenses, lugares que vão além da capital belenense, onde essas mulheres desempenhavam o seu trabalho na educação.

No que se refere ao modo, busca-se especificar quais os cargos ocupados dentro da hierarquia educacional, se eram professoras, diretoras, inspetoras de ensino, serventes ou alunas, juntamente com a área da educação em que essas mulheres atuavam, se no ensino primário ou secundário, seguindo à risca a divisão da educação básica da época[2]. A tentativa deste tópico é justamente ilustrar as formas pelas quais essas mulheres apresentavam suas demandas, e quais eram as suas principais solicitações perante o estado que organizava o sistema educacional no qual elas atuavam, para que de fato essa educação operasse como um corpo eficiente tanto no macro, quanto no micro do aparelho estatal brasileiro.

A fundamentação teórica do trabalho se insere no campo da História social, trazendo uma releitura da educação no Pará, que por conta do discurso político paraense da época, caracterizava a educação como redentorista e, desse modo, seria um meio para se atingir o progresso. A principal proposta deste artigo é lançar luz na história social das mulheres. Apesar da tentativa de apagamento de seu protagonismo, essas mulheres resistiam e resignificavam os seus papéis na educação diante dos discursos religiosos, estatais e jornalísticos que potencializavam uma construção social onde elas não eram privilegiadas enquanto classe.

A regra social era clara, e ela definia muito bem os papéis cabíveis ao binômio feminino e masculino, o que culminava em uma constante vigilância feminina, que espreitava se essas condutas prescritas socialmente estavam sendo seguidas. Entretanto isso não significa firmar uma concepção inflexível de que todas as mulheres apenas aceitavam de maneira passiva os destinos que lhe eram propostos. Pelo contrário, a literatura especializada aponta que era comum as regras serem incorporadas e adaptadas de acordo com suas idealizações próprias.

Devido às assimetrias presentes na divisão de gênero da sociedade ocidental ao longo dos séculos, Michelle Perrot (2005) aponta em sua abordagem historiográfica, que as mulheres foram excluídas de narrativas históricas enquanto agentes, sendo relegadas a papéis secundários e/ou inferiores se comparadas com os homens. É proposta a perspectiva de que esse quadro precisa ser revertido, e na tentativa de problematizar o grupo periférico ao qual foram subordinadas essas mulheres, quer-se indicar a presença das mulheres da educação, suas principais movimentações, para analisar suas atuações nos espaços públicos enquanto mulheres da educação.

---

[2] O ensino primário e secundário, assim referido pela constituição de 1946, sofreu alteração na sua denominação durante a Ditadura Militar e ficou intitulado como 1º e 2º Grau. No processo de redemocratização brasileiro, a Constituição de 1988 promoveu mudanças significativas na educação do país, dentre as alterações, mudou-se novamente a terminologia de 1º e 2º Grau, para respectivamente Ensino Fundamental e Médio.

A metodologia deste trabalho foi elaborada a partir da pesquisa em fontes da área do governo presentes no Arquivo Público do Estado do Pará e em jornais locais. Por se tratar de instituições que detêm um farto quantitativo de documentos que privilegiam os lugares, tempos e modos de mulheres na educação, busca-se debruçar-se na investigação para transmitir o tempo histórico das mulheres que foram responsáveis por ajustar, a seu próprio modo, políticas preexistentes, que passaram a ganhar os moldes de toda uma categoria majoritariamente feminina.

A partir do momento que existe historicidade em algo, ele torna-se um documento. Os documentos possuem uma carga ideológica, de acordo com a sua entidade produtora, seu autor (Miranda, 2012). Nos caminhos percorridos para a formulação deste artigo, escolhemos fontes presentes na imprensa periódica paraense, neste caso o jornal *Folha do Norte* e documentos do Governo do Pará, da década de 1950.

Como se trata de um trabalho qualitativo, não utilizamos todos os jornais pesquisados, mas apenas as notas jornalísticas que melhor se enquadravam no objetivo proposto inicialmente. Baseando-se nessa seleção, foi possível elencarmos os lugares, tempos e modos das mulheres na educação paraense da década de 1950.

O jornal *Folha do Norte* da década de 1950 encontra-se disponível no acervo da Biblioteca Arthur Vianna, presente no Centro Cultural Turístico Tancredo Neves (Centur). O jornal era veiculado no Pará no período de 1896 a 1974, sendo um dos mais importantes de sua época na região Norte do país. Trazia em seu corpus editorial, notícias não somente do estado, mas de outras regiões do Brasil e do exterior. Em seus noticiários, ao que compreende o recorte temporal analisado de janeiro a julho de 1959, foram observadas notícias referentes ao cotidiano de escolas importantes da capital.

Na análise dos jornais, optamos pela investigação de caráter qualitativo, para compreender através dos recortes de jornais destinados à educação, como as mulheres apareciam enquanto sujeitos da educação. Por se tratar de uma fonte rica em perceber a presença de mulheres na área da educação, principalmente alunas, visamos incorporar à pesquisa essas fontes, para dar mais corpo à nossa análise documental. Entendemos o papel social que a imprensa desenvolve para a identificação das figuras femininas, em que circunstâncias elas apareciam em notícias vinculadas à educação.

O texto está dividido em três seções que dão conta de sua proposta inicial. A primeira seção, de caráter introdutório, apresenta a proposta do artigo e a sua relevância para a pesquisa histórica das mulheres. Em seguida, apresentamos um estudo sobre a história da educação das mulheres, onde buscamos compreender o contexto político-social em que essas profissionais estavam inseridas na década de 1950. Após essa discussão inicial, partiremos para a presença das mulheres da educação segundo os documentos governamentais e notas jornalísticas. Ao evidenciarmos o aparecimento de profissionais e alunas da área educacional do estado, problematizaremos os lugares ocupados por essas mulheres e as respectivas implicações dessa presença para o ensino desenvolvimentista do Pará.

Educação de Mulheres na década de 1950

Na década de 1950, o Brasil viveu um processo de industrialização a partir de uma teoria político-econômica denominada nacional-desenvolvimentismo. Através dessa ideologia de desenvolvimento, intelectuais que estudavam mecanismos para aplicar a realidade industrial nos países latino-americanos, defendiam que a educação seria decisiva na manutenção do desenvolvimento, para se chegar assim à etapa da industrialização.

Por se tratar de um país de tamanho continental, os estados brasileiros possuíam singularidades específicas no momento que tentavam implantar o projeto desenvolvimentista. As mudanças de governo ao longo do desenvolvimento da teoria do nacional-desenvolvimentismo, e a forma como esses regentes no poder efetivavam tal conceito industrial, implicavam muito nos percursos seguidos pelo país.

A região amazônica não ficou distante de todo esse debate em torno do progresso do país, apesar da concentração das riquezas se fixar principalmente na região Sudeste do país (Souza, 2016), seguiram-se planos governamentais para o desenvolvimento da Amazônia e seu modelo extrativista de economia. Na tentativa de articular as políticas locais com as políticas nacionais desenvolvimentistas, foi criada em 1953 a Superintendência do Plano de Valorização Econômica da Amazônia (SPVEA).

A educação também foi utilizada pela SPVEA como um norte, para se chegar aos objetivos idealizados para o espaço amazônico. De caráter redentorista, a educação seria utilizada como um processo civilizatório, seguindo o modelo eurocêntrico. Para os idealizadores dessa teoria, os habitantes amazônidas necessitavam sair o quanto antes do status de atrasados, o moderno seria a indústria e a população deveria ser instruída para ocupar ofícios na mesma. No Pará, os governos de Magalhães Barata e Zacarias de Assumpção, consideraram iniciativas políticas que se adequavam ao imaginário desenvolvimentista do período (Almeida; Melo, 2016).

Nesse processo de valorização educacional, muitos investimentos em espaços públicos destinados à educação foram feitos, construções de prédios, qualificações de profissionais e novas contratações de pessoas para atuarem em escolas, para que assim fosse possível dar conta da nova demanda proposta pelos governos ditos nacionais desenvolvimentistas.

O processo de industrialização ocorrido no período da eclosão das pautas feministas, também teve seu papel na feminização do magistério, onde se entendia que as mulheres, por serem responsáveis pela primeira criação infantil no lar, teriam um potencial considerado natural para educar nas escolas. A professora era ligada a atributos femininos de paciência e afetividade e isso facilitaria a execução do trabalho no magistério primário. Esses são alguns dos exemplos que ilustram a motivação das mulheres para ocuparem mais esses espaços. O magistério seria a profissão ideal para que elas alcançassem o objetivo de se profissionalizar, tendo em vista toda a mentalidade social do período, que definia os papéis de gêneros. "Além das escolas de instrução básica para meninas, deveria também haver uma saída para a profissionalização feminina representada por um trabalho que não atentasse contra as representações acerca de sua domesticidade e maternidade" (Almeida, 1998, p. 57-58).

É necessário compreender o imaginário social do período, que apesar de possibilitar a inserção da mulher na vida pública, não deixava de ser um espaço arraigado de premissas patriarcais, onde a mulher deveria apenas cumprir com seu papel de esposa e mãe. Essa era a definição das funções sociais da mulher, o espaço público seria então uma extensão da vida privada.

Segundo Bassanezi (1997), por conta desse retrato social das mulheres dos anos 50, era comum que elas abandonassem o emprego quando se tornavam esposas ou estavam à espera de filhos. Só permaneciam no emprego se fosse alguma necessidade econômica, mas era comum que o responsável por prover sustento familiar fosse apenas o marido (Bassanezi, 1997).

Em nossa investigação para encontrar vestígios das mulheres na educação do Pará, foi feita uma análise minuciosa nos documentos que serão usados na pesquisa. Demos uma atenção especial para os documentos intitulados como "Protocolos" e os "Despachos", pois foram neles que conseguimos constatar maior presença de mulheres na educação por meio das solicitações de direitos ou benefícios que neles eram registrados.

A utilização da imprensa periódica em nossa pesquisa, deu-se de maneira suplementar, por meio de notas jornalísticas do ano de 1959 do jornal *Folha do Norte*, foi possível identificar e problematizar a presença de mulheres da educação, majoritariamente alunas, de núcleos escolares conhecidos no estado do Pará. Em colunas de jornais que saíam cotidianamente, era possível acompanhar a trajetória escolar dessas alunas, visto que eram lançadas notícias referentes a sua vida escolar.

Ofícios, lugares e modos da presença de mulheres na educação paraense

Discutiremos nesta seção as principais ações das mulheres da educação presentes nos documentos analisados. Inicialmente daremos conta dos documentos governamentais, responsáveis por engendrar as principais demandas das mulheres para o governo vigente nos anos que compreendem a década de 1950 no estado paraense.

Em seguida, serão utilizadas de modo suplementar, notas jornalísticas do jornal *Folha do Norte*, optamos pelo seu uso, pelo volume considerável de registros de alunas e os seus principais desdobramentos nos espaços escolares. Por esse motivo, consideramos importante mostrar os dois lados das mulheres da educação, tanto em sua vida laboral[3], quanto em sua vida escolar[4], que estão presentes em fontes distintas, seja em documentos oficiais, bem como em notas de jornais, ambos de igual período.

No exame dos documentos de governo, que compõem as fontes utilizadas nesta pesquisa, as mulheres da educação foram identificadas nos modos como se fizeram presentes na educação e isso engloba diretamente os lugares de sua participação e as solicitações de direitos e vantagens que pretensamente possuíam.

---

[3] As notas de solicitações das mulheres da educação, registradas nos documentos do Governo, eram majoritariamente de profissionais da educação, tal qual professoras, inspetoras de ensino, diretoras e serventes.

[4] Na imprensa periódica examinada, encontramos uma coluna jornalística dedicada a falar de algumas das principais instituições de ensino do Pará e ações dos alunos em seu dia a dia escolar. Dentre os alunos, identificamos uma constante citação de alunas, por meio de seus respectivos nomes.

Do conjunto documental da década de 1950 sobre a presença de mulheres, encontramos notas referentes às solicitações que essas mulheres da educação faziam para o Governo do Estado, nelas foi possível identificar: a localidade, a função desempenhada dentro do quadro da educação, e as instituições nas quais essas mulheres exerciam o seu ofício docente. Nem todas as notas possuíam as três características principais identificadas em nossa pesquisa, algumas possuíam ausência de informações, entretanto, outras davam conta das situações elencadas em nossa pesquisa, que diz respeito aos lugares e modos.

Mulheres e seus ofícios

Nesta seção, expusemos o número de mulheres exercendo determinadas funções na área educacional de acordo com os registros de cada ano presentes nos documentos pesquisados. Nas notas do Governo, em que mulheres da educação apareciam fazendo suas solicitações, pudemos identificar os seus referidos cargos. Veja na tabela a seguir o quantitativo dessas menções:

Tabela 1 – Mulheres em funções na Educação

CARGOS/ANOS	1950	1951	1952	1953	1954	1955	1956	1957	1958	1959
Professoras	430	19	14	3	1				4	
Serventes	17									
Inspetora de Alunos	7									
Diretoras	11									

Fonte: elaborada pela autora

Percebe-se nos documentos pesquisados que durante a década de 1950 a função de professora foi a mais frequentemente ocupada por essas profissionais da educação. Dentro da hierarquia dos cargos públicos, os considerados de nível superior ao de professora, estão sendo minimamente ocupados por mulheres. Esses dados sugerem que pouco se via mulheres em cargos administrativos da educação, ou mesmo como dirigentes escolares, a exemplo de diretoras ou inspetoras.

Lugares da presença de mulheres

A documentação de governo nos foi importante para desvendarmos os lugares onde as mulheres estiveram constituindo-se como profissionais da educação, nas mais diferentes localidades do estado do Pará. Encontrarmos informações mostrando que as solicitações trabalhistas dessas mulheres, além de diversas, eram feitas de lugares distantes da capital belenense. Ou seja, durante o período da política nacional desenvolvimentista, existiu uma constante interiorização da educação no Estado, e quem colocava em prática toda a estrutura educacional eram as mulheres, personagens fundamentais desse arroio.

Elencamos as regiões que mais estiveram presentes nos documentos governamentais ao longo dos anos. Lugares como Vigia, Capanema, Igarapé Mirim, Tucuruí, Maracanã, Soure, Irituia, entre outros, apareciam constantemente nas fontes documentais. Foi percebido que, por mais que houvesse menções de outras localidades, o número de demandas existentes na cidade de Belém, a capital do estado, era superior se comparado às demais localidades.

Chegamos à conclusão desses percentuais contabilizando o número de vezes em que essas regiões eram citadas em todos os documentos governamentais que analisamos, demarcando principalmente os anos em que essas regiões apareciam nos documentos. Dessa maneira, foi possível perceber em qual ano da década determinadas localidades paraenses apareciam documentadas nas solicitações das mulheres da educação.

A seguir, mostraremos em forma de gráfico o ano inicial da década de 1950, o ano de 1953 e o ano de 1959, o motivo para escolhermos esses três anos para serem ilustrados em nosso trabalho, foi o fato de que em 1950 o número de demandas foi o maior de toda a década, totalizando 598 notas que registravam demandas nos documentos do governo examinados em nossa pesquisa. Em contrapartida, em 1953 tivemos acesso a apenas 26 notas de demandas, todavia, foi o único ano em que a capital ficou atrás de Santarém em porcentagem de demandas dessas mulheres da educação. Já o ano de 1959, é o ano final de nossas análises a respeito da década de 1950, por esse motivo achamos pertinente colocá-lo em evidência.

Gráfico 1 – Demandas de mulheres na Educação

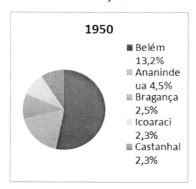

Fonte: elaborado pela autora

Gráfico 2 – Demandas de mulheres na Educação

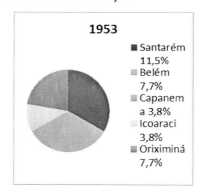

Fonte: elaborado pela autora

Gráfico 3 – Demandas de mulheres na Educação

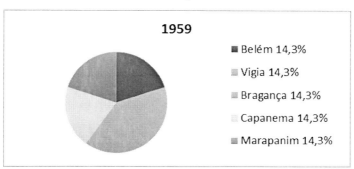

Fonte: elaborado pela autora

De acordo com o nosso banco de dados, a quantidade de solicitações da cidade de Belém em 1950 se fez presente em um total de 198 notas, em seguida temos Ananindeua com 27 notas; Bragança com 15 notas; Icoaraci com 14 notas; e Castanhal com 14 notas[5].

Em todos os anos da década, a localidade com maior destaque nos registros pesquisados é a capital Belém. Somente no ano de 1953, como já frisado anteriormente, esse padrão foi quebrado, considerando que a região de Santarém teve uma quantidade maior de solicitações de mulheres da educação.

Em compensação, o número total de material coletado nesse ano foi bem menor do que no ano de 1950, por exemplo. Com apenas 26 notas presentes nos documentos, o ano de 1953 teve Santarém com três notas, Belém, Oriximiná, Bragança e Cametá com duas notas cada um. Dessa vez, o número de documentos sem essa informação de localidade, foi superior aos que continham essa categoria, totalizando sete notas, 26,9% da quantidade total de notas para esse ano.

Em 1959, Belém, Vigia, Bragança, Capanema e Marapanim se igualaram ao número de menções, todas essas localidades tiveram apenas uma solicitação cada. Nos demais anos, Belém liderou a totalidade de vezes em que existiram demandas das mulheres da educação. Esse aspecto nos encaminha a cogitar que o local onde havia maiores manifestações dessas mulheres paraenses, seria na capital, talvez por questões estruturais, já que nesse período, as principais instituições educacionais se encontravam no município belenense.

Por mais que o processo de interiorização da educação já estivesse sendo colocado em prática, ensejado pela política desenvolvimentista, e em outras regiões do estado também fosse possível observar as movimentações existentes das mulheres no âmbito educacional, é inegável a existência de uma hierarquia de localidades presentes na documentação em questão.

Instituições ocupadas por mulheres

A quantidade de instituições educacionais que aparecem nos documentos pesquisados da década de 1950 nos apresenta um volume bem diverso. O quadro de menções das referidas instituições abrange órgãos

---

[5] Outras localidades também aparecem em menor número de solicitações dessas mulheres da educação, haja vista que, como dito anteriormente, neste ano de 1950, foram uma somatória de 598 demandas dessas mulheres da educação, em algumas também contamos com a ausência de informações a respeito da localidade, ao todo foram 79 notas, ou seja, uma porcentagem de 13,2% de todas as notas, que não continham o dado sobre localidade na documentação desse ano em questão.

normalizadores da educação do Pará, o ensino primário, secundário e até o de formação de professoras normalistas. No quadro adiante, resolvemos colocar todas as instituições mencionadas ao longo da década e as separamos de acordo com a categoria de cada uma, para que se tenha uma dimensão das instituições presentes na documentação.

Quadro 1 – Instituições Educacionais

TIPOS DE INSTITUIÇÕES	NOME
Administrativas	Secretaria de Educação e Cultura; Departamento de Educação e Cultura.
Escolas	Escola Raymundo Espinola; Escola do Ramal do Prata; Escola Tenente Rego Barros; Escola Auxiliar Mista do Rio Tucunduba; Escola Estadual de Benevides; Escola Estadual de Santarém; Escola Rural João batista Moura Carvalho; Escola de Tomé-Açu; Escola da Vila Santana do Capim; Escola do Lugar Cajutuba; E. M. R. Nossa Senhora da Anunciação; Escola Estadual de Macuri.
Escolas Reunidas	Escolas Reunidas de Bôa Vista; Escolas Reunidas Amazonas de Figueiredo; Escolas Reunidas da Condor; Escolas Reunidas na Marambaia; Escolas Reunidas de Marituba; Escolas Reunidas da S.N.A.P.
Escolas Isoladas	Escola Isolada de Benevides; Escola Isolada de Mirasselvas; Escola Isolada de Chaves; Escola Isolada de Cametá; Escola Isolada da Vila; Escola Isolada Trav. 98; Escola Isolada na Vila de Condeiza; Escola Isolada de Chumacuí; Escola Isolada de Subúrbio da Capital.
Escolas Normais	Escola Normal Antonio Lemos.

TIPOS DE INSTITUIÇÕES	NOME
Grupos Escolares	Grupo Escolar da Capital; Grupo Escolar Paulino de Brito; Grupo Escolar Vilhena Alves; Grupo Escolar Augusto Montenegro; Grupo Escolar Placidia Cardoso; Grupo Escolar Camilo Salgado; Grupo Escolar de Anhangá; Grupo Escolar Dr. Freitas; Grupo Escolar Rui Barbosa; Grupo Escolar José Bonifácio; Grupo Escolar Pinto Marques; Grupo Escolar Barão do Rio Branco; Grupo Escolar Benjamin Constant; Grupo Escolar Justo Chermont; Grupo Escolar Floriano Peixoto; Grupo Escolar Delgado Leão; Grupo Escolar de S. Luiz; Grupo Escolar José Verissimo; Grupo Escolar Santa Rosa; Grupo Escolar Professora Enésia; Grupo Escolar de João Coelho; Grupo Escolar do Interior; Grupo Escolar Augusto Olímpio; Grupo Escolar de Itaituba; Grupo Escolar Santa Lúcia; Grupo Escolar de Icoaraci; Grupo Escolar de Mosqueiro; Grupo Escolar de Vigia; Grupo Escolar em Igarapé-Açu; Grupo Escolar de Castanhal; Grupo Escolar E. Coronel Sarmento; Grupo Escolar de Bragança; Grupo Escolar Frei Daniel; Grupo Escolar de Oriximiná; Grupo Escolar de Fáro; Grupo Escolar de Ponta de Pedras; Grupo Escolar de Capanema; Grupo Escolar de Mocajuba; Grupo Escolar de Breves; Grupo Escolar do Município de Salinópolis; Grupo Escolar em Igarapé-Mirim; Grupo Escolar de Prainha; Grupo Escolar do Bairro da Cremação.
Escolas Profissionais	Escola Profissional Lauro Sodré.
Educandários	Educandário São José; Educandário Monteiro Lobato; Educandário Santa Rosa; E. Primário.
Colégios	Colégio Gentil Bittencourt; Colégio Estadual Paes de Carvalho; Colégio Progresso Campineiro; C. E. de Barcarena.
Institutos	Instituto de Educação do Pará.
Ginásios	Ginásio Abrahan Levy; Ginásio N. S. de Lourdes.

Fonte: elaborado pela autora

Da mesma forma como em outras informações da fonte pesquisada, também encontramos notas que não possuíam a informação que nomeava as instituições de determinadas demandas, citamos apenas as que aparecem no corpo documental. Ademais, percebemos que há diversas instituições escolares e também administrativas, que normatizavam o ensino do estado.

Outro aspecto presente nesse quadro, é a existência de instituições de iniciativa privada e pública coexistindo na educação estadual paraense. À vista disso, entendemos que as manifestações das mulheres da educação vinham de diversas direções do estado e possuíam características multifacetadas de acordo com seus interesses individuais.

Modos de participação das mulheres na educação

Nesta seção destacamos como as mulheres participaram na educação, por meio das principais demandas que elas solicitavam ao Governo. Encontramos solicitações de Nomeações; Licenças saúde; Licenças repouso; Licenças especiais; Transferências; Efetivações; Exonerações; Aposentadorias; Pagamentos de vencimentos; Certidão de tempo de serviço; Pedido de promoção; Internamento de menor em escolas; Justificação de faltas; Afastamento de cargo; Readmissões; Pedidos de aproveitamento; e Demissões.

Em nossas fontes, percebemos que a maioria das solicitações partia das próprias mulheres, ou seja, elas protagonizavam as principais solicitações que eram feitas perante o governo, era bem raro terceiros fazerem os pedidos em nome delas, mas ainda assim, vez ou outra, estavam presentes assinaturas de terceiros em nome delas na documentação, porém, se comparado com o número de vezes em que as mulheres assumiam essa iniciativa, o quantitativo é bem inferior.

Essas foram as solicitações mais recorrentes no corpo documental em todos os anos da década, mesmo apresentadas de forma sucinta, ainda assim podemos analisar o caráter heterogêneo dos pedidos dessas mulheres, que buscavam adequar todo um sistema educacional a seus próprios interesses, moldando e dando forma a essa educação desenvolvimentista paraense.

E as meninas aparecem

Com a coluna intitulada "Estabelecimentos de Ensino", do jornal *Folha do Norte*, foi possível acompanhar o cotidiano escolar dos alunos dessas instituições e consequentemente as alunas também apareciam nas notas diárias dessa coluna. As aprovações, faltas, reprovações, cursos disponíveis nas instituições, notas de provas, tudo geralmente era publicado nessa coluna.

Os estabelecimentos mais citados eram o Colégio Moderno; Ginásio Visconde de Sousa Franco; Escola Santa Rosa; Instituto de Educação do Pará; e Colégio Estadual Paes de Carvalho. Enquanto nos documentos do governo encontramos as mulheres da educação em seus espaços de trabalho, no jornal *Folha do Norte* verificamos que as discentes apareciam constantemente no seu cotidiano escolar, suas principais ações eram copiosamente descritas nas páginas da imprensa periódica.

Com esses registros, foi possível identificar os modos e lugares onde apareciam principalmente enquanto alunas de cursos normais ofertados por essas instituições citadas anteriormente. Diariamente eram noticiadas nessa coluna, as suas movimentações, como exemplo temos esta notícia: "Colégio Moderno – Ocorrências C.E.P.C – Faltaram às aulas, na sexta-feira, dia 10, os seguintes alunos: Curso Ginasial: 1ª. Série – Maria de Nazaré Gomes, Isabel Maria Miranda..." (Colégio..., 1959, p. 2).

Além dessa coluna, vez ou outra era noticiada em outras seções do jornal, alguma informação sobre educação onde mulheres eram citadas, ora como professoras, ora como dirigentes escolares ou como alunas. Selecionamos dois exemplos para ilustrar a forma como essa notícia era informada aos leitores:

> Curso elementar Irmãs Collares – Jardim da Infância e Primário – Direção e responsabilidade das professoras normalistas Maria Ierecê Camorim Collares Soares, Maria Helena Camorim Collares e Emilia Maria Camorim Collares, todas com longo tirocínio no magistério público (Colégio..., 1959, p. 3).

> Trocaram a aula por namoro proibido – Duas jovens, 13 e quinze anos, alunas do curso clássico do Ginásio Paes de Carvalho, foram, ante-ontem à tarde, surpreendidas quando, no interior de um ônibus que se encontrava estacionado em frente à sub-delegacia da Pedreira, se encontravam a colóquios proibidos com o motorista e o cobrador do veículo... (Colégio..., 1959, p. 16).

Na primeira notícia, que se trata de um anúncio referente a um curso voltado para o Jardim de infância e o primário, podemos notar que uma das áreas de atuação feminina bastante recorrente era o da educação primária, como professoras. Porém as mulheres citadas na notícia não só eram professoras normalistas, como as dirigentes do curso. O que nos permite identificar, que mesmo com atuações já demarcadas pelas relações de poder da época, isso não tornava impossíveis os desdobramentos das próprias mulheres para irem além das expectativas de todo um arranjo social que recaía sobre elas enquanto profissionais.

A segunda notícia está se referindo a duas alunas que haviam faltado aula para se encontrarem com o motorista e o cobrador de ônibus. O que mais chama atenção na notícia é a idade das adolescentes, e a forma que foram retratadas, como se somente elas tivessem sofrido as críticas por tal ato. Isso demonstra a realidade das mulheres inseridas no ambiente de ensino daquele período, que se encontravam em constante vigilância e em total evidência quando repreendidas transgredindo alguma norma social preestabelecida pela sociedade paraense da década de 1950.

Considerações finais

Em meio à crescente inserção das mulheres na educação paraense, percebemos que além de alunas, elas também ocupavam de maneira significativa diversos ofícios da educação. Entre inspetoras de ensino, professoras, serventes e diretoras da educação primária e secundária, essas mulheres passaram a se profissionalizar por meio da formalização do estado e seu projeto de educação desenvolvimentista, que tinha como estratégia o uso da educação como principal meio para se atingir o progresso regional à luz da industrialização.

A partir da análise documental, identificamos o seu papel importante no fortalecimento e expansão da escola básica no Pará, pois com a intensificação do processo de feminização do magistério, que ocorria desde o século XIX, as mulheres tornaram-se protagonistas na conformação da cultura escolar paraense. As presenças e ausências dessas mulheres não são naturais, mas sim resultantes de uma série de mecanismos complexos, políticos e sociais que determinaram os seus espaços de atuação, devemos sobretudo, enxergar as movimentações dessas mulheres como resistência.

Seja na condição de alunas, ou de profissionais, por vezes pudemos encontrar nos registros, as tentativas de adaptações que elas faziam diante do ideário educacional feminino. Mesmo perante uma série de restrições e vigilâncias, essas moças conseguiam transgredir os limites impostos por toda uma sociedade. Ao saírem da esfera doméstica e ocuparem espaços públicos, as educandas vislumbravam possibilidades para se tornarem profissionais da educação, dando continuidade às contribuições positivas das mulheres para que a educação ganhasse forma e se estabelecesse no cotidiano da população paraense.

REFERÊNCIAS

ALMEIDA, Jane Soares. Mulher e educação: a paixão pelo possível. São Paulo: Editora

UNESP, Prismas, 1998.

ALMEIDA, Karla Nazareth Corrêa; MELO, Clarice Nascimento de. Educação e desenvolvimentismo no Pará: as políticas "redentoristas" do governo de Zacarias de Assumpção –1951 a 1956. **Revista HISTEDBR On-line**, v. 16, n. 69, p. 76-86, 2016.

BASSANEZI, Carla. **Mulheres dos Anos Dourados**. São Paulo: Contexto, 1997. v. 2. p. 607-639. (História das mulheres no Brasil).

COLÉGIO moderno. **Jornal Folha do Norte**, Belém, ed. 14, abr. 1959.

COSTA, Suely Gomes. Gênero e história. *In*: ABREU, Martha; SOIHET, Raquel. **Ensino de História**: conceitos, temáticas e metodologia. Rio de Janeiro: Casa da Palavra, 2003. p. 32-41.

CURSO elementar irmãs collares. **Jornal Folha do Norte**, Belém, ed. 6, fev. 1959.

LOURO, Guacira Lopes. Mulheres na sala de aula. *In*: BASSANEZI, Carla. **Mulheres dos Anos Dourados**. São Paulo: Contexto, 1997. v. 2. p. 443-481. (História das mulheres no Brasil).

MENDES, Heriton Wenceslau dos Anjos Santos; SOUZA, Denise; RODRIGUES-UEPA, Simões. Imaginário desenvolvimentista e educação na Amazônia em 1951. *In*: CONGRESSO NACIONAL DE EDUCAÇÃO, 12., 2015, Curitiba. **Anais** [...]. Curitiba: UEPG, 2015. p. 35633-35645. ISSN 2176-1396.

MIRANDA, Marcia Eckert. Os arquivos e o ofício do historiador. *In*: ENCONTRO ESTADUAL DE HISTÓRIA, 11., 2012, Rio Grande. **Anais** [...]. Rio Grande: ANPUHRS, 2012. p. 900-901.

PERROT, Michele. **As mulheres ou os silêncios da história**. Tradução de Viviane Ribeiro. Bauru: Edusc, 2005.

SOUZA, Danilo Rodrigues. **O ideário de industrialização e desenvolvimentismo nas representações do Diário da Borborema (1957-1979)**. Dissertação (Mestrado em História) – Programa de Pós-Graduação em História, Centro de Humanidades, Universidade Federal de Campina Grande, Paraíba, 2016.

TROCARAM a aula por namoro proibido. **Jornal Folha do Norte**, Belém, ed. 6, fev. 1959.

CAPÍTULO 2

LETRAMENTO E EMANCIPAÇÃO FEMININA NO AMAZONAS NA VIRADA DO SÉCULO XIX PARA O XX

Maria Luiza Ugarte Pinheiro – UFAM

Quadro inicial da educação provincial

Neste artigo, move-nos o desejo de refletir e analisar acerca do papel desempenhado pela educação formal para o ideal de emancipação feminina no Amazonas, que começou a ganhar materialidade em fins do século XIX, chegando a produzir importante debate no interior da sociedade amazonense ou, pelo menos, em sua capital, Manaus, nos anos iniciais do século XX. Partimos da hipótese de que a instrução formal direcionada às mulheres resultou em significativa contribuição para a modificação do perfil social de gênero, permitindo sensível ampliação dos espaços femininos de atuação e visibilidade. Não sendo um direito, a ocupação desses espaços foi lenta, em especial pela pouca dinamicidade — econômica, social e política — daquela que era, até então, a província mais interior e distante dos grandes centros hegemônicos do Império.

Repetindo a mesma lógica que se mostrara em outros contextos da sociedade brasileira, escravocrata e excludente, tanto a incidência do letramento e da escolarização, quanto os avanços de um ideal emancipacionista entre as mulheres se mostraram inicialmente limitados às classes dominantes e aos segmentos médios urbanos. Não foram apenas as limitações do ordenamento socioeconômico que impuseram entraves e limitações ao processo, mas também — e sobretudo — ele foi perpassado, de alto a baixo, por imposições emanadas da cultura, em uma sociedade historicamente impregnada de preceitos morais e religiosos associados ao conservadorismo lusitano, herdado dos tempos coloniais (Costa, 2005, p. 224-226), fazendo com que o patriarcalismo e o conservadorismo tivessem logo se tornado marca distintiva a balizar estruturalmente o relacionamento entre os gêneros.

Não foi outra a razão pela qual o próprio letramento feminino encontrou dificuldades em sua implementação. Nesse sentido, foi comum que famílias abastadas — para quem a noção de honra e retidão moral tendiam a ser elementos sociais distintivos (Hahner, 2012) — temessem a escola como espaço de subversão dos valores culturais tradicionais (moralidade, religiosidade) capazes de, maculando a sacrossanta honra feminina, destruir a própria honra familiar. Como tendência, duas posturas reativas se materializaram ao longo de toda a segunda metade do século XIX, sendo a primeira delas a pura e simples interdição das mulheres à educação formal escolar e ao letramento; enquanto a segunda consistia na tentativa de estabelecer alguma forma de controle familiar sobre o processo de instrução, por exemplo, por meio da contratação de professores particulares para ensinar as filhas na própria casa, resguardando-as de um maior convívio social, tido como perigoso e indesejado. Nesse sentido, é preciso ter claro que não se pode debitar as baixas taxas de alfabetização feminina ao longo de todo o período imperial pura e simplesmente em termos da (real) limitação da oferta de vagas no ensino escolar que, de resto, apenas começaria a dar seus primeiros passos no Amazonas em meados do século XIX.

De qualquer forma e mesmo com os limites nos quais se desenvolveu, a instrução formal qualificou as mulheres para o exercício de algumas profissões em um mercado de trabalho que se expandia e se diversificava em Manaus. Lentamente, da data de instalação da província, em 1852, até aproximadamente o início da década de 1880, para depois sofrer uma maior aceleração até os anos iniciais do século XX, já sobre o impacto da economia de exportação da borracha. Tais avanços não ocorreram, todavia, sem resistências do patriarcalismo e da reação a ele por parte dos segmentos femininos. Assim, nosso interesse recai em reconstituir o percurso efetivo, embora silenciado, das lutas femininas por direito à educação e, como decorrência, à busca pelo reconhecimento de uma distante cidadania que não fora pensada para elas, mesmo quando da chegada da República.

Nesse processo complexo e sinuoso, um olhar especial deve ser lançado para a multiplicidade de práticas e experiências daquelas que assumiram o desafio de se tornarem as primeiras professoras a atuar no ensino público na então Província do Amazonas. Um pouco antes de sua criação (1850), o General Soares d"Andréa — destacado pela feroz repressão à Cabanagem —, à frente do governo da Província do Grão-Pará, a qual o atual Amazonas se subordinava como *Comarca do Alto Amazonas*, fez publicar um balanço sobre a situação do ensino na região. Nele, salientou a dificuldade para se conseguir pessoas que soubessem a gramática e para ensinar "a língua vulgar" à população. Ainda em sua avaliação, a situação do ensino nas 31 cadeiras de primeiras letras existentes na Província era dramática, fato atribuído ao entendimento de "que bastão para mestres de primeiras letras homens que mal sabem ler, e de modo nenhum escrever certo e ainda menos contar"[6].

Como era de se esperar, a visão geral que se tinha do ensino primário em contextos mais distantes da província, como Manaus, não podia ser diferente. Em 1848, um dos vereadores da câmara municipal da cidade, discursando sobre o que designava de caótica situação das escolas, chegou a lamentar "a triste sorte que espera a juventude dessa Comarca, especialmente dessa Vila", no que diz respeito à educação, uma vez que crescia distanciada das escolas, "não tendo uma aula de gramática, não cursando mesmo uma escola primária, porque não considero como escola uma caza em que pessoas destituídas de aptidões profissionais, ahi concorrem para o atrazamento da mocidade"[7]. No mesmo discurso, Ribeiro Guimarães sustenta a necessidade urgente de se criar novas cadeiras de primeiras letras e propõe uma investigação, por uma comissão da casa, para avaliar a capacidade técnica dos professores e os resultados alcançados pelo ensino nas escolas da cidade. Já com a autonomia provincial estabelecida, em 1850, os presidentes da província do Amazonas voltaram a insistir na necessidade de investir recursos na construção de escolas e de dinamizar o ensino primário — tarefa que lhes parecia mais difícil de ser realizada pela total inexistência de quadros profissionais capazes de exercer a docência.

Em janeiro de 1863, o então presidente Carneiro da Cunha, anunciando seus esforços na criação de novas escolas, lamentava que, tendo posto a "concurso as escolas de primeiras letras [que estavam] vagas, e findo o prazo marcado, não apareceu um só pretendente"[8]. O presidente também não guardava grandes expectativas quanto ao novo concurso que

---

[6] Relatório do Presidente da Província do Pará, Francisco Jozé de Souza Soares d"Andréa, de 2 de março de 1838. Belém: Tipografia de Santos & Santos Menor, 1838. p. 35, 34.

[7] Ata da Câmara Municipal de Manaus de 22 de abril de 1846. IGHA. Documentos manuscritos (cópia), pasta 10.

[8] Relatório do Presidente da Província do Amazonas, Dr. Manoel Clementino Carneiro da Cunha, de 19 de janeiro de 1863. p. 18. Fato semelhante aconteceu quando do preenchimento de cadeira no "Estabelecimento dos Educandos Artífices", instituição destinada ao ensino de ofícios profissionalizantes (carpintaria, alfaiataria, sapataria etc.) a órfãos ou indigentes, em sua maioria índios recém-chegados a Manaus.

deveria ser feito, achando inclusive que não haveria concorrentes, fato que o obrigaria a recorrer ao paliativo da indicação de um professor interino. De fato, das 25 escolas de primeiras letras existentes em toda a Província do Amazonas naquele ano, apenas 14 estavam providas de professores, sendo que 12 delas funcionavam por meio de interinos.

O recurso aos paliativos da docência interina acabava, quase sempre, em fracassos que precisavam ser remediados de forma pontual. Em muitos casos, o poder público sequer podia avaliar a competência das pessoas que se apresentavam como estando capacitadas para o ensino primário, principalmente quando se tratava de prover cadeiras em escolas do interior da província, distando várias milhas da capital e sendo só alcançadas por meio de pequenas embarcações, em viagens que demandavam dias e até semanas[9]. Mesmo na capital, esses problemas ocorriam e os responsáveis pela Instrução Pública se viam, volta e meia, na obrigação de reconhecer o fracasso das nomeações emergenciais, solicitando ao presidente da província a demissão dos assim nomeados (Pinheiro, 2015).

Os dilemas da educação no Amazonas também eram evidentes no ensino secundário, todo ele realizado, até a década de 1870, em uma única instituição, o *Seminário São José*, que se dedicava a preparar jovens aspirantes ao sacerdócio. Como sabemos, as deficiências do ensino secundário eram recorrentes em todo o Brasil, uma vez que, "em geral, apenas as famílias de posse e posição tinham acesso à educação secundária no Segundo Reinado (1840-89) e na República Velha (1889-1930)" (Needell, 1993, p. 74).

Embora o contexto geral do país seja ilustrativo, na Amazônia, os particularismos regionais ampliavam e agravavam a situação. Em uma região onde a língua portuguesa ainda não havia se consolidado,[10] a única cadeira destinada ao ensino secundário, em 1852 (ano da implantação da Província do Amazonas), era a de língua francesa. No ano seguinte, foram criadas as cadeiras de latim, retórica e música; em 1859, as de filosofia racional e moral. Só em meados da década de 1860 é que o estudo da língua portuguesa foi incluído como exigência no ensino secundário. A introdução de uma cadeira destinada ao ensino da "língua e gramática

---

[9] A denúncia de que os diretores da Instrução Pública não faziam vistorias nas escolas do interior da Província aparece no Relatório do Presidente da Província do Amazonas, João Wilkens de Mattos, de 4 de abril de 1869. p. 599.

[10] Veja-se, a respeito, o importante estudo de José Ribamar Bessa Freire, sob o qual nos apoiamos em diversas passagens deste texto. Cf. Freire (2004).

nacional" foi defendida pelo então presidente da província sob a alegação de que tal estudo seria "sem dúvida muito mais necessário, que o da latinidade, a quem falla a linguagem portugueza, por via de regra a menos cultivada entre nós e de todas a mais ignorada"[11].

Mesmo sendo o acesso mais amplo que o do ensino secundário, o ensino de primeiras letras atingia parcelas bastante restritas da população regional — embora as autoridades locais insistissem em anunciar que a província apresentava um quadro geral de ensino equiparado ao do moderno mundo europeu. Um balanço realizado a partir dos dados apresentados por Wilkens de Mattos indica que a taxa de sucesso escolar no Amazonas era inferior a um terço dos matriculados no ensino secundário, nos 16 anos, entre 1852 e 1868. Ou seja, de um total de 624 alunos, apenas 167 foram submetidos a exame[12].

Na base do insucesso educacional da província, estava, pelo menos até o final da década de 1870, o imenso fosso cultural que separava os diversos povos indígenas do mundo hierarquizado, impositivo e violento dos colonos brancos. Estando as populações nativas sujeitas às múltiplas relações de dominação e subordinação, era previsível que o conjunto das instituições vigentes no mundo colonial amazônico fosse também encarada por elas com grandes restrições e reservas. Isto sem mencionar tal recusa como ato de consciente postura de resistência frente à cultura do opressor.

Diante do rigor disciplinar e da concepção pragmática do preparo das crianças índias para o trabalho regular dos ofícios no mundo colonial, a grande maioria das famílias indígenas moradoras dos subúrbios da capital amazonense se recusava a entregar seus filhos aos professores e, em especial, ao Educandário dos Artífices, criado em 1858. Essa recusa fora sentida por Gonçalves Dias em 1860, ano em que entregou ao Império seu relatório sobre a instrução pública na região. Em termos claros, ele reconheceu nessa atitude a pressão exercida pela dispersão geográfica e pelo nomadismo da população indígena. Além do mais, como persistência de hábitos culturais seculares, os indígenas davam aos seus filhos "a educação que tiveram" e, assim, compreendem que eles "careçam de mais nada". Por tudo isso, dizer a um indígena "que mande os filhos á escola, que não os tire d"alli antes de aptos, é ordenar-lhe que mude radicalmente

---
[11] Relatório do Presidente da Província do Amazonas, Adolpho de Barros Cavalcanti de Albuquerque Lacerda, de 1º de outubro de 1864. p. 105-106.
[12] Relatório do Presidente da Província do Amazonas, João Wilkens de Mattos, de 1869. p. 600-601.

a sua norma de vida"[13]. Anos mais tarde, em 1872, o resultado de outra inspeção escolar, desta vez a cargo do Diretor Geral da Instrução Pública, Gustavo Adolpho Ramos Ferreira, chegou aos mesmos resultados. Para ele,

> A indiferença da população pela instrução da infância provém da sua ignorância, a repugnância, da demora prolongada dos meninos nas escolas, de onde saem no fim de 8 e mais anos com pouco ou nenhum resultado. Essa repugnância, tornada contagiosa, é um verdadeiro mal, e o maior obstáculo para o desenvolvimento da instrução primaria[14].

Convém enfatizar que ao problema do baixo nível de escolarização formal da população (que pelo entendimento das autoridades públicas locais deveria contemplar o controle normativo da língua falada e escrita), somava-se outro, também de grandes proporções, ligado à força de uma tradição de oralidade herdada tanto das culturas indígenas regionais (Freire, 2004), quanto da sertaneja nordestina emigrada para a região nas duas últimas décadas do século XIX. Trata-se de reconhecer que, ao longo de todo o século XIX, para a maioria da população indígena regional, a língua portuguesa era ainda uma "novidade" não de toda assimilada, já que em vastas áreas da província a língua geral, ou "*Nheengatu*", era largamente utilizada como elemento básico de comunicação interna das comunidades (Freire, 2004, p. 41-89)[15].

A partir da segunda metade do século XIX, período em que a produção de borracha começou a gerar lucros para os cofres públicos no Amazonas, os governos provincial e estadual puderam investir de forma mais consistente na implantação da rede educacional. Novas escolas de primeiras letras foram criadas, houve mais investimento no ensino secundário e na criação de instituições voltadas para a difusão das práticas de leitura, cujo exemplo maior e mais importante foi a Biblioteca Pública de Manaus (Pinheiro, 2015).

Paulatinamente, o ensino secundário foi se consolidando com a transformação do antigo Seminário São José no Instituto Normal Superior, para, logo depois, em 1893, tomar seu lugar o Ginásio Ama-

---

[13] *apud* Relatório do Presidente da Província do Amazonas, Adolfo de Barros Cavalcanti de Albuquerque Lacerda, de 1º de outubro de 1864. p. 102-103.

[14] Relatório do Presidente da Província do Amazonas, José de Miranda da Silva Reis, de 25 de março de 1872. p. 306.

[15] Ainda hoje, o Nheengatu, ou Língua Geral, mantém-se ativa, principalmente no alto Rio Negro, onde muitas comunidades a utilizam como forma prioritária e até exclusiva de comunicação.

zonense, instituição que tinha seu plano de ensino equiparado ao do Ginásio Nacional, permitindo que os alunos secundaristas ali formados pudessem ser aceitos em cursos superiores de todo o país (Serrano, 1925). A montagem desses estabelecimentos favoreceu e dinamizou o processo de formação acadêmica dos membros da elite local e, em alguma medida, de estudantes oriundos de segmentos sociais menos abastados, o que só foi possível na medida em que o apoio e o controle estatal diminuíram os altos custos até então despendidos para esse fim, uma vez que até mesmo o ensino secundário tinha que ser cursado fora da província.

Em função dessa conjuntura, tornou-se tradição entre as famílias amazonenses mais abastadas investirem parte de seus recursos na educação superior dos filhos, colocando-os nas mais importantes faculdades do Brasil e do mundo (Cruz, 2013). Como é sabido, essa tendência não foi uma característica exclusiva da região amazônica, estando presente entre as mais diversas sociedades que passaram por processos econômicos de grande impacto — como foi também o caso de São Paulo. De qualquer forma, nessa nova conjuntura de final do século XIX e em decorrência desses investimentos, Manaus passou a dispor de um conjunto de profissionais formados em Recife, Salvador, Rio de Janeiro e São Paulo, mas também internacionalmente, em Lisboa e Paris (Pinheiro, 2015). A relevância desse processo mais sofisticado de formação pode ser constatada no fato de que boa parte dos docentes da Escola Universitária Livre de Manaus — criada em 1909, sendo a primeira experiência universitária em todo o Brasil — trilhou esse caminho, embora nem todos fossem amazonenses ou diretamente ligados à elite da borracha.

A escolarização feminina

De uma forma mais ampla e deslocando o olhar para fora do cenário amazônico, podemos afirmar que inúmeras transformações ocorridas no mundo ocidental a partir de meados do século XIX e nos anos iniciais do XX — a periodização aqui adotada — promoveram importantes mudanças na condição feminina mundo afora (Nash, 1985). No interior das mudanças estruturais propiciadas pelo avanço tecnológico, científico e cultural, presenciou-se uma maior visibilidade feminina nos espaços públicos, ampliando seus limites de atuação, antes restritos ao lar e à vida privada.

Parte importante do segmento feminino, em especial nos espaços urbanos, passou a se inserir, gradativamente, em ambientes antes destinados somente aos homens (Perrot, 1998; D'incao, 2001).

No entanto, esse processo não se evidenciou de forma semelhante e com a mesma intensidade em todos os locais; ou tampouco, principalmente, para todas as mulheres. Nos segmentos mais populares e entre as escravizadas, a fronteira público/privado já havia sido transposta desde sempre, com as mulheres desse segmento imiscuindo-se, como trabalhadoras, nas ruas, praças e mercados, para garantir o básico para sua subsistência[16]. De qualquer forma, é correto afirmar que essa imagem da maior mobilidade feminina foi se firmando como um emblema dos "novos tempos" e da modernidade burguesa, o que em muito facilitou sua assimilação nos espaços de tradicional conservadorismo.

Na Amazônia, o interesse pela goma elástica nos mercados europeu e norte-americano não apenas impulsionou a economia de exportação da borracha, produzindo mudanças sensíveis no âmbito da região — como a urbanização modernizadora de Belém e Manaus —, como também contribuiu para o favorecimento de mudanças nos papéis de gênero. Os investimentos feitos em uma nova estruturação urbana buscaram adequar a capital amazonense aos interesses econômicos do mercado internacional e aos parâmetros urbanísticos e culturais europeus (Mesquita, 2009), tidos como modelares. Aliada a tais modificações, a composição da população feminina foi também se modificando e, por conseguinte, assimilando as oportunidades novas que surgiam.

No momento de trânsito para o século XX, a dura realidade social, quase sempre contrastante com os discursos de opulência e modernidade apregoados pela intelectualidade, pela imprensa e pelos políticos, já havia colocado o trabalho feminino como um imperativo para a ampliação da renda e para o sustento familiar. Foi sobretudo essa dura realidade que fragilizou as bases do conservadorismo patriarcal, mas sua força ainda se faria perceber por muito tempo na imposição seletiva de trabalho às mulheres, estabelecendo, na prática, uma estratificação de ofícios e profissões "aceitáveis". Para eles, quase sempre, o controle normativo da leitura e da escrita havia passado a ser uma necessidade.

---

[16] Referindo-se aos relatos de viajantes estrangeiros, June Hahner (2012, p. 46) esclareceu que, "com base em relatos como esse, por um bom tempo, difundiu-se de modo equivocado a ideia de que a mulher brasileira do passado vivia enclausurada. Hoje está claro que esse estereótipo não era universalmente válido e que o comportamento feminino variava de acordo com a classe social".

Há uma quase unanimidade no debate historiográfico de gênero, no Amazonas, no Brasil e em outros lugares do mundo, no sentido de considerar o acesso ao letramento e à instrução formal como um elemento importante e mesmo definidor para a modificação do perfil social das mulheres. No entanto, como mencionado, esse processo foi lento e complexo, sendo possível identificar a abertura de turmas e escolas destinadas às meninas logo no início da década de 1850 como marco inicial no Amazonas[17]. Não se tratava de ofertar às meninas o mesmo ensino destinado aos alunos do sexo masculino, já que seus objetivos, quanto a uns e outros, eram diferenciados. Como argumenta Guacira Lopes Louro (2001, p. 444),

> Seria uma simplificação grosseira compreender a educação das meninas e dos meninos como processos únicos, de algum modo universais dentro daquela sociedade. Evidentemente as divisões de classe, etnia e raça tinham um papel importante na determinação das formas de educação utilizadas para transformar crianças em mulheres e homens. A essas divisões se acrescentariam ainda as divisões religiosas, que também implicariam diversidades nas proposições educacionais.

Além do mais, havia receios, por parte de estudiosos da época, de que o trabalho intelectual pudesse enfraquecer a constituição frágil da mulher, levando à debilidade de seus descendentes. Nesse sentido — e com o foco nas preocupações da elite brasileira —, a "permissão" para o acesso feminino à educação deveria ter como fim melhor habilitá-la para o desenvolvimento de "um certo nível de ilustração que possibilitasse a mulher fazer boa figura nos salões, teatros e reuniões que então passaram a fazer parte da vida social" (Jinzenzi, 2010, p. 13). Adicionalmente, para o cumprimento de suas obrigações domésticas, que incluíam o

> [...] cuidado com o marido e os filhos, não se cogitando que pudesse desempenhar uma profissão assalariada. A mulher educada dentro das aspirações masculinas seria uma companhia mais agradável para o homem que transitava regularmente no espaço público, diferentemente do período colonial com seu recolhimento e distanciamento do espaço da sociabilidade (Almeida, 1998, p. 19; Louro, 2001, p. 444).

---

[17] Em 1854, quando a Província do Amazonas tinha apenas dois anos de sua instalação, já havia sido criada uma escola para meninas em Manaus e abriu-se uma "cadeira de primeira letra para o sexo feminino" na vila de Ega (atual Tefé), localidade do interior da província. Em 1856, a província contava com 19 escolas públicas, sendo apenas duas delas — a de Manaus e de Tefé — as destinadas às mulheres (Estrella do Amazonas, 1854, 1856, p. 3).

Iniciando com aulas voltadas para o processo de alfabetização e "prendas domésticas"[18], o ensino formal destinado às meninas foi, pouco a pouco, incluindo aulas de álgebra, matemática e da língua portuguesa, além de, algumas vezes, noções de francês. Foi somente a partir de novembro de 1880, com a criação do Curso Normal em Manaus, que se franqueou às mulheres o acesso ao ensino secundário, na contramão do que ainda ocorria em muitas cidades brasileiras, como São Paulo. Embora o regulamento de funcionamento da Escola Normal se apresentasse como inovador para o período, não deixava de trazer dispositivos limitadores, que geravam entraves para o bom andamento da vida acadêmica daquelas pioneiras, sendo um deles a condição facultativa da presença das alunas em sala de aula.

Como a Escola Normal era uma instituição de ensino mista, as elites conservadoras da época, aliançadas com a Igreja e orientadas por Ela, não viam com bons olhos o compartilhamento cotidiano do espaço escolar entre moças e rapazes. Em função de tal situação, foi consentido às mulheres estudarem as matérias do curso de forma particular, em seus lares e, portanto, dispensadas de frequentar as aulas, devendo somente se apresentar ao final de cada ano para a realização dos exames. Só havia obrigatoriedade da presença das alunas nas aulas de Pedagogia. Além dessa forma peculiar de estudo, o Regulamento exigia delas, no ato da matrícula, a entrega de documentos comprobatórios da concordância de seus pais, no caso de solteiras, ou de seus maridos, caso fossem casadas (Costa, 2005).

O término do curso era extremamente festejado e contava com notas na imprensa e cerimônias nas quais se faziam presentes as maiores autoridades da província. Em 1888, o jornal *A Provincia do Amazonas* anunciou tanto a diplomação de professores e professoras da Escola Normal quanto a participação do próprio presidente da província no evento de outorga dos diplomas. Sob o título de "Festa da Mocidade", a matéria dá a perceber que, embora fossem em diminuto número os formandos, as mulheres já ali constituíam a maioria dos diplomados:

> Teve lugar ontem no edifício do Liceu o ato solene da distribuição dos diplomas e prêmios aos professores normalista e alunos das escolas públicas [...] Foram distribuídos

---

[18] Em 1894, por exemplo, foi aberto concurso para a cadeira de "prendas domésticas" do Curso Normal, anexado ao Ginásio Amazonense, por onde nos foi possível ter acesso aos componentes curriculares requeridos naquela cadeira, dentre eles: costuras e bordados diversos; tirar medidas, produzir moldes e talhar vestidos, conhecimento do uso da máquina de costura etc. (Diário Official, 1894).

diplomas aos seguintes professores que completaram o curso normal: Srs. Francisco Julião de Aguiar e Thomaz J. de Aguiar, e às exas. dd. Elvira Pinto Correa, Izabel Pereira Barbosa e Ambrosina Vieira de Aguiar. Foram premiadas diversas alunas da escola normal e do colégio Santa Rita e alunos do Liceu.
Depois da distribuição de prêmios oraram as exmas. Sras. dd. Elvira Correa, Ambrosina Aguiar e Izabel Barboza, sendo em seguida encerrada a sessão por sua exc. o sr. presidente da província (A Provincia do Amazonas, 1888, p. 3).

Embora o acesso à educação fosse, em geral, um privilégio de homens e mulheres oriundos dos segmentos economicamente mais prósperos, a preocupação com a sua ampliação para os segmentos populares emergiu logo cedo na fala dos administradores públicos, embora quase sempre de forma puramente retórica. As primeiras experiências vinham revestidas com o arcabouço do assistencialismo e da profissionalização, voltando-se para o acolhimento de crianças e jovens desvalidos, em sua quase totalidade indígenas; e ao ensinamento de algum ofício, como no caso do já mencionado Educandário dos Artífices, criado em 1858.

No ano seguinte, a criação do Colégio Nossa Senhora dos Remédios tentou estender esse modelo para o atendimento das meninas, também elas indígenas, mas a instituição acabou logo fechada por falta de recursos. Nesse Colégio, as estudantes recebiam noções de leitura, caligrafia, geografia e história, francês, piano, dança e desenho (Costa, 2005). Nos anos iniciais da década de 1880, foi criado o Asilo Orfanológico Amazonense, depois chamado de Asilo Orfanológico Elisa Souto, que funcionou nos mesmos moldes de seu antecessor. Durante o governo de Eduardo Gonçalves Ribeiro, em 1892, o Asilo, cujo ensino estava a cargo de religiosas, foi extinto com o argumento de que se achava desacreditado perante a sociedade. Em seu lugar, surgiu o Instituto Benjamin Constant[19] (Campos, 2010).

O Instituto Benjamin Constant foi criado por decreto em 26 de abril de 1892 e era também voltado especificamente para a assistência às mulheres, iniciando seu funcionamento com 95 alunas e três cadeiras[20].

---

[19] Aluno e discípulo de Benjamim Constant na escola militar do Rio de Janeiro, Eduardo Ribeiro abraçou, como seu mestre, os preceitos positivistas da escola comtiana, e a forma como pensou o papel da instrução pública e também das mulheres, conforme adiante se verá, deixa claro esse vínculo com a orientação teórica do governador.

[20] Exmo. Sr. Dr. Governador do Estado Eduardo Gonçalves Ribeiro em 1º. de março de 1896. Manaus: Imprensa Oficial, 1896. p. 12.

Em 1901, o instituto teve seu programa de ensino reformulado e subordinado ao Programa da Instrução Pública[21], permitindo que suas alunas tivessem mais liberdade de locomoção e acesso a uma instrução que as qualificasse também para o magistério. Segundo a fala do Governador Silvério José Nery,

> De acordo com as regras da propedêutica escolar foi ampliada em termos de liberdade a orbita das asiladas, que viviam rigorosamente segregadas da sociedade e cuja instrução era sobremodo acanhada, em virtude do rigor dos preceitos religiosos. Hoje, que o Instituto representa uma das gradações do ensino, as alunas podem, concluindo a sua aprendizagem, transportar-se, por uma transição fácil, que deriva das noções recebidas, as escolas de categoria superior, entregando-se a estudos, que as habilitem para professora, segura garantia de lisonjeiro futuro[22].

No entanto, no primeiro semestre de 1901, o diretor da instituição informava que, das 100 alunas matriculadas, apenas oito puderam ser inscritas para o concurso de professora pública, mas somente uma obteve aprovação, sendo ela Lina Barbosa da Silva. Segundo Nemésio do Rego Quadros, tal fato ocorreu em função do conhecimento limitado das matérias apresentadas no ato da arguição, demonstrando que as alunas possuíam um preparo intelectual inferior do desejado, além de um acanhamento extremo, que era motivado pelo isolamento a que viviam submetidas na instituição, tendo pouco contato até mesmo com seus familiares[23].

Em 1903, o novo diretor do Instituto comunicou ao governador a necessidade de uma nova organização do ensino na instituição, pois, embora o novo regulamento não informasse, as *aulas de costura e trabalhos de agulhas* permaneceram e a professora responsável já estava na cadeira há 11 anos. Lembrava ainda o diretor que ficavam ao encargo das alunas "os diversos serviços domésticos". Na senda positivista assumida pelos

---

[21] A partir dessa reformulação, o Instituto tinha como proposta dar "educação, vestuário e alimentação a 100 alunas. A admissão no Instituto depende do Governador do Estado, tendo sempre preferência para as matriculas as órfãs dos funcionários públicos, sendo que em igualdade de condições prefere também a qualidade de amazonense". Exmo. Sr. Governador do Estado Silverio Jose Nery. Manaus: Tip. da Livraria Ferreira Pena, 1901. v. 1. p. 217.

[22] Mensagem lida perante o Congresso dos Representantes pelo Exmo. Sr. Governador do Estado Silverio Jose Nery. Manaus: Tip. da Livraria Ferreira Pena, 1901. v. 1, p. XI.

[23] Relatório apresentado pelo diretor do Instituto Benjamim Constant ao Diretor da Instrução Pública. *In*: Mensagem lida perante o Congresso dos Representantes pelo Exmo. Sr. Governador do Estado Silverio Jose Nery em 10 de julho de 1902. Manaus: Tip. da Livraria Ferreira Pena, 1903. p. 108.

primeiros governos (militares) da República no Amazonas, o diretor entendia ser urgente a remodelação do regulamento do Instituto para adaptá-lo aos moldes da pedagogia moderna e, assim, livrar "enfim as meninas asiladas neste Estabelecimento de um trabalho intelectual superior as suas forças"[24]. Em 1904, o relatório da direção do Instituto informava que muitas educandas que haviam terminado o curso se encontravam matriculadas na Escola Normal onde se destacavam pela frequência às aulas, pelo "comportamento exemplar e amor aos livros". Porém esse exemplo não era seguido por parte de algumas delas, que, segundo eles, não davam valor aos sacrifícios que o Estado fazia em prol delas. Para a direção, o pouco aproveitamento não era motivado pelo corpo administrativo da instituição, sendo a culpa das próprias alunas, "algumas eivadas de vícios, que nem os próprios parentes, puderam conter em limites de uma educação rudimentar, que por exemplos de uma conduta má, fomentam a indisciplina e chamam ao seu gênio as que trazem comportamento regular"[25].

Diante de sistemáticos resultados negativos, em 1905, o Instituto Benjamim Constant teve sua organização disciplinar modificada, sendo dele retirado o ensino secundário, ficando em sua grade curricular apenas o ensino primário e a parte profissionalizante, que consistia no aprendizado de *lavar*, *engomar* e *cozinhar*. Tal modificação gerou decepção e inconformismo por parte das alunas do instituto, levando o governador do estado a propor uma relativização, entendendo que se podia facultar às alunas que revelassem "muito gosto pelos estudos" a matrícula na Escola Complementar. Para ele,

> Essa medida de sábia prudência busca obviar o estado em que se encontravam as alunas, ao serem desligadas do Instituto, as quais sabendo somente da parte profissional do ensino – lavar, engomar e cozinhar, sentiam-se, depois da educação intelectual recebida, *deprimidas* com as profissões de lavadeira ou cozinheira[26].

---

[24] Relatório apresentado pelo diretor do Instit. Benj. Constant ao Diretor da Instrução Pública. *In*: Mensagem lida perante o Congresso dos Representantes pelo Exmo. Sr. Governador do Estado Silverio Jose Nery em 10 de julho de 1903. Manaus: Tip. da Livraria Ferreira Pena, 1903. p. 172.

[25] Relatório apresentado pelo diretor do Instit. Benj. Constant ao Diretor da Instrução Pública. *In*: Mensagem lida perante o Congresso dos Representantes pelo Exmo. Sr. Governador do Estado Silverio Jose Nery em 10 de julho de 1904. Manaus: Tip. da Livraria Ferreira Pena, 1904. p. 90-91.

[26] Mensagem do Exmo. Sr. Governador do Estado Antonio Constantino Nery, lida perante o Congresso em 10 de julho de 1905. Manaus: Tip. do Amazonas, 1905. p. 14, grifo nosso.

Como se percebe, essa nova modificação no ensino do Instituto marcou um retrocesso para as mulheres pobres e sem posses, demonstrando bem o papel que o Estado amazonense determinava para elas. Tal mudança também evidenciava a ruptura com os ideais aventados no momento da criação daquela instituição de ensino, que, como mencionado, sinalizavam aberturas para que as jovens estudantes pudessem ter uma educação que posteriormente também as habilitasse para o magistério. Esvaía-se, assim, para elas, aquela "segura garantia de lisonjeiro futuro", que Silvério Nery havia aventado. Agora, com o governo do Estado nas mãos de seu irmão — Constantino Nery —, o ensino puramente técnico ofertado reduzia sobremaneira o alcance de ascensão profissional para elas, embora o discurso do novo governador fosse no sentido de "fazer de meninas pobres e desvalidas, mulheres honestas que, ao deixarem o Instituto, tenham um meio de vida que as ponha ao abrigo da miséria e da desonra"[27].

O que torna emblemático o tipo de ensino que se dirigia às mulheres pobres amazonenses pelo Instituto Benjamim Constant é — para além de sua visão patriarcal e preconceituosa — sua dimensão pragmática de orientação para a formação de uma força de trabalho dócil e barata, que passara a ser cada vez mais requerida pelo mercado de trabalho dinamizado pela economia de exportação da borracha, pelo crescimento populacional e, consequentemente, pela forte urbanização da capital amazonense. Não apenas a abertura de firmas comerciais, escritórios e serviços públicos requisitava número cada vez maior de secretárias, amanuenses e datilógrafas — para cujo aprendizado já existiam escolas próprias desde fins do século XIX (Pinheiro, 2015) —, como também bares e botequins, restaurantes, hotéis e pensões demandavam cada vez mais cozinheiras, camareiras, lavadeiras, arrumadeiras e "empregadas" de todo tipo.

O comércio foi também outro ramo da economia que, ao se dinamizar na cidade e sinalizar o acolhimento de trabalhadoras, impulsionou mudanças na estrutura de ensino, dentre elas a abertura de escolas de comércio. As primeiras foram criadas em 1897, como demanda do segmento caixeiral, com a abertura para que mulheres pudessem cursá-las. Seus cursos voltavam-se para a formação profissional de datilógrafos, amanuenses e guarda-livros. Com o passar do tempo, a tendência foi de que essas escolas — como a Escola Municipal do Comércio, criada pela Associação dos Empregados de Manaus em meados de 1920 — também

---
[27] *Ibidem*, p. 14.

oferecessem a seus associados e associadas curso primário, aulas de música e ensinamentos voltados para o âmbito comercial. Apenas na década de 1920, todas essas iniciativas de caráter privado foram assimiladas pela estrutura formal de ensino do Estado, com a transformação da Escola Municipal do Comércio na Escola Prática do Comércio "Senador Lopes Gonçalves", passando, inclusive, a ser dirigida por uma professora, Conceição de Britto-Inglez. Em 1927, a escola possuía não apenas muitas alunas inscritas, como também possuía um corpo docente "composto por uma porcentagem alta de professoras" (Campos, 2010, p. 92-93).

Por meio da escola, o desenvolvimento de habilidades e conteúdos específicos permitiu que um número cada vez maior de mulheres acabasse adquirindo qualificações importantes para o exercício de atividades em um mercado de trabalho que tendia a se expandir e diversificar, abrindo vagas em diversas esferas, desde o comércio até o funcionalismo público (Campos, 2010). Contudo o impacto da escolarização de mulheres demonstrou ser mais efetivo no próprio campo do ensino, expandindo a ocupação feminina dos postos que se abriam tanto no ensino público quanto particular, fazendo com que, já no último quartel do século XIX, as mulheres se tornassem ampla maioria no ensino de "primeiras letras" em todo o Amazonas[28]. No ensino secundário, no entanto, o quadro se manteve por algum tempo adverso, sendo permitida sua atuação apenas "às disciplinas relacionadas ao universo feminino como as de prendas domésticas ou ginástica. Mesmo na Escola Normal onde as alunas eram a maioria dos matriculados" (Campos, 2010, p. 125).

O discurso sobre a falta de escolas e sobre as carências do sistema de educação, notadamente a ausência de professores e a péssima infraestrutura para o funcionamento dos poucos estabelecimentos de ensino, foi recorrente ao longo de todo o período provincial no Amazonas (1850-1889) e pode ser encontrado tanto na documentação oficial quanto nos diversos periódicos da época. No entanto, desde os anos iniciais da província, já se constatava a presença de professoras atuando, embora sejam ainda muito poucas. Pela imprensa, elas apareciam, sobretudo, nos anúncios de profissionais do ensino, ofertando seus serviços de

---

[28] Estudando o tema a partir do contexto francês, Michelle Perrot já havia constatado que "a instrução abria de fato às moças, as portas de muitas profissões"; e completa: "O prestígio das professoras primárias; principalmente, foi considerável entre as moças das classes populares. Mestras da infância, elas foram muitas vezes pedagogas atentas... Assim, elas exercem em público as qualidades maternais das mulheres... As escolas normais foram as primeiras universidades das mulheres" (Perrot, 1998, p. 105-108).

forma particular, o que acontecia em paralelo à criação de pequenas escolas públicas de primeiras letras mistas ou apenas para meninas. Independentemente da modalidade em que atuassem (ensino público ou privado), todas precisavam ser habilitadas pelo governo provincial. Foi corrente que muitas das professoras nomeadas pelo governo provincial desenvolvessem suas atividades profissionais em pequenas salas de aula anexas as suas casas, em geral ocupando algum cômodo improvisado e, por isso mesmo, prestando atendimento a um número restrito de alunos:

> Anúncios
> A abaixo assinada professora pública do ensino primário do sexo feminino do bairro de S.Vicente d"esta capital ultimamente nomeada, faz publico; para que conste a quem convier, que ela abrirá a sua escola no dia 2 de outubro próximo vindouro, na casa de sua residência, sito a na praça da antiga matriz, e travessa da cadeia. Manaus, 30 de setembro de 1871.
> Dulce Angelica Rodrigues Lopes (Amazonas, 7 out. 1910).
>
> Escola mistra do bairro de Nazareth
> Faço público aos srs. pais de família, tutores e pessoas encarregas da educação de meninos e meninas que esta escola se acha instalada na casa do sr. Evaristo Jósé Joaquim Pucí, sito a rua de Mánáos, e que desde já se acha aberta a respectiva matrícula. Manaus, 4 de fevereiro de 1881. A professora.
> Lydia Theodora Soares Raposo (Amazonas, 6 out. 1910).

Fato é que, principalmente após a abertura do ensino das Escolas Normais também para mulheres, o magistério foi se tornando um campo de atuação por onde elas se oportunizaram caminhar. Por todo o Brasil, relatórios educacionais de fins do século XIX e de anos iniciais do XX dão conta desse fenômeno que deu origem à chamada "feminização do magistério". Em 1901, o relatório do diretor da Escola Normal ao Diretor Geral da Instrução Pública do Estado do Amazonas constatava o crescimento ocorrido no número de alunas matriculadas naquele estabelecimento e o decréscimo no número de alunos[29], atribuindo tal fenômeno ao fato de ser o magistério o único cargo público que a lei permitia às mulheres,

---

[29] Já em 1901, a Escola Normal possuía 101 alunos, sendo 77 do sexo feminino e somente 24 do sexo masculino. A escola possuía também alunos ouvintes, em número de 17, sendo 13 do sexo feminino e 4 do masculino. Relatório do Diretor Geral da Instrução Pública, Joaquim Pereira Teixeira ao Exmo. Sr. Governador do Estado do Amazonas. *In*: Mensagem lida perante o Congresso pelo Exmo. Sr. Governador do Estado, Silvério José Nery em 10 de julho de 1902, v. 1. Manaus: Tip. da Liv. Ferreira Pena, 1903. p. 178.

enquanto todos os outros eram permitidos aos homens. Por isso, conclui o relatório, "procuram elas para obter meios de subsistência honesta, a única carreira pública que lhes é facultada"[30].

Novos desafios

Como vimos, desde o final do século XIX e dos anos iniciais do XX, o magistério converteu-se em um espaço importante para o trabalho feminino e sua consequente projeção social, dando às mulheres visibilidade e respeitabilidade como professoras particulares ou contratadas pelo Estado, principalmente para a (considerada) nobre e honrosa tarefa do ensino de primeiras letras. Também registramos que, já na virada para o século XX, a realização de cursos técnicos diversos também favoreceu uma maior e mais segura inserção de mulheres em setores como o comércio e o funcionalismo público. No entanto, é também importante demonstrar como, na esteira do contínuo alargamento da escolarização, elas viram-se motivadas a assumir o penoso desafio da contestação do exclusivismo masculino em profissões que, anteriormente, sequer eram cogitadas como capazes de abrigá-las profissionalmente. Isto ficará mais claro quando do surgimento do ensino superior no Amazonas, com a criação, em 1909, daquela que, como mencionado, foi a primeira experiência universitária do país, a Escola Universitária Livre de Manaus[31] (doravante EULM). Restrita às classes mais abastadas formadas com a economia exportadora da borracha, a EULM abrigou algumas mulheres que viam em sua diplomação um importante mecanismo de emancipação, de distinção e de projeção social e cultural. Era esperado que elas utilizassem a bagagem acadêmica adquirida como forma de agregar valor aos papéis tradicionais que já exerciam no âmbito da família patriarcal, podendo elas próprias aprimorarem a educação de seus filhos, como também demonstrar desenvoltura intelectual nos salões e em outros espaços de sociabilidades burguesas. Assim, a abertura da EULM permitiu que um pequeno número de jovens se enveredasse pelas áreas ditas masculinas, como as do Direito, da Odontologia e da Farmácia etc. No entanto, mais uma vez, esse avanço não se fez sem despertar resistências, quase sempre

---

[30] Mensagem lida perante o Congresso dos Representantes pelo Exmo. Sr. Governador do Estado Silvério Jose Nery. Manaus: Tip. da Livraria Ferreira Pena, 1901. v. 1. p. 16.

[31] A Universidade Livre de Manaus teve início com os cursos de Ciências Jurídicas, Engenharia e Medicina (farmácia, obstetrícia e odontologia).

ancoradas em preocupações morais e/ou supostamente amparadas por "bases científicas"[32].

Como asseverou Luciane Dantas de Campos,

> Dos 159 alunos matriculados no primeiro ano de funcionamento da Universidade, 20 eram do sexo feminino, uma porcentagem razoável de mulheres, que davam preferência ao estudo da odontologia e farmácia. A essa preferência observa-se uma tendência nacional em „permitir" esses estudos as mulheres, pois seu exercício seria realizado em ambiente relativamente privado, longe da competição pública com os homens, não colocando em risco sua moral e sua dignidade (Campos, 2010, p. 99).

A busca cada vez maior da mulher por conhecimento e o seu posterior avanço para empregos ditos não femininos provocaram, por parte da sociedade amazonense, reações diferenciadas, embora a ampla maioria delas estivesse relacionada aos valores culturais da sociedade patriarcal. Ousar abraçar cursos e profissões considerados como pertencentes ao universo masculino significou, antes de tudo, encarar o preconceito e todas as críticas ácidas, grosseiras e sexualizadas. Em 1911, dos sete candidatos que prestaram os exames finais da primeira turma do curso de Odontologia, três eram mulheres: Marina Amora, sua irmã, Honorina Amora, e Julia Bittencourt (Jornal do Comércio, 1911). Naquele momento, um redator do jornal *Correio do Norte* expressou toda sua carga de preconceito com relação à graduação das três primeiras odontólogas formadas no Amazonas:

> Estão em vias de término os exames da segunda época da Escola Universitária. Entre os examinandos figuram diversas senhoritas que se destinam a odontologia.
> A proposito disto, ouvi de um amigo que só agora se dispunha a consertar a dentadura avariada. Até então tivera sempre o martírio do boticão dos dentistas de calças... Estava disposto a ser o primeiro cliente da primeira cirurgiã dentista que aqui montasse gabinete, porque nada podia ser mais agradável e chic do que entregar a boca a habilidade de uma gentil senhorita, sentir-lhe, durante a operação, os efeitos sutis e embriagadores da respiração, sorrir-lhe o arfar do seio túmido, compreender a linguagem cariciosa

---

[32] A resistência contra a educação formal feminina foi uma característica mundial naquele período. Como informa Bonnie Smith, "À medida que a taxa de fertilidade passou a declinar no fim do século 19 e à medida que grandes potências ocidentais começaram a preocupar-se com a "boa forma" de suas populações, o trabalho intelectual das mulheres passou a ser visto como especialmente problemático, perigoso e até impatriótico" (Smith, 2003, p. 395).

dos seus olhos, aspirar-lhe o profundo estonteante da sua carne moça (Correio do Norte, 1911, p. 1).

Os jornais da época reproduzem bem esse momento do avanço feminino em várias frentes, assim como também estão repletos de indicadores da sempre inquieta reação masculina, fosse ela jocosa, velada ou explícita. Fenômeno novo e inquietante, a maior presença das mulheres na vida pública citadina foi alvo de intenso debate, sendo a imprensa o meio prioritário por onde se expressou. A imagem feminina, suas conquistas e seus novos anseios foram amplamente reverberados pelos periódicos, tanto amazonenses quanto de outras regiões, sendo emblemático dessa prática o destaque dado por uma das mais importantes revistas ilustradas brasileiras a Anna Vieira Cesar, figura de relevo em Manaus, ali apresentada como:

> Fundadora do Grêmio Familiar Amazonense, associação feminista, literária e musical, e sua primeira presidente, eleita por aclamação unânime. Senhora inteligente e culta, tem colaborado com brilhantismo na imprensa do Amazonas, e muito cooperado para o desenvolvimento social e literário de Manaus. É filha de uma ilustre família do Rio Grande do Sul (O Malho, 1909, s/p).

Imagem 1 – D. Anna Vieira Cesar

Fonte: O Malho (1909)

O destaque dado pelo *O Malho* a Anna Vieira Cezar é uma dessas raras ocasiões em que a presença feminina nos periódicos não está visceralmente associada a uma situação de subordinação e submissão ao universo patriarcal masculino. Embora com gradações, essa postura reativa foi perceptível em todo o mundo ocidental, onde lentamente as mulheres passaram a se impor como expressão de suas lutas pela emancipação em consonância com o ideário liberal burguês[33].

Assim, desde muito cedo, a imprensa falava não apenas delas, mas também para elas — embora este tenha sido um espaço que elas também tenham tentado se inserir e se apropriar. O que se convencionou chamar como uma imprensa feminina apenas se esboçou no Amazonas em todo o período aqui abordado. Com efeito, foram poucos os jornais produzidos por mulheres e, até onde sabemos, todos efêmeros, não passando de uns poucos números (Pinheiro, 2015). Também não percebemos, na maioria desses pequenos jornais, uma escrita (dita) feminista, sendo exceção à regra o jornal *O Grêmio*, publicado nos anos de 1909 e 1910, por meio do qual suas idealizadoras e redatoras se dispuseram a combater a discriminação e subalternidade, produzindo um discurso voltado às amazonenses que ia no sentido de fazê-las perceber que poderiam desenvolver suas potencialidades; ou, em termos do debate feminista atual, dizer às mulheres que elas poderiam ser "protagonistas de sua vida e sua história" (Teles, 1999, p. 12).

O jornal *O Grêmio* pertencia à sociedade "Grêmio Familiar Amazonense"[34], anteriormente mencionada, e era administrado por mulheres de classes abastadas da sociedade manauara. Ao que nos consta, publicou somente dois números, mas seu conteúdo é bastante interessante do ponto de vista do debate sobre a chamada *emancipação feminina*. Como de costume no periodismo da época, algumas de suas colaboradoras assinavam com pseudônimos, retirados de personagens femininos — Calíope, Hebe, Clio, Nênê, Eutherpe, Polymnia, Themis, Amazonina, Lily of the Valey etc. —, tanto da mitologia quanto da literatura clássica ocidental. Poucas entre elas usavam seus próprios nomes, como foi o caso de Mathilde Areosa, Olivia Canuto, Amélia Santos e Marina Amora. Somente esta última lançou mão da utilização de suas iniciais em seus artigos. Mathilde Areosa publicava com frequência seus contos e poesias

---

[33] Como sustenta Hobsbawm (1988, p. 284), "um grau mais elevado de direitos e oportunidades iguais para as mulheres, estava implícito na ideologia da burguesia liberal, por mais inconveniente e inoportuno que aparentasse ser aos patriarcas em suas vidas privadas".

[34] Para a imprensa, tratava-se de uma "sociedade feminina e feminista" composta de mulheres ilustradas (Jornal do Comércio, 7 set. 1908, p. 1).

nos diários de Manaus, porém, quem parece ter levado a *O Grêmio* uma argumentação mais politizada do tema da emancipação feminina foram Calíope e Marina Amora.

Em artigo intitulado "A conquista", Calíope falava de sua alegria por estarem, todas elas, publicando o periódico e que dar esse passo, que sabiam importante, fazia se sentirem como pequenas e frágeis aves que fugiam da "prisão de uma gaiola aberta". Sua fala expõe o receio que sentiam pela forma como aquela aparição seria recebida pela intelectualidade e sociedade amazonenses da época. Demonstravam ter consciência dos limites intelectuais que lhes impunham e temiam por serem neófitas — uma comparação com escritoras brasileiras que já vinham se destacando no cenário cultural do país e por quem nutriam profunda admiração:

> Nessa revista os leitores não verão um estilo sublime e nobre, nem imagens arrojadas como essas que caem da pena brilhante dos nossos literatos, não encontrarão esse prazer que encontram lendo os escritos de Júlia Lopes de Almeida, Francisca Júlia da Silva, Cacilda Francioni de Souza e tantas outras mulheres ilustres, que henriquecem e abrilhantam as letras nacionais, verão apenas os primeiros ensaios, passos vacilantes de quem principia a escrever; verão também a boa vontade, o gosto pelas letras, gosto que se vai desenvolvendo pouco a pouco (O Grêmio, 1909, p. 1).

O artigo "Avante!", da lavra de Marina Amora, é bem ilustrativo do ideal que queriam alcançar. Fazendo referência ao avanço das mulheres no campo acadêmico em países da Europa e da América do Norte, encorajava as amazonenses a fazerem o mesmo, pois, dizia, "já vemos que as inteligências estão equiparadas, faltando-nos apenas o cultivo, e no dia em que o tivermos, nesse dia será feita a *emancipação da mulher*" (O Grêmio, 1909, p. 2, grifos meus). Lutando para que fossem reconhecidos os valores e os atributos intelectuais femininos e pela equiparação de seus direitos frente aos masculinos, Marina Amora destacava a forma diferenciada como homens e mulheres eram educados, enfatizando que essa diferenciação teria tornado os homens mais aptos a responderem aos inúmeros problemas do cotidiano, enquanto as mulheres ficavam amesquinhadas, achando difícil enfrentá-los.

Ainda segundo a autora, com a "ausência da cultura intelectual necessária", como tiveram acesso mulheres como Júlia Lopes de Almeida, Francisca Júlia da Silva, Cassilda Francioui de Souza e Narcisa Amália, seria muito difícil para as amazonenses avançarem:

> Manáos tem verdadeiros talentos, tanto para as Letras como para as Belas-Artes; no entretanto, homisiam-se em casa, quedam-se em um indiferentismo lastimável, sem dar público testemunho de seu valor. Não aparecem, não nos estimulam, a fim de que nossa capital não se torne tão lúgubre, monótona, como é pela falta de brilho intelectual feminino e mesmo para que as nossas gentis patrícias dos outros estados não nos façam inveja, não nos considerem aquém de seus merecimentos (O Grêmio, 1909, p. 1).

O Grêmio conclamava as mulheres amazonenses a participarem dessa luta, enfatizando que a postura de submissão jamais as tiraria do passado obscurantista; e que a "nova mulher" deveria saber oportunizar os espaços que estavam sendo abertos por outras mulheres mundo afora, principalmente através da mais importante ferramenta de libertação feminina: o livro, a educação, a "revolução do saber".

> Graças à intensidade da civilização dominante a mulher vai se libertando pouco a pouco das prisões obscurantistas e colocando-se na posição a que tem direito pelas luzes de seu espírito e magnanimidade de coração, na esperança de um porvir que trará também a sua glória (O Grêmio, 1909, p. 2).

"Para a conquista d'essa suprema felicidade, o único elemento que devemos por em ação, é o livro; o livro é o nosso mestre, o nosso guia, o instrumento da revolução do saber e da conquista da grandeza humana" (O Grêmio, 1909, p. 2).

Os mencionados receios de retaliação externados pelas redatoras do jornal não eram de todo infundados e, com efeito, não se fizeram esperar. Seus temores estavam fundamentados na realidade da sociedade local amazonense que, como elas próprias afirmavam, era bastante conservadora e avessa aos avanços femininos. Embora o periódico tenha sido recebido pela imprensa com elogios ao seu nascedouro, jornalistas insurgiram-se contra as posições críticas delas sobre qual seria o papel da mulher na sociedade e, dessa forma, atacaram-nas agressivamente. Um colaborador do *Correio do Norte*, assinando artigo com as iniciais "D. M.", acusou-as de terem "cérebros embrionários" e de estarem seguindo por um "terreno doentio":

> Tratarei em tempo [diz ele], de cercear o perigo contagioso e nefasto que impera n"aqueles cérebros embrionários. A derrota já foi indicada; os conselhos já foram ministrados, ouvir-se-ão ou não as senhoritas d"O Gremio.

> Certo de que se continuarem no mesmo terreno doentio será melhor lembrar-lhes que uma mulher sabe bastante chimica quando sabe por a panela ao lume e bastante geografia quando conhece os diferentes quartos da casa. D. M. (Correio do Norte, n. 240, de 26 de setemb. de 1909, p. 2).

Como já dito, *O Grêmio* era órgão de divulgação das atividades de uma associação de mulheres criada na capital amazonense, sendo que apenas uma parte das sócias se fez responsável pela publicação. Desde sua criação, o Grêmio Familiar teve suas atividades amplamente divulgadas nos jornais da cidade, que informavam seus eventos, quase sempre contando com a participação das mais proeminentes autoridades amazonenses. Embora não tendo conseguido encontrar seus estatutos[35], percebe-se que seu intuito, assim como o do jornal, era o de conscientizar a sociedade amazonense do potencial intelectual das mulheres, a partir do exemplo das mulheres letradas. Através das programações realizadas e divulgadas, percebe-se o intuito tanto de incentivar suas associadas a seguirem por esse caminho da boa formação intelectual, quanto de fomentar o vínculo associativo de outras mulheres. Afinal, como disse Marina Amora, a associação seria também um meio para divulgação de seus talentos e para provar suas qualidades aos conterrâneos, além de contribuir para que os "visitantes de nossa terra fiquem convencidos de que em nosso meio há também moças inteligentes, educadas e habilitadas" (O Grêmio, 1909, p. 1).

Foi partindo desses objetivos que o Grêmio Familiar Amazonense se lançou a promover festas de homenagens para a imprensa e autoridades governamentais e em comemoração a datas cívicas, além de se fazer presente em eventos esportivos — concursos de tiro e tênis —, onde poderiam demonstrar suas habilidades também naquele campo. Saraus e festas em homenagem a importantes literatos da cidade eram momentos especialmente valorizados, principalmente porque neles podiam exibir seus dotes intelectuais.

> Grêmio Familiar Amazonense – Às oito e meia horas da noite de quatorze de julho realizar-se-á com toda a pompa no Club Internacional a festa inaugural do Grêmio Familiar Amazonense, sociedade organizada por distintas senhoras e senhoritas da nossa melhor sociedade. O programa,

---

[35] "O DIA DE HOJE – Reunião – A"s 2 horas da tarde, na sede do Gremio Familiar Amazonense, reúnem-se os sócios para discussão dos estatutos" (Jornal do Comércio, 1908).

> caprichosamente organizado é o que se segue: Parte literária – Oradora oficial, senhorita Virgilia Correia; 1º – Poesia em italiano, senhorita Maria Luisa Saboia; 2º – Poesia em português, senhorita Jacy Cesar; 3º – Poesia em francês, senhorita Francisca Caldas; 4º – Poesia em inglês, Virginia Pessoa. Parte musical – 1º. Sonata de Bheethwen, po. 6. Piano (a 4 mãos), senhoritas Iza Queiroz e Jacy Cesar... (Jornal do Comércio, 8 jul. 1908, p. 2).

Depois da projeção alcançada por intermédio do Grêmio Familiar, somente em 1920 é possível encontrar outro empreendimento associativo e literário produzido por mulheres amazonenses e voltado para elas. Trata-se do grupo que se formou em torno da publicação do periódico *A Plêiade*, todo ele produzido por mulheres e claramente preocupado com questões sociais, como as ligadas ao mundo do trabalho em Manaus. No único número encontrado até o momento, pode-se ler artigos demonstrando preocupações com a educação do operariado amazonense e dando apoio à criação de escolas noturnas, com o "desígnio de arrancar à noite tenebrosa da ignorância, numerosas inteligências" (A Plêiade, 1920, p. 2). O jornal tinha como diretora Lina de Amorim Antony; redatora-chefe, Dinari Antony; secretária, Santuzza Andrade; tesoureira, Altacir A. Bittencourt. Enquanto Maria Luiza Saboia, Ilda Sá Peixoto, Emilia de Carvalho Antony e Eunice Serrano foram indicadas como suas redatoras (A Plêiade, 1920).

Concluindo

O que nos parece importante na recuperação de trajetórias como essas é dar a ver as tentativas pioneiras de processos de organização, mobilização e "luta" — esta última no campo das ideias e das letras — idealizados por mulheres visando a sua própria emancipação frente ao jugo de uma sociedade que se mostrava conservadora e resistente à emergência delas na cena pública e, em especial, assumindo posições contestadoras. Fosse de forma individual ou coletiva, muitas mulheres amazonenses oportunizaram o saber e a educação e investiram na sua melhoria social e mesmo na independência econômica. Por outro lado, também no Amazonas, esses primeiros movimentos da luta feminina traziam um perceptível viés de classe, ao entabular discursos distantes do universo cultural da mulher popular e do conjunto da classe trabalhadora[36], o que, de resto, não

---
[36] June Hahner percebe-o como uma marca comum em todo o Brasil (Hahner, 2003).

diminui sua importância e o teor de suas lutas. Como se pode perceber, essas primeiras emancipacionistas amazonenses faziam parte de uma minoria privilegiada, muitas delas possuindo diplomas universitários. Por seus méritos, coragem e esforços alcançaram influência e destaque na sociedade amazonense, como foi o caso das irmãs Honorina e Marina Amora, diplomadas com distinção em Odontologia, em 1911; e de Maria Luiza Saboia, uma das pioneiras na área do Direito, diplomando-se em 1918. Honorina e Marina foram além, uma vez que, com os diplomas nas mãos, ingressaram na profissão, primeiro, como auxiliares, para, logo depois, abrirem seu próprio consultório na cidade (Campos, 2010).

A trajetória das irmãs Amora é também ilustrativa de um percurso bem-sucedido e do perfil dessa mulher que no Amazonas lutou pela sua emancipação. Pudemos acompanhá-las em alguns momentos pelas páginas dos periódicos, apreciando e imaginando a coragem e também o grau de preocupação e temor que tiveram ao escrever palavras tão contundentes contra um sistema de poder — o patriarcado — sobre o qual elas não teorizaram, mas que sabiam existir porque sentiam em suas próprias peles[37].

Não foram revolucionárias; estavam elas próprias imersas e impregnadas pela ideologia e pelos valores morais e religiosos da sociedade patriarcal de sua época, assumindo, quase sempre, papéis bastante tradicionais em seu interior. Apareciam nas páginas sociais durante eventos nos quais, junto com sua sofisticação intelectual e eloquência, podiam desfilar vestidos que, sabiam, certamente seriam comentados em seu círculo de sociabilidades e pela imprensa; esmeravam-se em também demonstrar seus dotes artísticos e em receber elogios por suas performances enquanto pianistas talentosas em recitais concorridos. Pode-se até mesmo dizer que, do ponto de vista comportamental, tais mulheres partilhavam uma vida bastante comum em seu meio social, mas essa não seria toda a verdade.

O destaque intelectual e a projeção social alcançada por um restrito conjunto de mulheres no auge da chamada *belle époque* manauara não deixou de expressar a trajetória de lenta conscientização acerca da condição feminina no interior da sociedade amazonense, como bem demonstram as iniciativas associativas dinamizadas por elas no início do século XX. Como é possível perceber nos escritos de Calíope e Marina Amora, havia entre elas um senso da dimensão histórica da vivência feminina, o que

---

[37] Quando concluem a Escola Normal, assumem o magistério, desempenhando com sucesso os cargos de professoras e diretoras de escolas. Muito ativas, também fundaram o instituto de música Santa Cecília e o Colégio Nossa Senhora dos Remédios.

as fazia, de um lado, incorporar a consciência de um passado opressivo e castrador; e, no entanto, repleto de pequenos avanços silenciosos e tímidos, como quando a primeira menina amazonense sentou-se em uma cadeira na primeira escola pública criada para elas e pôde assistir sua primeira aula; ou ainda quando mulheres, como Dona Libânia Theodora Rodrigues Ferreira ou Dona Maria Adelaide de Miranda Loureiro, mesmo com parcos conhecimentos, lançaram-se corajosamente ao desafio de ministrar suas primeiras aulas. De outro lado, demonstravam que os avanços femininos mundo afora haviam chegado ao conhecimento delas, fazendo-as acreditar que não eram apenas sonhos e utopias e que algo podia ser feito para que esse futuro distante fosse paulatinamente se transformando em presente, materializando-se entre elas. Não apenas para elas, mas para muitas mulheres amazonenses que buscaram transformar de alguma forma suas histórias havia um caminho a ser percorrido até que se pudesse criar as asas necessárias para sair daquela "prisão de uma gaiola aberta" que enxergavam; e esse caminho passava, necessariamente, pelo desafio da leitura, do letramento e da escolarização.

Dito isso, é preciso ainda registrar que a emancipação feminina, obra coletiva e inacabada, mostrou desde seus primórdios diversos caminhos e envolveu espectro bastante largo e diversificado de mulheres, desde o contingente de negras e índias escravizadas que resistiram e lutaram por suas liberdades ao longo do período colonial e provincial, até as operárias que, oprimidas e assediadas no interior de oficinas e fábricas, lutaram ao lado de seus companheiros, com as armas de sua força de trabalho e de sua coragem para lutar. São lutas e movimentos outros, bem distantes e diferentes do que abordamos neste artigo, mas tão importantes e válidos quanto e que merecem igualmente a atenção da pesquisa histórica, filtrada pela dimensão do gênero e, claro, atenta também à abordagem interseccional.

FONTES

A PLÊIADE. Manaus: [s. n.], ano 1, n. 3, 19 set. 1920.

A PROVINCIA DO AMAZONAS. Manaus: [s. n.], n. 46, 27 jan. 1888.

AMAZONAS. Manaus: [s. n.], n. 372, 7 out. 1910.

AMAZONAS. Manaus: [s. n.], n. 528, 6 fev. 1910.

Ata da Câmara Municipal de Manaus de 22 de abril de 1846. IGHA. Documentos manuscritos (cópia), pasta 10.

CORREIO DO NORTE. Manaus: [s. n.], n. 237, 23 set. 1909.

CORREIO DO NORTE. Manaus: [s. n.], n. 650, 26 mar. 1911.

DIÁRIO OFFICIAL. Manaus: [s. n.], n. 363, 5 abr. 1894.

ESTRELLA DO AMAZONAS. Manaus: [s. n.], n. 101, 21 out. 1854.

ESTRELLA DO AMAZONAS. Manaus: [s. n.], n. 168, 6 set. 1856.

Exmo. Sr. Dr. Governador do Estado Eduardo Gonçalves Ribeiro em 1º de março de 1896. Manaus: Imprensa Oficial, 1896.

Exmo. Sr. Governador do Estado Antonio Constantino Nery, lida perante o Congresso em 10 de julho de 1905. Manaus: Tip. do Amazonas, 1905.

Exmo. Sr. Governador do Estado Silverio Jose Nery em 10 de julho de 1902. Manaus: Tip. da Livraria Ferreira Pena, 1903.

Exmo. Sr. Governador do Estado Silverio Jose Nery em 10 de julho de 1903. Manaus: Tip. da Livraria Ferreira Pena, 1903.

Exmo. Sr. Governador do Estado Silverio Jose Nery em 10 de julho de 1904. Manaus: Tip. da Livraria Ferreira Pena, 1904.

Exmo. Sr. Governador do Estado Silverio Jose Nery. Manaus: Tip. da Livraria Ferreira Pena, 1901. v. 1.

JORNAL DO COMÉRCIO. Manaus: [s. n.], n. 1531, 28 jun. 1908.

JORNAL DO COMÉRCIO. Manaus: [s. n.], n. 1.541, 8 jul. 1908.

JORNAL DO COMÉRCIO. Manaus: [s. n.], n. 1.602, 7 set. 1908.

JORNAL DO COMÉRCIO. Manaus: [s. n.], n. 1541, 2 dez. 1911.

O GRÊMIO. Manaus: [s. n.], n. 1, 5 set. 1909.

O MALHO. Rio de Janeiro: [s. n.], n. 375, 20 nov. 1909.

Relatório do Presidente da Província do Amazonas, Adolfo de Barros Cavalcanti de Albuquerque Lacerda, de 1º de outubro de 1864.

Relatório do Presidente da Província do Amazonas, Dr. Manoel Clementino Carneiro da Cunha, de 19 de janeiro de 1863.

Relatório do Presidente da Província do Amazonas, João Wilkens de Mattos, de 4 de abril de 1869.

Relatório do Presidente da Província do Amazonas, José de Miranda da Silva Reis, de 25 de março de 1872.

Relatório do Presidente da Província do Pará, Francisco Jozé de Souza Soares d"Andréa, de 2 de março de 1838. Belém: Tipografia de Santos & Santos Menor, 1838.

SERRANO, Plácido. O Gymnasio Amazonense. *In*: **Annuário do Gymnasio Amazonense "Pedro II"**: comemorativo do primeiro centenário natalício do ex-Imperador. Manaus: [*s. n.*], 1925. p. 49-63.

REFERÊNCIAS

ALMEIDA, Jane Soares. **Mulher e educação**: a paixão pelo possível. São Paulo: Editora Unesp, 1998.

CAMPOS, Luciane Maria Dantas de. **Trabalho e emancipação**: um olhar sobre as mulheres públicas de Manaus (1890-1940). Dissertação (Mestrado em História) – Instituto de Filosofia, Ciência Humanas e Letras da Universidade Federal do Amazonas, Manaus, 2010.

COSTA, Heloísa Lara Campos da. **As mulheres e o poder na Amazônia**. Manaus: Edua, 2005.

CRUZ, Heloísa de Faria. **Na cidade, sobre a cidade**: periodismo e vida urbana, 1890-1915. São Paulo: Arquivo Público do Estado de São Paulo, 2013.

D'INCAO, Maria Ângela. Mulher e família burguesa. *In*: PRIORI, Mary Del (org.). **História das mulheres no Brasil**. São Paulo: Editora Unesp: Contexto, 2001. p. 223-240.

FREIRE, José Ribamar Bessa. **Rio Babel**: a história das línguas na Amazônia. Rio de Janeiro: Eduerj: Atlântica, 2004.

HAHNER, June. **Emancipação do sexo feminino**: a luta pelos direitos da mulher no Brasil, 1850-1940. Florianópolis: Edunisc, 2003.

HAHNER, June. Mulheres da elite: honra e distinção das famílias. *In*: PINSKY, Carla Bassanezi; PEDRO, Joana Maria (org.). **Nova história das mulheres no Brasil**. São Paulo: Contexto, 2012. p. 43-64.

HOBSBAWM, Eric. **A Era dos Impérios, 1875-1914**. Rio de Janeiro: Paz e Terra, 1988.

JINZENZI, Mônica Yumi. **Cultura, impressa e educação da mulher no século XIX**. Belo Horizonte: Editora UFMG, 2010.

LOURO, Guacira Lopes. Mulheres na sala de aula. *In*: PRIORE, Mary Del (org.). **História das mulheres no Brasil**. São Paulo: Contexto, 2001. p. 443-481.

MESQUITA, Otoni Moreira de. **La belle vitrine**: Manaus entre dois tempos (1890-1900). Manaus: Edua, 2009.

NASH, Mary. Invisibilidad y Presencia de la Mujer en Historia. **Historia**, México, n. 10, p. 101-119, 1985.

NEEDELL, Jeffrey D. **Belle époque tropical**: sociedade e cultura de elite no Rio de Janeiro na virada do século. São Paulo: Cia. das Letras, 1993.

PERROT, Michelle. **Mulheres públicas**. São Paulo: Editora Unesp, 1998.

PINHEIRO, Maria Luiza Ugarte. **Folhas do Norte**: letramento e periodismo no Amazonas, 1880-1920. Manaus: Edua, 2015.

SMITH, Bonnie. **Gênero & história**: homens, mulheres e a prática histórica. Bauru: Edusc, 2003.

TELES, Maria Amelia de Almeida. **Breve história do feminismo no Brasil**. São Paulo: Brasiliense, 1999.

CAPÍTULO 3

NÍSIA FLORESTA E CHATARINA MOURA: DIREITO DAS MULHERES E A EDUCAÇÃO PELA PALAVRA

Aline de Morais Limeira – UFPB
Amanda Galvíncio de Sousa – UFPB

Mesmo em contextos distintos, podemos acompanhar a escrita de mulheres espalhadas pelo mundo que se conectaram através dos séculos, seja pela força das ideias e das palavras, seja pelas lutas em favor da igualdade entre homens e mulheres. No Brasil, entre outras, é inegável a contribuição atribuída à personagem Nísia Floresta (século XIX) e, mais recentemente, também podemos citar, a reforço, Catharina Moura (século XX).

Como apontam alguns importantes estudos a respeito, essas mulheres supracitadas buscavam inspiração em textos antigos (Duarte, 2003, 2010; Palhares-Burke, 2020; Machado; Nunes; Mendes, 2013; Galvíncio; Espíndola; Costa, 2018; Ferraro, 2021; Garcia, 2011).

Por exemplo, os livros de uma das primeiras mulheres a fazer do uso da pena uma profissão, tendo a defesa das mulheres como um dos principais objetivos de algumas de suas escritas: a italiana Christine de Pizan, com as obras *Épistre au Dieu d'Amours* (Epístola ao Deus do Amor), de 1399; *Épistres du Debat sur le Roman de la Rose* (Epístolas do Debate sobre o Romance da Rosa), de 1400; *Livre de la Cité des Dames* (Livro da Cidade das Damas), de 1404-1405, e *Livre des Trois* Vertues (Livro das Três Virtudes), de 1405. Somando-se a essas obras, temos *L'égalité des Hommes et des Femmes* (A igualdade dos homens e das mulheres), de 1622, da francesa Marie de Gournay; *De l´egalité des deux sexes* (Da igualdade dos sexos), de 1673, do escritor francês François Poullain de La Barre; e *Woman not inferior to man* (A mulher não é inferior ao homem), de 1738, cuja autoria ainda não confirmada é atribuída ao pseudônimo de Sophia, Person of Quality; *Déclaration des droits de la femme et de la citoyenne* (Declaração dos Direitos da Mulher e da Cidadã), de 1791, da francesa Marie Gouze, conhecida pelo seu pseudônimo Olympe de Gouges; e *Vindication of the rights of Woman* (Reivindicação pelos direitos das mulheres), de 1792, da inglesa Mary Wollstonecraft.

Em nosso entendimento, grande parte dessas obras provavelmente se conecta, de formas distintas, com *Direitos da Mulher e Injustiça dos Homens* (publicado em Pernambuco, 1832), publicado pela brasileira Nísia Floresta, pseudônimo de Dionísia Gonçalves Pinto, e com *O Direito das Mulheres de Catharina Moura* (publicado na Paraíba, 1913).

Nosso argumento corrobora as pesquisas que indicam *Direito das Mulheres e Injustiça dos Homens* como marco de uma fase importante do debate sobre o papel das mulheres nos espaços públicos do século XIX e XX no Brasil, e que foi tomado como referência para as mulheres que se posicionaram publicamente nos debates intelectuais desse período, como a própria Chatarina Moura e muitas outras (Frehse, 1997; Duarte, 2003, 2010; Palhares-Burke, 2020).

Este estudo está situado nas investigações da História da Educação e História das Mulheres, e nos interessa pensar não só a produção, publicação do livro, autoria e o conteúdo político e educacional da obra (objetivos sobre os quais muitos estudiosos já se debruçaram), mas indícios de sua repercussão na imprensa, bem como indícios acerca da forma com que essas ideias foram mobilizadas por outras personagens na passagem do tempo.

No primeiro momento, realizaremos uma breve contextualização da trajetória de Nísia Floresta, indicando a importante participação da autora nos debates públicos (publicação de textos em jornais e livros). Posteriormente nos debruçamos sobre a recepção de *Direito das Mulheres e Injustiça dos Homens* (PE, 1832), seus principais argumentos em defesa da educação feminina e a presença e ausência do livro em alguns jornais do século XIX. Por fim, realizamos um exercício comparativo entre *Direito das Mulheres e Injustiça dos Homens* (PE, 1932) de Nísia Floresta e *Direito das Mulheres* (PB, 1913) de Catharina Moura, que, apesar da distância de um século que separa as publicações, reitera alguns dos principais argumentos do primeiro, acrescido do debate sobre o sufrágio feminino. Com isso, buscamos refletir sobre a circulação das ideias em torno da educação feminina e, ao mesmo tempo, entender modos a partir dos quais essa educação difusa, não escolar, acerca das lutas políticas e sociais das mulheres se instituía, capilarizava-se, consolidava-se ao longo do tempo.

Nísia, suas mobilizações e sua obra

Desde as décadas iniciais do Oitocentos, com notas conservadoras ou progressistas, havia para as mulheres um conjunto de impressos em território nacional que pretendiam orientar e formar determinadas perspectivas de feminilidade respeitável (Silva, 2022), como: *O Espelho Diamantino* (1827), *O Mentor das Brasileiras* (1828), *O Espelho das Brasileiras* (1831), *O Relator de Novellas* (1837), *O Espelho das Bellas* (1841), *O Recreio das Bellas* (1849), *A Grinalda* (1849), entre outros. Os impressos citados faziam referência explícita ao público feminino, embora alguns deles de iniciativas masculinas, contavam, eventualmente, com a colaboração feminina. Exemplo significativo é o *Sentinella da Liberdade* (PE, 1823-1835) que publicou em edições diferentes do ano de 1823 (Edição 039, página 163) carta assinada por 100 mulheres da Paraíba, as "Heroínas do Brejo Paraíbano" e outra assinada pela também paraibana Leocádia de Melo Muniz (Edição 032, página 136). Essas e outras que aparecem em diferentes ocasiões nesse periódico são personagens desconhecidas (até o momento), mas que reclamam igualdade, patriotismo e luta pela liberdade. Em sua escrita, Leocádia também solicita ao editor do impresso (Cripriano José Barata de Almeida) que atenda seu pedido de ser assinante regular do mesmo para ler as edições com regularidade.

Entretanto no mesmo cenário havia também rastros de palavras e posicionamentos que buscavam combater tais perspectivas que consideravam essa feminilidade respeitável, protagonizados pelo debate fomentado por muitas mulheres e homens, e mais uma centena de pseudônimos, abreviaturas e textos sem assinaturas. Nesses termos, reivindicava-se direitos como o voto, educação, trabalho, igualdade etc. Muitas mulheres constituíram-se não somente leitoras, mas assumiram publicações, produção e/ou edição de impressos, sobretudo a partir de 1850, como: *O Jornal das Senhoras* (1852), *O Publicador* (1864), *A Esmeralda e O Jasmim* (Pernambuco, 1850), *Mysotis* (1875), *A Mulher* (1883) e *A Mensageira* (1897).

Essas duas realidades apresentadas indicam a ambiguidade da imprensa feminina do período. De um lado, a tentativa de formar leitoras e ativistas da emancipação feminina. Do outro lado, a conformação de ideais femininos consagrados. Essa característica sugere a posição educativa que esses impressos tiveram, pois eram por meio deles que também se formavam, forjavam e consolidavam a opinião pública sobre o papel que as mulheres deveriam desempenhar na sociedade moderna (Duarte, 2003, 2016; Buitoni, 2009).

Não é à toa que o nome de Nísia Floresta chama atenção dos(as) historiadores(as), pois ela se insere com destaque no contexto mencionado, deixando um legado expressivo tanto para instrução feminina do país, quanto para o debate político e intelectual na defesa ao direito à educação. Em 1831, iniciou sua carreira literária com, apenas, 21 anos de idade. Em 13 de maio de 1831, publicou seu primeiro artigo, sob o pseudônimo de Brasileira Livre, no jornal de Pernambuco *Espelho das Brasileiras*, pertencente ao francês Adolphe Emile de Bois Garin.

A partir de então, é possível identificar que a defesa dos direitos das mulheres era ponto recorrente nos investimentos de Nísia Floresta, mas também apareceram temas como a questão dos indígenas e dos escravizados no Brasil (Silva, E. K., 2022). Em 1853, lançou o *Opúsculo Humanitário*[38], no qual dissertava acerca da história e do papel das mulheres nas sociedades ocidentais, mas também falava do seu tempo e da educação das mulheres de modo geral. Sobre o Brasil, Nísia Floresta criticava a oferta do ensino público e gratuito. Além disso, denunciava as casas de ensino públicas em suas condições precárias, a escassez de professores, por sua baixa qualificação e pela falta de inspeção nas condições físicas dos prédios (Coelho, 2019). Somado aos seus investimentos na imprensa, também publicou no total 15 livros, como: *Conselhos a minha filha* (1842), *Lágrimas de um Caeté* (1849), *Itinerário de uma viagem à Alemanha* (1857), *Três anos na Itália, seguidos de uma viagem à Grécia* (v. 1 em 1864, e v. 2 em 1872), *Cintilações de uma Alma Brasileira* (1859), entre outros.

No campo da educação, Nísia Floresta dirigiu e ensinou no colégio particular que criou no ano de 1838, um ano após a instalação do Colégio Pedro II (ensino secundário só para meninos). Intitulado Colégio Augusto, a instituição era destinada ao ensino primário de meninas e funcionou até o ano de 1856 na capital do Brasil, a Corte Imperial. E, de acordo com anúncio do *Jornal do Commercio* sobre a inauguração do estabelecimento, Nísia já trabalhava como professora dando aulas particulares há quatro anos (Jornal do Commercio, 1838, p. 4).

No Almanak Laemmert (1850, p. 267), encontramos o anúncio do Colégio Augusto, sendo possível fazer três destaques importantes acerca dele. O primeiro refere-se ao nome da sua diretora, Nísia Brasileira Floresta Augusta, que consta como primeira informação logo abaixo do nome do estabelecimento e seguido pelo endereço. Nesse sentido, inferimos tratar-se de um nome conhecido e reconhecido no cenário educacional para

---

[38] Disponível em: https://digital.bbm.usp.br/handle/bbm/7743. Acesso em: 10 jun. 2024.

instrução das meninas, o que poderia dar ao estabelecimento prestígio social. Do segundo, sublinhamos a descrição das disciplinas ofertadas: leitura, caligrafia, religião cristã, aritmética, história, geografia, línguas e gramática portuguesa, francesa, italiana e inglês, música, piano, desenho e trabalhos de agulha. Conforme Limeira (2010), algumas dessas disciplinas eram pouco comuns no currículo do ensino primário para meninas que, geralmente, era mais básico, com saberes voltados para leitura, escrita, prendas domésticas. Portanto, o plano de estudos ofertado no Colégio Augusto era mais amplo que a maioria.

Por fim, ressaltamos a explicação da metodologia adotada: que seguia uma sequência graduada dos estudos, destacando-se para o fato que seriam os pais que escolheriam quais disciplinas as meninas poderiam ou não cursar. O anúncio ainda deixa evidente a existência de um Estatuto que poderia ser adquirido na escola, o qual esclareceria as regras de admissão. Nessa perspectiva, os saberes ofertados pelo Colégio Augusto funcionavam por meio de disciplinas isoladas, não obrigatórias e com regras de admissão próprias. Além disso, Nísia Floresta também publicou, em 1847, quando ainda dirigia a instituição, três obras de caráter pedagógico: *Fany ou o modelo das donzelas*, *Discurso que às suas educandas dirigiu Nísia Floresta Brasileira Augusta* e *Daciz ou a jovem completa*.

No Brasil, desde as décadas iniciais e ao longo do século XIX, houve expressiva movimentação de ideias que defendiam direitos das mulheres, como aprender a ler e escrever, frequentar escolas, votar, trabalhar etc. (Telles, 2011; Duarte, 2016; Schueler; Rizzini, 2020).

Foi nesse contexto que veio ao público *Direito das Mulheres e Injustiça do Homens*[39]. A referida obra, como dito anteriormente, é considerada um dos principais textos do feminismo brasileiro do século XIX, sendo possível perceber que as teses abordadas permaneceram nos escritos de outras mulheres nos séculos seguintes, chegando na atualidade como uma obra de referência, objetos de estudos e reflexões no meio feminista-acadêmico e político. No entanto, é possível identificar argumentos divergentes no que se refere à sua tradução e à inspiração (Duarte, 2003, 2010; Palhares-Burke, 1996, 2020; Frehse, 1997; Barbosa; Maia, 2020; Coelho, 2019).

Duarte (1989, 1998) defende que o texto foi uma tradução livre do livro *Vindication of the Rights of Woman* (1792) de Wollstonecraft. A tradução da obra foi indicada pela própria Nísia Floresta que afirma ter realizado

---

[39] Disponível em: https://brasilianafotografica.bn.gov.br/?p=31236. Acesso em: 10 jun. 2024.

uma tradução livre da edição francesa, cujo livro data de quatro décadas anteriores. Duarte endossa a afirmação nisiana (1989, p. 107):

> [...] não foi uma edição inglesa que Nísia Floresta conheceu. Na capa de seu livro ela declara ter "traduzido livremente do francês para o português", pois essa era a língua estrangeira mais difundida e eram franceses a grande maioria dos livros que aqui chegavam.

Dessa forma, Duarte (1989) argumenta que Nísia Floresta realizou uma antropofagia libertária, utilizando-se de outros textos para conceber suas ideias que, além da própria Wollstonecraft, fundamentaram-se nos escritos de François Poulain de la Barre e de Sophie, e nos famosos artigos de Olympe de Gouges.

Por outro lado, Palhares-Burke (1995, 2020) apresenta uma perspectiva investigativa que nos leva a uma maior complexidade do contexto em que a obra nisiana foi publicada. A autora afirma que o livro traduzido por Nísia Floresta, na verdade, foi uma cópia literal do *Woman Not Inferior to Man* (1738, Sophia), citado anteriormente. No referido livro, ainda é possível identificar trechos integrais do livro de *De l´egalité des deux sexes* (1673, Françoise de la Barre), também já mencionado. Sendo assim, essas constatações apontam para uma questão importante referente à originalidade autoral das obras nesse período.

Ainda conforme Pallhares-Burke (2020), a tradução francesa utilizada por Nísia Floresta foi publicada em 1826, com o título *Les Droits des Femmes et l'Injustice des Hommes*, o mesmo reproduzido na versão portuguesa. A reimpressão do pequeno livro foi realizada por M. César Gardeton, que era um impressor e não tradutor, e que atribuiu a autoria do livro a Mistriss Godwin (a quem Nísia dedica sua obra, como se observa na capa supracitada). Mistriss Godwin era o sobrenome adotado por Wollstonecraft ao se casar com o Willian Godwin. No entanto, o livro tratava-se de uma cópia de *Woman Not Inferior to Man* de Sophie, mas que Gardeton, além de ocultar a informação, modificou-a.

Em relação ao equívoco autoral reproduzido por Nísia Floresta não se pode saber ao certo o que tenha motivado. Pallhares-Burke (2020) sugere duas respostas: a primeira é que Nísia Floresta apenas tenha aceitado a informação de que o texto foi escrito por Wollstonecraft; a segunda é que ela tenha se valido da mesma estratégia de Gardeton, utilizando-se do reconhecimento de Wollstonecraft para legitimar seu legado no meio literário e intelectual do seu tempo (Frehse, 1997; Barbosa; Maia, 2020; Palhares-Burke, 2020). O que nos interessa aqui é destacar que, independentemente das contradições e imprecisões de uma ou outra análise, podemos afirmar que esses livros e autoras tratam de gerações de mulheres (estas mencionadas, mas outras também) que antecederam, sucederam e compartilharam lutas, ideias, saberes e propósitos em torno da igualdade entre homens e mulheres, em diferentes temporalidades.

Direito das Mulheres e Injustiça dos Homens (1832) está dividido em: dedicatória, introdução, seis capítulos e conclusões. Na primeira parte, Nísia Floresta (1989) inicia dedicando o manuscrito às brasileiras e aos brasileiros acadêmicos. Na segunda parte, apresentam-se as motivações e argumentos centrais do livro, a saber: defender que as mulheres foram injustamente inferiorizadas pelos homens, que se utilizando de ideias errôneas, relegou-as a uma categoria humana de submissão. Na terceira parte, encontram-se seis capítulos dos quais se pode destacar alguns temas importantes, como a crítica ao determinismo biológico e a defesa da educação como propulsora de uma sociedade civilizada. Na última parte do livro, apresentam-se as considerações da autora.

Norma Telles (2011) chama-nos atenção para as relações de gênero impostas para essas primeiras escritoras brasileiras, em que a moral burguesa, de um lado, convidava-as a participar do trabalho social junto ao homem, na educação dos filhos, nos trabalhos de caridade com os desvalidos, atribuindo para mulher o sentimento maternal e ser de virtude. Mas, por outro, retirava a possibilidade artística e intelectual. Portanto, as mulheres deveriam ser guiadas pela razão e cultura superior das quais o homem era portador. Desse modo, as mulheres eram colocadas na situação de: "[...] musa ou criatura, nunca criadora" (Telles, 2011, p. 403). Contudo, como ressalta Telles (2011), foi no ingresso do mundo das letras, no momento ainda visto como uma atividade masculina, que as mulheres encontram espaços para expor suas subjetividades, buscando driblar, através de uma linguagem própria, a sociedade que as oprimia.

Na esteira dessas constatações é que ainda nos surpreende a iniciativa de Nísia Floresta, que ao publicar *Direito das Mulheres e Injustiça dos Homens* (1832) no Brasil, país independente havia apenas 10 anos, insere sua trajetória entre as mulheres participantes do processo de emancipação feminina que se desenvolvia na Europa, aos tropeções, desde a Revolução Francesa (Duarte, 1989, 2003, 2010; Pallares-Burke, 2020).

Ainda sobre o livro, é consenso que a primeira edição brasileira foi publicada na cidade de Recife, tendo outras edições em 1833 (Porto Alegre) e, em 1839 (Rio de Janeiro) e 50 anos depois, em 1989, em São Paulo (Telles, 2011; Campoi, 2011), sendo posteriormente reeditado pela Editora Cortez Editora, em 1989, e, mais recentemente, publicado pela Fundação Joaquim Nabuco, no ano de 2010[40].

Na cidade de Recife, como dito, o referido livro foi publicado pela tipografia onde era impresso o jornal *O Carapuceiro* do Padre Lopes Gama[41]. É possível afirmar que Lopes Gama e Nísia Floresta compartilharam algumas ideias sobre a condição feminina naquele período, além de que atacavam o conservadorismo, defendiam o federalismo e o humanismo para com os escravos e direitos para as mulheres. Conforme Duarte (1989), não existe evidências de que ambos, de fato, eram próximos, apenas suspeitas, haja vista a aproximação geográfica e de ideias, bem como a relação de trabalho empreendida por meio da publicação do livro de Nísia. Sobre esse assunto, chamou-nos atenção que no ano de 1832, o jornal *O Carapuceiro*[42] publicou um artigo intitulado "Soberania das senhoras", fazendo menção à injustiça que os homens impuseram às mulheres: "[...] queixam-se essas amargamente de sua sorte por serem privadas dos direitos políticos, atribuindo isto à injustiça dos homens" (O Carapuceiro, 1839, p. 2).

Ainda na imprensa pernambucana do período, encontramos o anúncio de venda da obra, em 7 de novembro de 1833, pelo *Diário de Pernambuco*[43] (1833, ed. 343, p. 3/975): o livro apareceu sem qualquer destaque ao lado de outros títulos, sem constar o registro de autoria,

---

[40] As últimas duas edições citadas foram organizadas por Constância Lima Duarte. Para este estudo estamos utilizando a versão de 1989.

[41] O Padre Gama foi advogado, diretor da Faculdade de Direito de Olinda, do Colégio dos Órfãos, ministrou aulas no Colégio das Artes, no Seminário de Olinda, no Liceu, depois transformado em Ginásio Pernambucano. Lopes Gama foi autor de uma ampliada e contundente crítica da sociedade brasileira da primeira metade do século XIX, ressaltando todos os aspectos produzidos pelas relações existentes em seu interior, fustigando-a com um pensamento fundado nas ideias liberais que havia absorvido das influências inovadoras da sua época (Biondo; Periotto, 2004).

[42] O jornal do Padre Lopes Gama dedicou espaço considerável ao tema, visto o seu empenho em delinear um modelo de educação que desfizesse as alterações comportamentais observadas na juventude e que comprometiam, indelevelmente, o ideal de homem que imaginava ver predominar entre os indivíduos da recém-nascida nação (Biondo; Perioto, 2004).

[43] O impresso que foi fundado em 7 de novembro de 1825, e é um dos mais antigos em circulação na América Latina. Teve diferentes proprietários ao longo do tempo, sendo o primeiro o jornalista Antonino José de Miranda Falcão, que participou em 1826 da Confederação do Equador, e tendo sido, por alguns períodos, órgão oficial. Em 1835, por exemplo, ele fundiu-se com o Diário da Administração Pública e se tornou órgão oficial do governo da província, o que gerou mudanças substanciais tanto no que diz respeito às suas dimensões quanto no que se refere à variedade de textos que passariam a ser veiculados pelo periódico.

assim como os demais que também estão na publicidade. Em edições de anos posteriores, ainda é possível encontrá-lo no mesmo formato (1833, ed. 277, p. 3/1.163; 1834, ed. 377, p. 4/1.510). Importante destacar que os anúncios publicitários geralmente eram pagos e custavam os valores proporcionais ao seu tamanho (número de palavras, uso de imagem, escolha da repetição em edições subsequentes etc.). Assim, é possível que a autora do livro, o seu editor e/ou o proprietário da livraria onde ele era comercializado estivessem pouco interessados em uma propaganda mais robusta naquele primeiro momento.

Já em 1849 (ed. 157, p. 3), o anúncio adquire certa visibilidade e destaque no impresso. A publicidade estava mais extensa, indicando autoria e objetivo da obra anunciada, o que pode ser indício de sucesso na sua comercialização, de uma possível demanda por sua leitura ou circulação na sociedade pernambucana. Inclusive, porque deve ser considerado que, na referida data, o livro já somava 17 anos de lançamento, o que, de certo, sugere uma permanência da obra nos meios literários da época.

No entanto, o fato de a repercussão da obra e mesmo o nome de sua autora, Nísia Floresta, aparecer apenas em anúncios pagos e, ao mesmo tempo, ter sido localizada em um único impresso que circulou na província de Pernambuco ao longo do século XIX, o jornal *Diário de Pernambuco* pode indicar que não houve uma extensa repercussão, como às vezes ocorria com outros livros, debates sobre personagens, temas políticos etc. Fato é que, a partir de uma busca geral em diversos impressos disponibilizados na Hemeroteca da Biblioteca Nacional, não havia ocorrências, nem mesmo de publicidades (pagas) em outros jornais de Pernambuco[44].

Havendo talvez certa restrição à circulação do livro de Nísia Floresta, sobretudo por parte de espectros mais conservadores da sociedade, e/ou homens, uma das razões já tinha sido indicada por Barbosa e Maia (2020), que identifica que no seu conteúdo havia uma base contraditória. Por um lado, Nísia não buscava uma revolução nos costumes, como alerta Duarte (1989, 2003, 2010). Por outro lado, Barbosa e Maia (2020) destacam trechos do livro bastante ácidos para aquele período, em que diziam: "Em um Estado tranquilo e bem regido, a maior parte dos homens são inúteis em seus ofícios e inútil toda sua autoridade" (Floresta, 1989, p. 83); ainda mais "Observa-se geralmente, mesmo entre os homens, que os mais grosseiros e mais pesados

---

[44] Pesquisamos o nome dela de diversas formas e pesquisamos o título do livro. Observamos que esse modo de busca por palavras-chaves na Hemeroteca da BN pode apresentar inúmeros limites, portanto, essa pesquisa é provisória e limitada.

são de ordinário estúpidos" (Floresta, 1989, p. 91); ou mesmo irônicos até o ponto do sacrílego: "Certamente o Céu criou as mulheres para um melhor fim, que para trabalharem vão toda sua vida" (Floresta, 1989, p. 87).

A este respeito, não se pode desconsiderar, inclusive, que estamos falando das décadas iniciais do século XIX. Fazia pouco tempo que as mulheres tiveram seu direito à educação garantido em lei nacional. Em 15 de outubro de 1827, foi promulgada a primeira Lei Geral do Ensino que, em seus 17 artigos, versava sobre magistério, métodos de ensino, criação de escolas, saberes etc. No seu conteúdo que definia como ampla a oferta e criação de escolas no território nacional, tendo como critério a densidade populacional (Brasil, 1827, art. 1), especificamente, inauguravam-se as aulas públicas para meninas. A medida, em prol da democratização do acesso à escolarização, determinava que "Haverão escolas de meninas nas cidades e villas mais populosas, em que os Presidentes em Conselho, julgarem necessario este estabelecimento" (Brasil, 1827, art. 11). Para ambos, meninos e meninas, o ensino elementar consistiria em ler e escrever

> [...] as quatro operações de arithmetica, pratica de quebrados, decimaes e proporções, as nações mais geraes de geometria pratica, a grammatica da lingua nacional, e os principios de moral christã e da doutrina da religião catholica e apostolica romana (Brasil, 1827, art. 6).

Diante de uma conjuntura ainda pouco acessível às mulheres, considerando direitos básicos como a escolarização formal e mesmo que não de modo explícito nos registros impressos da época, sugerimos que houve uma teia feminina criada para manter acalentado o desejo de tais ideias numa perspectiva de longa duração, como argumentamos no início desta seção. Houve, indiscutivelmente, recepção, demanda e/ou comercialização dessa obra no mercado editorial haja vista que ela foi publicada em outras edições ao longo de diferentes períodos.

E, da mesma forma, observando impressos de outras províncias, em um breve levantamento na Hemeroteca da BN, percebemos também que havia registros da obra em outros jornais brasileiros, como da capital, a Corte Imperial, onde Nísia também morou e onde manteve seu estabelecimento de ensino, como destacamos anteriormente.

Em um dos anúncios podemos ler:

> Acha-se a venda, em casa do Sr. Albino Jordão [...] e no armarinho da travessa no Núncio Os direitos das mulheres e injustiça dos homens, por Mistress Godwim, obra traduzida do francez em vulgar, e offerecida às Brazileiras e academicos Brazileiros. A epoca, em que se annuncia ao publico mais huma obra, cujo fim he instruir os homens nos meios de mais illudir a boa fé, de opprimir em fim o sexo debil e desvallido, pareceu à traductora a mais appropriada para offerecer ao publico a presente obrinha, digna de producção de huma das mais ardentes defensoras dos direitos do seu sexo. Preço 500 réis (Jornal do Commercio, 1837, ed. 192, p. 4).

Não havia qualquer referência à autoria de Nísia Floresta, mas indicação da importância da obra, de sua suposta autora (Mistress Godwim) e das ideias que o livro pretendia divulgar. Interessante que a publicidade anuncia tratar-se de uma obra voltada para instruir os homens que oprimiam o "sexo débil e desvalido". Ao mesmo tempo que coloca o homem como público-alvo do livro, o anúncio parece querer diminuí-lo referindo-se a ele como "obrinha", termos que não se repetem depois. O livro estava sendo vendido em dois pontos distintos na capital brasileira (Corte Imperial, província do Rio de Janeiro) e o nome do proprietário da livraria (Albino Jordão) reapareceu em diversos outros anúncios nos anos seguintes, o que pode ser indício da positiva comercialização e procura do livro.

Em 14 dias/edições posteriores, o anúncio reaparecia já com a indicação do nome de Nísia: "Direito das mulheres e injustiça dos homens, obra escripta por mistress Godwin e traduzida por N. F. B. Augusta. Vende-se por 500 réis na loja de livros de Albino Jordão (Jornal do Commercio, 1837, ed. 206, p. 3). E, posteriormente, os anúncios ficavam mais detalhados em relação à obra, silenciavam o nome de Nísia Floresta, e sempre destacavam que se tratava de uma tradução apenas:

> [...] traduzido e offerecido às Brazileiras por huma de suas patrícias. Ninguém ainda defendeu com maior calor e habilidade os direitos e interesses do sexo feminino do que a ingleza autora desta obra, e por isso deve ser tido por todas as senhoras que prezam a dignidade do seu ser (Jornal do Commercio, 1837, ed. 258, p. 3).

Sobre os anúncios de 1839, é interessante lembrar que o livro teve sua terceira edição justamente publicada no Rio de Janeiro:

> [...] traduzida e offerecida às Brazileiras por huma patrícia. Conteúdo desta obra: Dedicatória, Introducção: que caso os homens fazem das mulheres e se he com justiça; Se as mulheres são inferiores ou não aos homens enquanto ao entendimento; Se os homens são mais proprios que as mulheres para governarem; Se as mulheres são ou não proprias a preencher cargos publicos; Se as mulheres são naturalmente capazes de ensinar as sciências ou não; Se as mulheres são naturalmente próprias para os empregos; Conclusão. 1º volume brochado (Jornal do Commercio, 1839, ed. 93, p. 4).

Não identificamos a autoria dos supracitados anúncios, mas tratam-se, muito provavelmente, do livreiro proprietário das lojas, visto que seu nome é repetido em cada propaganda, enquanto o nome de Nísia é secundarizado e, na maioria das vezes, ignorado.

Catharina, sua obra e diálogos com Nísia

Não obstante a distância temporal de mais de oito décadas, consideramos interessante destacar que Catharina Moura, em seu discurso *Direito das Mulheres* (1913), retoma algumas teses centrais e dialoga com a obra nisiana de 1832. Obviamente, essas teses não são inauguradas por Nísia, e muito menos se deve a ela, exclusivamente, a responsabilidade de defendê-las ou divulgá-las. O que nos interessa é ressaltar os diálogos existentes entre as obras de títulos semelhantes, o livro e a conferência pública, e que tiveram muita importância na ocasião de suas produções e ainda hoje para a história nacional e regional.

Também nordestina e mulher nascida no século XIX como Nísia, Catharina Moura nasceu na província da Paraíba em 1882 e era filha de Misael do Rego Moura e de Francisca Rodrigues Chaves Moura. Em 1902, formou-se pela Escola Normal Oficial do estado, atuando como professora pública de primeiras letras na capital paraibana. No ano de 1908, matriculou-se na Faculdade de Direito do Recife, obtendo o diploma de bacharel no ano de 1912. Mas foi em 1913 que essa personagem se destacou em seu contexto local, quando, sob a iniciativa da Universidade Popular[45], proferiu conferência intitulada *O Direito das Mulheres*, no Teatro Santa Rosa.

---
[45] A Universidade Popular foi fundada em 1913 pelo presidente da província Castro Pinto, em conjunto com Symphroneo Magalhães e Matheus de Oliveira. A referida instituição teve a intenção de reunir alguns dos intelectuais importantes do estado para proferir conferências sobre a relação da educação e do mundo do trabalho. Na época, esse espaço se constituiu como um dos lugares de sociabilidade da cultura paraibana (Costa; Espindola; Galvíncio, 2014).

Machado, Nunes e Mendes (2013) indicam que as ideias proferidas por Moura ressonaram como uma voz isolada naquele período, apesar da repercussão da conferência ter sido noticiada nos jornais *A Imprensa*[46] e *A União*[47], sendo publicada por esse último na íntegra. No entanto, pouco tempo depois já não se encontra mais informações sobre a conferência, sendo apenas observadas algumas poucas menções sobre as conquistas feministas e educação da mulher nos jornais paraibanos. Foi apenas a partir da década de 1920 que as mulheres se tornaram, efetivamente, mais visíveis e frequentes nos impressos locais (Abrantes, 2010; Galvíncio, 2019).

A escassa visibilidade ao tema da emancipação feminina (educação, voto, trabalho, igualdade de direitos) apresentado tanto em *Direito das Mulheres e Injustiça dos Homens* (1832), quanto em *Direitos das Mulheres* (1913), faz-nos inferir que essas mulheres e tantas outras, mesmo com a passagem do século e as mudanças significativas que o acompanharam, sentiram a necessidade de reiterar as teses que defendiam, insistir e resistir em meio ao contexto social, cultural e político ainda adverso através da educação pela palavra escrita (Nísia) e falada/escrita (Chatarina).

O Direito das Mulheres e Injustiça dos Homens foi, sem dúvida, uma referência para as brasileiras escritoras. Portanto, defendemos a hipótese de que houve uma teia de leituras em volta dessa obra, que se configurou como fio condutor na construção dos repertórios de ação política das mulheres no século XIX e século XX (Telles, 2011). Como observam Barbosa e Maia (2020), as contribuições da jovem Nísia Floresta estavam situadas na primeira onda feminista (1809 a 1900), sendo este escrito considerado o fundante do feminismo moderno no país, dada a sua repercussão social, e, talvez, o precursor do feminismo na América do Sul.

Em relação a *Direito das Mulheres* de Catharina Moura, o texto/discurso insere-se em um contexto de maior densidade, ampliação e consolidação do movimento feminista do Brasil em que, somadas as reivindicações à educação das mulheres, o sufrágio feminino foi hasteado com uma das suas principais bandeiras (Pinto, 2003). Machado, Nunes e Mendes (2013) situam Catharina Moura como a primeira feminista da Paraíba, antecedendo nomes como Anaíde Beiriz, Analice Calda e Eudé-

---

[46] *A Imprensa* foi um jornal católico, fundado pelo arcebispo da Paraíba, Dom Adaucto Aurélio de Miranda Henriques, no final do século XIX e circulou até a segunda metade do século XIX seguinte.

[47] O jornal *A União* foi criado para atender as necessidades do partido republicano na Paraíba e circulou a primeira vez no dia 2 de fevereiro de 1893. A partir de 1910, passou a servir como órgão oficial do governo.

sia Vieira, bem como a abertura da Associação pelo Progresso Feminino Paraibano, que iniciou seus trabalhos em 1932.

Direito das Mulheres e Injustiça dos Homens (1832) e *Direito das Mulheres* (1913), apesar do tempo que os separam, apresentam teses similares, lutas e valores voltados para provocar a sociedade diante da condição da mulher em suas respectivas atualidades. Para tanto, denunciava-se o egoísmo dos homens em relação às mulheres por não as permitirem receber educação semelhante à deles. Portanto, defendia-se que o determinismo biológico que inferiorizava as mulheres intelectualmente não tinha base científica, apenas um senso comum propagado por alguns homens de letras.

Nesses termos, reiterava-se que a questão da submissão feminina não estava na capacidade cognitiva das mulheres, mas, sobretudo, na ausência da educação e na invisibilidade histórica e social que se davam em torno dos grandes feitos femininos. Por fim, é importante ressaltar que Nísia Floresta e Catharina Moura recusaram o tom inflamado nas suas reivindicações: ao mesmo tempo que provocaram seu público sobre a injustiça contra as mulheres, recuaram na subversão mais radical dos papéis femininos socialmente aceitos.

O argumento inicial de *Direito das Mulheres e Injustiça dos Homens* inverteu a lógica que inferiorizava as mulheres, que as relegava apenas à vocação para nutrir e educar os(as) filhos(as), atividade atribuída pelos homens como de menor relevância. Ao contrário dessa sentença, defendia-se que essa tarefa era a mais importante da nação, maior até de que aquelas desempenhadas pelos homens. Nesse sentido, disse Nísia Floresta (1989, p. 38): "Em um Estado tranquilo e bem regido, a maior parte dos homens são inúteis em seus ofícios e inúteis toda sua autoridade, mas as mulheres não deixaram jamais de ser necessárias enquanto existirem homens e estes tiverem filhos".

Contudo é importante destacar que a defesa da educação e nutrição das crianças, apresentada na obra, fazia parte da construção do argumento que: por um lado, demostrava a importante contribuição das mulheres na construção de uma sociedade bem-sucedida e civilizada e, por outro lado, ratificava que uma educação bem direcionada elevaria o espírito das mulheres, fazendo com que elas fossem capazes de assumir qualquer posto de liderança no governo, na ciência ou na guerra. Para tanto, Nísia Floresta (1989, p. 47-48) comparava mulheres e homens:

> [...] nosso cérebro é perfeitamente semelhante ao deles; nós recebemos as impressões do sentido como eles; formamos e conservamos as idéias pela imaginação e memória, da mesma maneira que eles; temos os mesmos órgãos e os aplicamos aos mesmos usos que eles; ouvimos pelos ouvidos, vemos pelos olhos e gostamos do prazer também como eles. Enfim, não se pode imaginar a diferença entre nossos órgãos e os deles, salvo que os nossos são muito mais delicados e, por consequência, mais próprio a corresponder às intenções para que foram formados.

Nesse contexto, havia diversos argumentos pseudocientíficos que buscavam na anatomia feminina a sua inferioridade. A criminologia de Lombroso, em sua obra *The Famele Offender*, teve grande circulação entre os intelectuais da época, tratando as mulheres como "[...] criminosas natas, criminosas ocasionais, ofensoras histéricas, criminosas de paixão, suicidas, mulheres criminosas lunáticas, epilépticas e moralmente insanas" (Faria, 2010, p. 6). As teorias médicas do século XIX também ressaltavam a inferioridade cognitiva da mulher, ecoando argumentos que as apresentavam como aquelas que sentem e os homens os que pensam, pois na medida em que o cérebro feminino fosse se desenvolvendo, as mulheres teriam seus úteros atrofiados (Rago, 1985; Telles, 2011).

Na mesma linha argumentativa que Nísia Floresta (1989), Catharina Moura (1913, p. 2) também provocou o seu público ao tratar das teorias que inferiorizavam o intelecto feminino:

> Se há realmente uma inferioridade psychica esta será consequência da inferioridade physiologica ou será o reflexo da inferioridade social a que tem sido a mulher condemnada, isto é, a consequência da atrophia resultante da oppressão hereditária? Acreditaremos que a inferioridade cerebral da mulher é causa physiologicamente provada. Todos os traçados, todos quadros comparativos feitos entre os cérebros masculinos e feminino têm mostrado claramente que o volume cerebral da mulher é em cada um dos períodos da existência e durante toda Ella inferior ao volume cerebral do homem. Acreditamos também que essa inferioridade physiologica dê origem á inferioridade phychica. Pobre ser escravisado desde os tempos primitivos como não atrophiar-se, como evoluir? Não há quem ignore que a instrucção da mulher ainda hoje em quase toda a parte, acanhada, rudimentar, imperfeíssima, foi quase nulla até bem poucos annos.

Nesse sentido, a estratégia argumentativa utilizada por Moura retoma as teses encontradas em *Direito das Mulheres e Injustiça do Homens*. Mas, também de outros escritos, como observara Pallares-Burke (1995, 2020), demostrando que no livro de Nísia Floresta estavam muitos trechos incisivos da obra *Woman not inferior to man* (1738), a qual afirmava não haver engano popular mais antigo e mais universalmente acreditado do que a crença na diferenciação entre os sexos.

Essa sentença condenava as mulheres a não assumirem outras atribuições que não fossem as destinadas no espaço doméstico e no cuidado dos(as) filhos(as)[48]. Ainda sobre esse assunto, Nísia Floresta disse (1989, p. 73): "Eu digo mais, não há ciência, nem cargo público no Estado, que as mulheres não sejam naturalmente próprias a preenchê-los tanto como os homens". Por seu turno, Catharina Moura (1913) reiterava o argumento um século depois, defendendo que as mulheres poderiam exercer diversas profissões: "[...] advogadas, engenheiras, as universidades estão cheias de mulheres representantes do sexo fraco, que desempenham os cargos de juiz de paz e outros de elevada responsabilidade" (Moura, 1913, p. 1-2).

Essa foi uma questão cara para essas primeiras feministas que utilizavam a abertura que tiveram no meio intelectual do período, certamente um privilégio de classe e raça, mesmo que parcial, para denunciar a injustiça cometida pela maioria dos homens, a qual só poderia ser justificada pela necessidade masculina de afastar as mulheres das conquistas científicas, negando-as a educação e colocando-as em posição inferior, como argumentou Nísia Floresta (1989, p. 46-47):

> Para reconhecer, pois, se as mulheres são menos capazes que os homens para as ciências, é preciso atender qual é o princípio que conduz a este conhecimento; se ele não existe na mulher, ou se existe num grau menos perfeito, não se faz necessário mais provas para demonstrar que os homens têm razão. Porém, se ele é perfeito em um como no outro, deve-se supor que homens invejosos e pode-se dizer, sem temeridade, que a única razão porque nos fecham a o caminho às ciência é temerem que nós as levamos a maior perfeição que eles. Todos sabem que a diferença dos sexos só é relativa ao corpo e não existe

---

[48] Contudo não custa lembrar que as mulheres das classes populares já desempenhavam funções fora da vida familiar, nas fábricas, como ambulantes ou serviços domésticos etc. As mulheres das classes mais altas, em especial as poucas que tiveram acesso à instrução, foram as que mais demoraram a se libertar das jaulas da vida no âmbito privado (Duarte, 2003; Falci, 2011).

> mais que nas partes propagadas da espécie humana [...].
> Toda diferença, pois, vem da educação, do exercício e
> da impressão dos objetos externos, que nos cercam nas
> diversas circunstâncias da vida.

Na esteira dessa tese, Catharina Moura (1913) ecoou as palavras proferidas por Nísia Floresta, reiterando o argumento que a questão residia no egoísmo masculino: "O egoísmo do sexo forte não permite á mulher, subir, afastar-se do circulo, abrir-lhe competência na arena social e política [...]" (Moura, 1913, p. 2). Com isso, procurava-se atestar que a inabilidade científica e política das mulheres era consequência da escassa instrução que recebiam. A questão da natureza biológica era revogada pelo desprezo que se dava à educação feminina.

A miopia social que assolava a sociedade brasileira, conforme as palavras dessas mulheres, só poderia ser corrigida por meio da educação. Interessante destacar, acerca desse aspecto, que ambas tinham inserção profissional no campo da educação, atuaram como professoras, além de intelectuais e defensoras de mais oportunidades e direitos para as mulheres. Assim, concluiu Nísia Floresta, introduzindo, quase que de modo solitário, o debate no Brasil em defesa da educação das mulheres:

> Crendo-se-nos incapazes de aperfeiçoar o nosso entendimento, os homens têm inteiramente privado de todas as vantagens da educação e, por este meio, têm contribuído tanto quanto lhes é possível a fazer-nos criaturas destituídas de senso, tais quais eles nos têm figurado. [...] A falta de educação, que arrasta as mulheres às ações que os homens reprovam, as priva das virtudes que poderiam sustentá-las contra os maus tratamentos que eles imprudentemente lhes fazem sofrer [...] (Floresta, 1989, p. 89-90).

Ainda nas primeiras décadas do século XX, a condição feminina apresentava muitas limitações, bastando lembrar que o voto universal só foi concretizado na década de 1930. Assim, era mister que as mulheres, sobretudo as letradas com graus variados de escolarização, continuassem a resistir e insistir no argumento defendido por Nísia Floresta, como fez Catharina Mora (1913, p. 2):

> Eduque-se o ser humano sem distinção de sexo, faça-se com que a mulher adquira aptidão legal e intellectual para o exercício de toda e qualquer profissão, de modo a pólo em prática, sendo esse exercício necessário ou não havendo um

> impedimento material que prive delle. [...]. Dê-lhe a apitidão necessária ao exercício de qualquer profissão: deixe-se que por si escolha aquellas funções que mais possam aprazer á sua natureza, tendo porem plena capacidade legal para o exercício de qualquer funções da vida social e política.

Portanto, para essas mulheres que lutaram em um ambiente hostil, a emancipação feminina era um duplo desafio posto, pois além da condição de igualdade que defendiam, precisavam criar estratégias e repertórios os quais fossem aceitos pela sociedade ou, mesmo, mais palatáveis para o período, sem que criassem tantos desafetos. Isso também justifica, em certa medida, a recusa ao tom inflamado de muitas mulheres ao se pronunciarem em público ou produzirem seus artigos de jornais, livros, visto que o patriarcalismo e machismo estrutural da sociedade procuravam invalidar suas palavras pela via de um certo entendimento moral, segundo o qual, a mulher deve ser dócil e gentil e que a braveza é coisa masculina. Acerca disso, Soihet (2000, p. 98) observa que nesse período "Algumas se rebelaram abertamente, enquanto a maioria se valia de maneiras mais sutis na ânsia de subverter sua situação", que "Lançavam mão de táticas que lhes permitiam reempregar os signos da dominação, marcando uma resistência".

Considerações finais

Diante dos argumentos apresentados neste estudo, defendemos que o debate introduzido por iniciativas de Nísia Floresta no Brasil, como a tradução e publicação de um livro em 1832, teve uma força histórica importante. Reconhecer isso significa que, apesar dos esforços da cultura patriarcal, as ideias em defesa da igualdade social entre homens e mulheres romperam o tempo e resistiram às circunstâncias desfavoráveis. Se hoje é possível contar essa história de lutas em favor dos mais variados direitos das mulheres, é porque essa condição de exclusão e injustiça foi passada de geração à geração também resistindo.

Quase um século depois, o texto pronunciado da também nordestina, professora e mulher nascida no século XIX, Catharina Moura (1913), denunciava e anunciava, de múltiplas formas e com diferentes argumentos, os limites sociais os quais as mulheres ainda eram obrigadas a experimentar ao longo da vida social, política, educacional, profissional, cultural. Ecoava nas suas, palavras já proferidas por Nísia Floresta, reiterando o argumento de que a questão residia no egoísmo masculino: "O egoísmo do sexo forte não permite á mulher, subir, afastar-se do circulo, abrir-lhe competência na arena social e política [...]" (Moura, 1913, p. 2). Ambas argumentavam que a inabilidade científica e política das mulheres era consequência da escassa instrução que recebiam e que a pretensa questão da natureza biológica era revogada pelo desprezo que se dava à educação feminina.

Para ambas, que estavam inseridas na vida intelectual também por meio do campo educativo, esse desajuste social só poderia ser corrigido por meio da educação. Ou seja, a defesa incansável pela educação e demais direitos das mulheres une gerações femininas, que mesmo em ambiente desfavorável e apesar da diferença temporal que as separava, conectaram-nas e impulsionaram-nas a criticar as teorias biológicas, a defender que a diferença entre homens e mulheres se dava, na verdade, pela educação e privilégios sociais.

De modo geral, como apontam importantes estudos com os quais dialogamos ao longo deste texto, livros como *De l´egalité des deux sexes* (Da igualdade dos sexos, 1673, de François de La Barre), *Woman not inferior to man* (A mulher não é inferior ao homem, 1738, de Sophia), *Vindications fon the rights Woman* (Reivindicação dos Direitos da Mulher, 1790, de Mary Godwin Wollstonecraft) e *Déclaration des droits de la femme et de la citoyenne* (Declaração dos Direitos da Mulher e da Cidadã, 1791, de Olympe de Gouges) são obras e ideias que provavelmente se conectam, de formas distintas, com *Direitos da Mulher e Injustiça dos Homens* (1832) de Nísia Floresta. E, para nós, com *Direito das Mulheres* (1913) de Chatarina Moura. Todas buscam, através da educação pela palavra, denunciar, desnaturalizar, balizar seus respectivos contextos e realidades, a fim de que fosse possível uma nova organização social baseada em uma determinada igualdade de gênero, mesmo que ainda limitada em suas perspectivas políticas mais amplas.

Essas lutas de ontem, daquelas mulheres, foram somando-se também às outras ao longo do tempo, demandas mais recentes, mais amplas e mais inclusivas, caracterizadas pelas interseccionalidades de gênero, raça, etnia, classe. Hoje entendemos que, não obstante a importância e potência de suas falas, lutas, trajetórias e ideias, nos discursos de Nísia e Chatarina havia ausência. Havia silenciamento de uma também necessária interpretação de classe e raça que perpassava a maioria de suas experiências (ao longo do século XIX com Nísia e início do XX com Chatarina). Ao mesmo tempo, entendemos que geralmente elas produziam eco e mobilizavam mulheres brancas, livres, letradas e pertencentes às famílias de posses que lhes garantiam instrução, recursos e uma vida estável financeiramente. Observações necessárias e que, entretanto, não diminuem a importância da atuação dessas mulheres e de tantas outras mulheres nordestinas, brasileiras.

REFERÊNCIAS

ABRANTES, Alômia. Escritas e inscritas: mulheres na imprensa dos anos 1920. *In*: ABRANTES, Alômia; NETO, Martinho Guedes dos Santos (org.). **Outras Histórias**: cultura e poder na Paraíba (1889-1930). João Pessoa: Universitária/UFPB, 2010, p. 89-114.

ALMANAK LAEMMERT. Rio de Janeiro: [s. n.], ed. 7, 1850.

BARBOSA, Lia Pinheiro Barbosa; MAIA, Vinícius Madureira. Nísia Floresta e ainda a controvérsia da tradução de Direitos das mulheres e injustiça dos homens. **Revisa Estudos Feministas**, Florianópolis, v. 2, n. 28, 2020.

BIONDO, Aline B.; PERIOTTO, Marcília R. Moral, Religião e Educação: A proposta educacional de Miguel do Sacramento Lopes Gama no jornal O Carapuceiro. *In*: JORNADA DO HISTEDBR – HISTÓRIA E HISTORIOGRAFIA DA EDUCAÇÃO: ABORDAGENS E PRÁTICAS EDUCATIVAS, 4., 2004, Maringá. **Anais** [...]. Maringá: UEM, 2004.

BUITONI, Dulcília Schroeder. **Mulher de Papel**: a representação da mulher pela imprensa feminina brasileira. São Paulo: Summus, 2009.

BRASIL. **Lei Geral do Ensino**. 15 de outubro de 1827. Disponível em: https://www2.camara.leg.br/legin/fed/lei_sn/1824-1899/lei-38398-15-outubro-1827-566692-publicacaooriginal-90222-pl.html. Acesso em: 25 jul. 2024.

CAMPOI, Isabela Candeloro. O livro "Direito das mulheres e injustiça dos homens" de Nísia Floresta: literatura, mulheres e o Brasil do século XIX. **História**, São Paulo, v. 30, n. 2, p. 196-213, 2011.

COELHO, Catarina Alves. **Direito das mulheres e injustiça dos homens a tradução utópico-feminista de Nísia Floresta**. Dissertação (Mestrado em Letras) – Universidade de São Paulo, São Paulo, 2019.

DIÁRIO DE PERNAMBUCO. Recife: [s. n.], ed. 277, 1833.

DIÁRIO DE PERNAMBUCO. Recife: [s. n.], ed. 343, 1833.

DIÁRIO DE PERNAMBUCO. Recife: [s. n.], ed. 377, 1834.

DUARTE, Constância Lima. Introdução. *In*: FLORESTA, Nísia. **Direito das Mulheres e Injustiça dos Homens**. São Paulo: Cortez Editora, 1989. p. 11-77.

DUARTE, Lima Constância. A HISTÓRIA LITERÁRIA DAS MULHERES: UM CASO A PENSAR. **Miscelânea**: Revista De Literatura E Vida Social. Assis (SP), v. 3, p. 127-131, 1998,

DUARTE, Constância Lima. Feminismo e literatura no Brasil. **Estudos Avançados**, São Paulo, v. 17, n. 49, 2003.

DUARTE, Constância Lima. **Nísia Floresta**. Recife: Editora Massangana, 2010. (Coleção Educadores).

DUARTE, Constância Lima. **Imprensa feminina e feminista no Brasil**: século XIX: dicionário ilustrado. Belo Horizonte: Autêntica, 2016.

FALCI, Miridan Knox. Mulheres do sertão nordestino. *In*: PRIORE, Mary Del; PINSKY, Carla Bassanezi (org.). **História das mulheres no Brasil**. São Paulo: Contexto, 2011.

FARIA, Thaís Dumêt. A mulher e a criminologia: relações e paralelos entre a história da criminologia e a história das mulheres no Brasil. *In*: ENCONTRO NACIONAL DO CONPEDI, 9., 2010, Fortaleza. **Anais** [...]. Fortaleza: CD-ROM, 2010.

FERRARO, Alceu Ravanello. Querela das Mulheres, Igualdade e Direito à Educação: França, 1399 a 1793. **Revista Educação e Realidade**, Porto Alegre, v. 46, n. 3, 2021.

FLORESTA, Nísia. **Direito das Mulheres e Injustiça dos Homens**. São Paulo: Cortez Editora, 1989.

FREHSE, Fraya e PALLARES-BURKE, Maria Lúcia Garcia. **Nísia Floresta, O Carapuceiro e outros ensaios de tradução cultural**. São Paulo: Ed. Hucitec, 1996. (Resenha).

GALVÍNCIO, Amanda Sousa. **A trajetória intelectual de Edudésia Vieira**: educação, feminismos e história pátria (1921-1955). 2019. Tese (Doutorado em Educação) – Universidade Federal da Paraíba, João Pessoa, 2019.

GALVÍNCIO, Amanda Sousa; COSTA, Jean Costa de Carvalho. O cuidar como profissão das mulheres. **Revista Brasileira de História da Educação**, v. 21, n. 1, p. e149, 2021.

GALVÍNCIO, Amanda Sousa; ESPINDOLA, Maíra Lewtchuk; COSTA, Jean Carlo de Carvalho. A universidade popular na Parahyba do Norte: reflexões sobre o direito das mulheres. Revista HISTEDBR On-line, Campinas, SP, v. 18, n. 1, p. 43-69, 2018.

GARCIA, Carla Cristina. **Breve história do feminismo**. São Paulo: Claridade, 2011.

JORNAL DO COMMERCIO. [*S. l.*]: [*s. n.*], ed. 192, 1837.

JORNAL DO COMMERCIO. [*S. l.*]: [*s. n.*], ed. 206, 1837.

JORNAL DO COMMERCIO. [*S. l.*]: [*s. n.*], ed. 258, 1837.

JORNAL DO COMMERCIO. [*S. l.*]: [*s. n.*], ed. 24, 1838.

JORNAL DO COMMERCIO. [*S. l.*]: [*s. n.*], ed. 93, 1839.

LIMEIRA, Aline de Morais. **O comércio da instrução no século XIX**: colégios particulares, propagandas e subvenções públicas. Dissertação (Mestrado em Educação) – Universidade do Estado do Rio de Janeiro, Rio de Janeiro, 2010.

MACHADO, Charliton José dos Santos; NUNES, Maria da Silva; MENDES, Márcia Cristiane Ferreira. **Catharina Moura e o feminismo na Parahyba do Norte**. Fortaleza: Edições UFC, 2013.

MOURA, Catharina. Continua. Universidade Popular. 8º Conferência. Os Direitos da Mulher. **Jornal A União**, Parahyba, 2 abr. 1913.

O CARAPUCEIRO. Recife: [*s. n.*], ed. 47, 1839.

PALLARES-BURKE, Maria Lúcia Garcia. **Nísia Floresta, o Carapuceiro e outros ensaios de tradição cultural**. São Paulo: Hucitec, 1995.

PALLARES-BURKE, Maria Lúcia Garcia. Travessura revolucionária: uma teia de erros em torno da feminista Nísia Floresta, nascida há 210 anos. **Jornal Folha de São Paulo**, São Paulo, 6 out. 2020. Disponível em: https://piaui.folha.uol.com.br/travessura-revolucionaria/. Acesso em: 18 jul. 2023.

PINTO, Celi Regina J. **Uma história do feminismo no Brasil**. São Paulo: Fundação Perseu Abramo, 2003.

RAGO, Luzia Margareth. **Do cabaré ao lar**: a utopia da cidade disciplinar. Rio de Janeiro: Paz e Terra, 1985.

REVISTA DE ANTROPOLOGIA. São Paulo: [s. n.], v. 40, n. 2, 1997.

SCHUELER, Alessandra Frota Martinez; RIZZINI, Irma. "O feminismo transborda": docência, produção escrita e atuação política de Aurea Corrêa na cidade do Rio de Janeiro. **Práxis Educacional**, [s. l.], v. 16, n. 38, p. 42-65, 2020.

SILVA, Elen Karla. Uma voz feminina na luta antiescravista: Nísia Floresta. **Revista Nau Literária**, Porto Alegre, v. 18, n. 1, 2022.

SILVA, Luara dos Santos. **Histórias de professoras negras no Rio de Janeiro**: experiências e tensões de classe, raça e gênero (1870-1920). Tese (Doutorado em História) – Programa de Pós-Graduação em História Social, Universidade Federal Fluminense, Niterói, 2022.

SOIHET, Rachel. A pedagogia da conquista do espaço público pelas mulheres e a militância feminista de Bertha Lutz. **Revista Brasileira de Educação**, n. 15, p. 97-117, 2000.

TELLES, Norma. Escritoras, escritas, escrituras. *In*: PRIORE, Mary Del; PINSKY, Carla Bessanezi (org.). **História das Mulheres no Brasil**. São Paulo: Contexto, 2011. p. 336-370.

CAPÍTULO 4

AS TRAJETÓRIAS DE FORMAÇÃO E ATUAÇÃO DAS PROFESSORAS EUFROZINA AMÉLIA GUIMARÃES (1872-1964) E PENÉLOPE MAGALHÃES (1886-1982) NO ENSINO DE MÚSICA, TEATRO E LÍNGUAS ESTRANGEIRAS EM SERGIPE

Anamaria Gonçalves Bueno de Freitas – UFS
Thais Fernanda Vicente Rabelo Maciel – UFS

Apresentação

Nascidas no município de Laranjeiras, considerada a Atenas Sergipana, no século XIX, Eufrozina A. Guimarães (1872-1964) (que ficou conhecida como Zizinha Guimarães) e Penélope Magalhães (1886-1982) tiveram oportunidades distintas de formação e atuaram no magistério público e privado, por muitas décadas em Sergipe.

Neste estudo, com base nos pressupostos teóricos e metodológicos da História da Educação, da História Cultural, da História do Ensino de Música, e da História da Profissão Docente, buscamos analisar os processos formativos escolares e não escolares vivenciados pelas professoras, bem como as estratégias que mobilizaram no magistério, principalmente no ensino de música, teatro e línguas estrangeiras.

Ao acessar as memórias de ex-alunos e ex-alunas, bem como registros da imprensa, documentos institucionais, entre outras fontes, foi possível identificar como as professoras pesquisadas foram lembradas e também esquecidas, em alguns momentos da História da Educação de Sergipe. Como adverte Pollak acerca da construção coletiva da memória e de seu papel na constituição da identidade:

> A memória é um elemento constituinte do sentimento de identidade, tanto individual como coletiva, na medida em que ela é também um fator extremamente importante do sentimento de continuidade e de coerência de uma

> pessoa ou de um grupo em sua reconstrução de si.[...] A construção da identidade é um fenômeno que se produz em referência aos outros, em referência aos critérios de aceitabilidade, de admissibilidade, de credibilidade, e que se faz por meio da negociação direta com os outros (Pollak, 1992, p. 204).

Dessa forma, ao buscar compreender os percursos de formação e as práticas docentes das professoras Zizinha e Penélope, identificamos alguns destes "critérios de aceitabilidade, de admissibilidade e de credibilidade" que elas construíram durante suas trajetórias. Ambas tiveram atuações distintas para além das salas de aula, ocupando espaços sociais importantes e recebendo convites oficiais que garantiram certa visibilidade pública.

Para Silva (2002), há um saber-fazer docente construído ao longo do exercício do magistério e que, em grande parte, ainda carece de socialização e visibilidade. A construção desse saber envolve uma trama complexa de referências e valores que não se esgota na formação escolar e/ou acadêmica. Assim, investigar as práticas construídas no exercício cotidiano do magistério, em diferentes condições e determinações culturais, políticas e econômicas, com desafios específicos e partilhados numa mesma geração, permite-nos compreender melhor os elementos e as características da profissão docente no passado.

Como destacam Paula Perin Vicentini e Rosário Genta Lugli (2009), a produção da História da Profissão Docente no Brasil se apresenta como uma "síntese fragmentada". As autoras citadas apontam a complexidade e a heterogeneidade das condições de trabalho docente nos séculos XIX e XX, e como é necessário "considerar os projetos educacionais que, no decorrer dos anos, impuseram determinadas formas de trabalho e fizeram com que o magistério se constituísse como categoria profissional" (Vicentini; Lugli, 2009, p. 209-210).

Na passagem do século XIX para o século XX, as professoras Zizinha e Penélope tiveram oportunidades de escolarização e profissionalização que não eram muito comuns para o período. A maioria das jovens sergipanas era educada nos espaços domésticos, e preparava-se para o exercício dos papéis tradicionais de esposa dedicada e mãe exemplar. Como professoras, elas atuaram em diferentes espaços públicos. Vale recordar que no caso das mulheres, como indica Perrot (1998), subverter as fronteiras entre os limites do público e do privado causava suspeição:

> [...] existem muitos meios, diretos ou não, de ser uma mulher pública, com a condição de dar a essa expressão certa extensão. Ser reconhecida como tal revela-se mais difícil e sempre suspeito. Certos limites se deslocam mais do que outros. Certas zonas resistem mais do que outras. Ao longo dessas fronteiras móveis, as relações entre os homens e as mulheres modificam-se, como as figuras de um interminável balé (Perrot, 1998, p. 11).

São "os passos deste balé" que nos interessam nesta investigação, perceber as táticas e estratégias que Zizinha e Penélope mobilizaram, os limites que enfrentaram, as formas de resistência que conseguiram construir, no decorrer de suas trajetórias pessoais e profissionais.

Laranjeiras e os processos de formação vivenciados

A cidade de Laranjeiras (SE), na segunda metade do século XIX, era um importante polo das atividades mercantis de importação e exportação da província, mantendo contato direto com as praças de Pernambuco, Rio de Janeiro e Bahia. Sua posição geográfica privilegiada, estando estrategicamente localizada à margem esquerda do rio Cotinguiba, facultava incursões pelo interior da província (posteriormente do estado), de onde se escoava toda a produção açucareira da região.

Laranjeiras (SE), entre 1878 e 1904, viveu um período áureo, pois nessa época se confirmou o título de *Atenas de Sergipe*. Possuía dois teatros em funcionamento, Teatro Santo Antônio e São Pedro, que recebiam com frequência os atores nacionais. Publicava os jornais: *O Horizonte, O Larangeirense, O Republicano, O Cotinguiba, O Novo Século* e o *Gripho*. Além das aulas públicas, havia diversos estabelecimentos de ensino, entre eles o Liceu Laranjeirense, o Colégio Inglês, o Americano (Presbiteriano)[49], o Sant"Anna e o Coração de Jesus. Contava ainda com um Gabinete de Leitura, clubes dramáticos e republicanos, de onde saíram os primeiros dirigentes da República de Sergipe (Oliveira, 1981, p. 130).

Em Sergipe, as primeiras aulas públicas de primeiras letras abertas para meninas surgiram em 1831, nas cidades de São Cristóvão (SE), Estância (SE), Laranjeiras (SE) e Propriá (SE). Em 1834, funcionavam 29 escolas

---

[49] Esta instituição também conhecida como Escola Americana foi estudada pela Prof.ª Dr.ª Ester Fraga Vilas-Bôas Carvalho do Nascimento, verificar entre outros: Vilas-Bôas (2000) e Nascimento, E. (2002, 2003b).

de primeiras letras, das quais 25 eram masculinas e as quatro femininas. Quanto ao ensino secundário, naquele mesmo ano havia 12 aulas públicas que atendiam apenas aos alunos homens (Nunes, 1984, p. 47).

Em 1860, Sergipe contava com 66 escolas públicas de primeiras letras, 23 femininas e 43 masculinas, e um total de 2.636 alunos. As escolas particulares de primeiras letras eram 10, apenas uma feminina, e estas atendiam a 423 alunos matriculados. Em 1870, estavam em funcionamento no Brasil 2602 escolas públicas de primeiras letras, enquanto que em Sergipe eram 100, das quais 69 masculinas e 31 femininas (Nunes, 1984, p. 99-106).

Ao longo das últimas décadas do Império, o crescimento do número de escolas femininas e a implantação de escolas mistas no mesmo período favoreceram o acesso das meninas e jovens aos bancos escolares, embora não sendo suficiente para alterar a concepção vigente que as "mulheres deveriam ser mais educadas do que instruídas". A educação escolar objetivava, prioritariamente, a formação moral e a constituição do caráter, em detrimento do acesso aos conteúdos formais (Louro, 1997, p. 446). Serem boas esposas e mães era o destino socialmente construído, para a maioria delas, que exigia uma moral sólida e bons princípios.

No tocante ao ensino secundário, no Brasil e em Sergipe, os colégios privados de orientação laica ou religiosa tiveram papel relevante nas últimas décadas do Império. Sem estarem sujeitos, inicialmente, a qualquer inspeção governamental, esses estabelecimentos, estimulados pela concorrência, formavam a vanguarda do pensamento educacional pela adoção de modernas técnicas de ensino, pelo impulso dado ao estudo da ciência e pela ênfase emprestada às línguas modernas[50].

As jovens que frequentavam esses colégios, como alunas internas ou semi-internas, objetivando ampliar seus estudos, recebiam um programa diferenciado, com seus currículos organizados de forma a atender o desenvolvimento de habilidades e atitudes femininas (Ribeiro, 1996, p. 164). O ensino de Música[51], Línguas Estrangeiras e Trabalhos Manuais estava presente.

O início da República aponta para a necessidade da educação da mulher, vinculando-a à modernização da sociedade, à higienização da família e à formação dos futuros cidadãos. Novas exigências são colocadas

---

[50] Sobre esse aspecto, conferir os estudos realizados por Lopes (1997) e Freitas (2003).
[51] Sobre o ensino de Música em Sergipe, conferir, entre outros estudos: Santos (2012).

para as mulheres, que desde jovens devem ser preparadas para assumir o papel de educadora no lar. Os discursos liberais insistiam na escolarização primária da mulher e valorizavam como campo de atuação feminina o espaço doméstico[52].

Zizinha e Penélope viveram experiências formativas marcadas por este contexto da escolarização feminina na passagem do século XIX para o século XX. Foram alunas em escolas particulares no município de Laranjeiras. Conviveram com professores e professoras que desenvolveram práticas pedagógicas diversificadas que marcaram não apenas suas infâncias, mas também inspiraram, de certa forma, a docência futura.

Zizinha estudou no Colégio Inglês. Os primeiros registros na imprensa, aracajuana e laranjeirense, acerca do Colégio Inglês[53] datam de 1885, e depois do ano de 1890[54], não foi localizado nenhum outro vestígio sobre a instituição, em Sergipe. Dirigido pelas senhoras Miss Anne Carol e Júlia de Oliveira, que atuavam como professoras e foram auxiliadas por Laura de Oliveira, o referido colégio oferecia o ensino primário e secundário, internato e externato. O currículo ministrado pelo Colégio Inglês era constituído por Línguas Estrangeiras — Inglês, Francês e Alemão; Religião; Português; Aritmética; Geografia; História; Piano; Desenho; Pintura sobre espelhos, aquarela e pintura a óleo; Trabalhos Manuais — bordados diversos e flores artificiais.

Do seu conjunto de disciplinas, sobressaiu a preocupação em diferenciar-se de outras instituições educativas, através de práticas como o ensino de línguas estrangeiras, que normalmente, não estava presente no currículo das escolas do período destinadas à educação das meninas e jovens. Eram poucos os estabelecimentos, como o Colégio Inglês, que ensinavam Alemão, Inglês e Francês. O ensino de Gramática, Aritmética e Religião, além das Prendas Domésticas[55], eram os conteúdos formativos, geralmente, identificados nas escolas públicas primárias para as meninas.

---
[52] Entre outros estudos sobre o tema, conferir: Lopes (1997) e Freitas (2003).
[53] Para mais informações sobre o Colégio Inglês, consultar: Nascimento, Nascimento e Freitas (2002).
[54] Em 1894, um anúncio no *Almanack de São Carlos* (SP) indica que sob a mesma direção, corpo docente e programa o Colégio Inglês estavam funcionando em Rio Claro, no estado de São Paulo. Maiores informações consultar: Hilsdorf (1999, p. 115).
[55] Na aula pública para meninas dirigida pela professora Clothildes Vieira Muniz Telles, o registro dos exames públicos, publicado no jornal *O Larangeirense* de 2 de dezembro de 1888, p. 4, indica que as alunas foram arguidas em Gramática, Aritmética e Religião (Freitas, 2003).

As aulas de piano e canto, a diversidade dos trabalhos manuais ensinados e as diferentes técnicas de pintura e desenho desenvolvidas traduziam o refinamento da formação oferecida pelo Colégio Inglês. Ressalta-se também a preocupação significativa com a ampliação dos conhecimentos das jovens, como o ensino de Geografia e História.

O encerramento das atividades letivas era feito com pomposas solenidades, que incluíam os exames de verificação do rendimento, as apresentações artísticas, exposição de trabalhos manuais e confraternização entre estudantes, professores, familiares e o público interessado em acompanhar as atividades de educação feminina. Os convites para as festividades de final de ano eram publicados, com destaque, por jornais de Laranjeiras e de Aracaju (a capital da Província, desde 1855).

Essas festividades, em geral, duravam o dia inteiro, e tornaram-se um espaço privilegiado para a visibilidade das habilidades apropriadas com distinção, no processo de formação que o Colégio Inglês conferia às suas alunas. O domínio dos conhecimentos, a fluência nas diversas línguas estrangeiras, a recitação de poemas, as apresentações musicais, a exposição dos trabalhos manuais diversificados demonstravam erudição, requinte nos bordados, senso estético apurado nos desenhos e pinturas, entre outras aquisições consideradas, no período, como importantes para a vida futura dessas jovens.

Segundo as pesquisas de Vilas-Bôas (2000), a primeira instituição educacional protestante, em terras sergipanas, foi fundada em Laranjeiras (SE) em 1886, denominada Escola Americana. Era dirigida pelo professor Manuel Nunes Motta e oferecia curso primário e secundário para ambos os sexos, além de internatos masculino e feminino. As aulas eram ministradas por professoras e funcionavam no andar térreo do Sobrado dos Protestantes (Vilas-Bôas, 2000, p. 114-115).

De acordo com Nascimento (2003), a Escola Americana, em Laranjeiras, oferecia as seguintes disciplinas no ensino secundário: "Aritmética, Geografia, Inglês, Português, Francês, Prendas e Música" (Nascimento, 2003, p. 162).

A Escola Americana foi dirigida pelo Reverendo Finley a partir de 1892. Em maio de 1895, contava com 45 alunos e internato para ambos os sexos. Em 1899, sob a mesma direção, a escola foi transferida para Aracaju, e oferecia: um externato para ambos os sexos, um internato para o sexo feminino, além dos cursos primário e intermediário. No ano seguinte, a instituição contava com 50 alunos matriculados e dois professores. No entanto, em 1904, o reverendo Finley foi enviado para a Bahia, os internatos foram fechados e a escola primária contou com a direção de Anne Belle Mc Pherson. Em 1905, Anne Belle deixou Sergipe e a Escola Americana foi dirigida por Jovina Moreira de Carvalho, normalista formada pela Escola Normal de São Paulo, oferecendo apenas o ensino primário com a ajuda de sua irmã, Alcides Moreira. A partir de 1911, não foram localizadas maiores informações sobre a instituição. Sabe-se somente que a professora Jovina passou a atuar, em 1915, na cidade de Prado na Bahia (Vilas-Bôas, 2000, p. 118-133).

Foi na Escola Americana, em Laranjeiras, que Penélope Magalhães teve acesso à escolarização formal inicial, onde frequentou aulas de línguas estrangeiras, música e aprendeu a tocar piano. Posteriormente, ela passou mais de 12 anos nos Estados Unidos, onde teve acesso à formação no campo da Pedagogia e da Teologia.

Eufrozina Amélia Guimarães e a Escola Laranjeirense

Eufrozina Amélia Guimarães (1872-1964) nasceu em Laranjeiras em 26 de dezembro de 1872 e também lá faleceu em 6 de dezembro de 1964[56]. Na perspectiva saudosista de seu ex-aluno Emmanuel Franco, "com ela [Zizinha] sepultara-se todo o século XIX da cidade de Laranjeiras, o título de Athenas Sergipana e o seu único amor em vida: a Escola Laranjeirense" (Franco *apud* Fontes, s/d, s/p). Zizinha Guimarães, mulher de origem simples e herança africana, era filha de Manuel Ferreira de Oliveira e Amélia da Silva Guimarães. Foi professora, fundadora e diretora de escola e também importante musicista e contou com o reconhecimento de contemporâneos. Sua contribuição para a educação em Sergipe é inconteste.

A investigação em torno da trajetória de Eufrozina Guimarães vem sendo pautada especialmente em escritos memorialísticos, matérias em jornais/periódicos que circulavam no final do século XIX e início do século XX e documentos musicográficos que apontam para sua atividade musical. Dentre os escritos memorialísticos, destaca-se a obra *Laranjeiras, cidade poema*[57], organizada por José Barreto Fontes e que

---

[56] Maria Ligia Pina indica 19 de dezembro de 1964 como data de falecimento de Zizinha (Pina, 1994, p. 207).
[57] O exemplar encontrado pertence ao acervo bibliográfico da Biblioteca Pública Epifânio Dórea, localizado em Aracaju.

também contou com a colaboração de outros ex-alunos de Zizinha como Lauro Fontes, Antônio Gomes de Andrade, Emmanuel Franco, Carmelita Pinto Fontes, Paulo Leite Nascimento. A partir da ótica memorialística, a imagem da Eufrozina que se vai construindo é de uma mulher forte, competente, determinada e muito dedicada à atividade docente e às Artes (particularmente a Música). Uma personalidade irreverente e uma professora inovadora.

Em relação à formação basilar de Zizinha Guimarães, encontram-se Miss Carol, que foi sua professora no Colégio Inglês — escola renomada daquela cidade e já mencionada neste texto — e também Manoel Bahiense, professor de Música. Uma notícia publicada no jornal laranjeirense *O Horizonte* mencionou a mudança na mensalidade do referido colégio em 1886, instituição que funcionava como internato e externato. Essa notícia reforça o fato de ser ofertada a aula de música naquela instituição. Estudar piano era opcional e demandava um valor a mais na mensalidade (O Horizonte, 5 mar. 1886).

Em relação à formação musical, sabe-se que Zizinha foi aluna do maestro Manoel Bahiense (1841-1919), e chegou a atuar ao lado do mestre em algumas celebrações na Matriz de Laranjeiras. Segundo Paulo Nascimento, a professora Zizinha Guimarães era pianista e organista (viria a substituir Bahiense pelo órgão tubular e também na mestrança da música da Matriz após a morte do maestro). Além disso, era compositora, arranjadora e professora de música. De acordo com o autor, ela havia herdado sua pedagogia musical do professor Bahiense (Nascimento *apud* Fontes, s/d, s/p).

Segundo Emmanuel Franco, além da Música, a professora Zizinha Guimarães, "Aprendeu Português, Aritmética, Geografia, História do Brasil e Geral, Francês, Esperanto, Teatro e Piano, e ensinava aos seus alunos" (Andrade *apud* Fontes, s/d, s/p).

Eufrozina Guimarães foi nomeada professora pública estadual em 1896. No entanto, em razão de querelas políticas entre seu pai Manuel Ferreira e a administração vigente, ela foi exonerada do cargo. Em 1904, fundou a Escola Laranjeirense (Santana, 2011, p. 8-9), instituição que dirigiu e na qual também lecionou até os últimos anos de sua vida.

Uma matéria sobre o panorama geral do município de Laranjeiras publicada no jornal *Cadastro* em 1933 trouxe dados importantes sobre Zizinha e sua escola. Conforme se lê:

> O município conta com II escolas primárias públicas, além de muitas particulares destacando-se a <<Escola Larangeirense>>, da Professora Euphrozina Guimarães, mais conhecida como d. Zizinha. Esta importante casa de educação foi installada em 04 de julho de 1904, e de lá tem sahido preparados para as luctas da vida, o que Larangeiras tem possuido de melhor na sua sociedade (Cadastro, 1933, p. 306)[58].

No momento em que a matéria foi elaborada, a Escola Laranjeirense já contava com quase três décadas de atividade. A citação evidencia o destaque conferido à escola de Zizinha como centro de qualidade de ensino, sendo a única com nome revelado e contando ainda com quatro fotografias do estabelecimento, corpo discente e da própria Zizinha. As narrativas memorialísticas sobre a escola e sobre a pedagogia da professora situam aquele estabelecimento de ensino como sendo um referencial na região.

Imagem 1 – Grupo de alunos da "Escola Laranjeirense"

Fonte: Cadastro (1933, p. 306)

---

[58] Foi mantida a ortografia presente na fonte pesquisada, nesta e em outras citações.

Imagem 2 – Diretora Zizinha Guimarães, com grupo de professores e alguns alunos da Escola Laranjeirense

Fonte: Cadastro (1933, p. 306)

Paulo Nascimento atribui a sua ex-professora a qualidade de ser uma das pioneiras na pedagogia moderna, com influência do método salesiano de Dom Bosco e reforça a presença do ensino de música na Escola Laranjeirense (Nascimento *apud* Fontes, s/d, s/p). É possível que a professora tenha lido sobre a vida e obra de São João Bosco (1815-1888), que só viria a ser canonizado em 1933. A presença salesiana em Sergipe teve início em 1902.

De acordo com Emmanuel Franco (aluno da escola dirigida por Zizinha Guimarães na década de 1930), a Escola Laranjeirense era uma escola mista (Franco *apud* Fontes, s/d, s/p). O estabelecimento recebia tanto alunos externos quanto internos, de diferentes idades. Ainda de acordo com Franco, em sua época de aluno da professora Zizinha:

> O menino ao entrar na Escola Laranjeirense, aprendia o beabá decorado. A cartilha Nacional e o Caderno Manuscrito eram tipo audiovisual. Via-se a letra, pronunciava-se alto e o ouvido guardava o som e escrevia-se. Usava-se a percepção ótica, a percepção auditiva, a percepção táctil e aprendia-se em dois meses, no máximo. A tabuada era decorada e recitada. Também se aprendia rápido, para se trocar dinheiro

e fazer conta. As aulas eram de oito da manhã até uma da tarde. De oito até dez, a Professora Zizinha e suas auxiliares, alunas mais adiantadas ou ex-alunas, ensinavam as lições e depois os alunos repetiam sozinhos e alto. A escola era alegre, pelo barulho que fazia, aprendendo ou recitando as lições, porém, não para os alunos se atrapalharem (Franco *apud* Fontes, s/d, s/p).

É preciso ressaltar que, sendo uma instituição com mais de 50 anos de história, é provável que a própria metodologia de ensino e abordagens tenha se modificado ao longo do tempo. Sobretudo, considerando-se o caráter vanguardista de Zizinha Guimarães e o período de sua atividade docente que viu desenvolver-se também no Brasil o movimento escolanovista.

A abordagem firme e dedicada da professora Zizinha foi também destacada. De acordo com José Barreto Fontes, "Na Escola de D. Zizinha não sentíamos o enfado da rotina, tamanha era a habilidade da mestra em motivar as aulas para não só fazê-las atraentes como também acessíveis à nossa compreensão" (Fontes *apud* Fontes, s/d, s/p). A visão vanguardista da professora laranjeirense foi mencionada por Lauro Barreto Fontes, ao afirmar que Zizinha "era dona de sua própria didática, criadora de suas próprias metodologias de ensino, vivas e atuantes, Zizinha se antecipara de muitos anos aos fundamentos renovadores da vigente Escola Nova"[59] (Fontes *apud* Fontes, s/d, s/p).

De acordo com Carmelita Pinto Fontes, a professora Zizinha era proficiente em Aritmética, uma exímia professora de História (segundo os padrões da época, focados no registro de fatos tidos como importantes, causas e consequências) e tinha uma visão universal da Geografia: "conhecia da divisão política do mundo, seus recursos e belezas identificadas nos mapas ou registrados em suas informações", mas destacava-se sobremaneira nas aulas de Português, que iam muito além de questões gramaticais (Fontes *apud* Fontes, s/d, s/p).

A Música e o Teatro na Pedagogia de Zizinha

A música esteve sempre presente na vida de Zizinha Guimarães. Desempenhou funções de pianista, organista da igreja Matriz de Laranjeiras, regente, compositora e arranjadora. Embora não exclusivamente,

---

[59] Sobre a difusão da Escola Nova em Sergipe, verificar: Nascimento, J. (2003) e Nascimento e Freitas (2011), entre outros estudos.

Zizinha voltava-se principalmente para o repertório sacro. Nesse sentido, sua participação nas atividades religiosas era intensa. Destacava-se no calendário litúrgico laranjeirense a novena e festa do Sagrado Coração de Jesus (junho) e o Mês doloroso (setembro). Ao órgão, a maestrina Zizinha interpretava obras como:

> Missa de Angelis em Ré Maior, a Missa Rezada de Frei Basílio Rower OFM, opus 4 – em Sol Maior, Hino a Santo Antônio n. 225, Oh! Ditoso mês, em Sol Maior – de sua autoria, Tantum Ergo – em Sol Maior, de Haydn.
>
> Arranjos da maestrina: Muito Lindo é o céu, Maria o teu nome, Queremos a Maria, Oh, Maria toda pura!, No céu existe, Oh Virgem excelsa, Senhora Aparecida, Inflamei meu coração, Missa para Órgão em fá maior de P. Pathman op. 63, Pequena Missa Solene – de sua autoria (Nascimento *apud* Fontes, s/d, s/p).

O nome da professora Euphrázia Guimarães (que se trata da Eufrozina Guimarães) consta em alguns relatórios apresentados no Livro de Tombos da Matriz de Laranjeiras. Em 1919, por ocasião da festa de Nossa Senhora das Dores, a maestrina esteve à frente da Orquestra de Moças, junto com outra musicista — Maria Oliveira.

> Festa de Nossa Senhora das Dôres. Aos cinco dias do mez de Outubro do anno de mil novecentos e desenove realizou-se a grande festa a Nossa Senhora das Dôres feita pelo Dr. Luiz Fereira do Nascimento em cumprimento de um voto sagrado. [...] Ás 10 horas realizou-se a missa solenne sendo Celebrante o Monsenhor Adalberto Sobral, Governador do Bispado, diacono Vigario Constantino [ilegível]- Greman e subdiacono Vigario Philadelpho Jonathas de Oliveira. A evangelho fez o sermão o conego Eduardo Fontes. A orchestra foi confiada ás dignas musicistas D. Maria Oliveira e Zizinha Guimarães. Á tarde houve uma bem organizada procissão tocando duas bandas de musica – União Laranjeirense e a do 41º Batalhão de Caçadores de Aracajú (Matriz Sagrado Coração de Jesus, 1897-1968, p. 32).

Música, Teatro e Dança estavam presentes na Escola Laranjeirense. Ao longo da segunda metade do século XIX e início do século XX, algumas escolas particulares que ofereciam Música, Teatro, Dança e, por vezes, uma língua estrangeira, o faziam por meio de um valor acrescido à mensalidade, sendo consideradas disciplinas opcionais. Porém é possível inferir que na escola de Zizinha a Música e o Teatro eram ofertados a todos. De acordo com Paulo Nascimento:

> Completava-se o curso primário com a música, praticando o estudo pianístico, através de La Carpentier, Czerny, Clementi, pianista virtuoso, onde as páginas dos compositores nacionais eram executadas, ao lado das peças francesas, alemãs, austríacas, italianas, polonesas, inglesas, norte americanas, espanholas, portuguesas, africanas, por ocasião das festividades de fim de ano (Nascimento *apud* Fontes, s/d, s/p).

A citação aponta para a diversidade de repertório nas aulas de música da professora Zizinha. Fontes, também ex-aluno da professora Zizinha, a partir de suas memórias, destaca também suas habilidades para o Teatro e sua atividade como professora que cativava a admiração dos pais, do povo laranjeirense e a estima de seus alunos. Por outro lado, segundo Lauro Fontes, as aulas de Música e de Francês ocorriam em caráter extracurricular.

Além das aulas de piano, pautadas no desenvolvimento técnico e musical do alunado, o piano estava presente de outras formas como no acompanhamento de canções durante as aulas ou mesmo em datas comemorativas, nos bailes oferecidos pela escola. Em suas memórias, Antônio de Andrade relembrou das "canções escolares que ao som do afinado piano cantavam nas festas cívicas e nas salas de aula" (Andrade *apud* Fontes, s/d, s/p). É possível que estivesse se referindo aos hinos do Hinário Escolar, publicado em 1913 e que contou com a colaboração de sergipanos como o próprio Maestro Manoel Bahiense e da Professora Etelvina Amália de Siqueira (1872-1935).

D. Zizinha também preparava os alunos nas artes cênicas. Nas festas da escola, os alunos declamavam e participavam de encenações de peças teatrais por ela escritas e dirigidas (Andrade *apud* Fontes, s/d, s/p). Aliás, sua contribuição para o Teatro ia além da escola. Nas palavras de Carmelita Fontes, Zizinha "era diretora de teatro na escola e na cidade" (Fontes *apud* Fontes, s/d, s/p).

Penélope Magalhães: o magistério particular e na Escola Normal Rui Barbosa

Penélope Magalhães nasceu em Laranjeiras, em 14 de setembro de 1886, filha mais nova de Mariana Magalhães (católica) e do Chefe de Polícia Emídio Magalhães que se converteu ao Protestantismo. Recebeu formação inicial na Escola Americana de Laranjeiras e foi convidada, em 1898, para estudar na Califórnia, sobre os cuidados da Missão Presbiteriana Norte Americana.

Em 1910, Penélope retornou ao Brasil e recebeu o convite para lecionar no Instituto Ponte Nova, localizado na cidade de Wagner, na Chapada Diamantina, na Bahia. Nessa instituição de educação presbiteriana, conheceu seu futuro marido, Manuel Antônio dos Santos[60] (Nascimento, 2003b, p. 164).

Após a conclusão da formação de Manuel Antônio em Teologia, ele foi indicado para assumir as atividades como pastor na Igreja Presbiteriana de Laranjeiras (SE), Penélope Magalhães dos Santos e a família retornam a Sergipe. Ela atuou, como professora, na Liga Sergipense contra o Analfabetismo, a partir de 1916. Nesse mesmo ano, abriu um curso particular de ensino primário e secundário. O anúncio publicado no *Jornal Diário da Manhã*, em Aracaju, em janeiro de 1916, indica suas credenciais formativas e de experiência docente.

Ressaltamos o ensino só para as meninas, e as disciplinas de Música Vocal, Inglês (prático e teórico), Francês e Piano:

> Penélope Magalhães, com longa pratica no ensino na Bahia tendo cursado em Northfield Seminary, nos Estados Unidos da América do Norte, avisa ao público de que iniciará a 3 do próximo fevereiro o curso primário de Portuguez, Arithmetica, Música Vocal, Geoprahia, Historia do Brazil e Inglez pratico, aceitando somente alumnas, mesmo semi-internas ás quais ensinará pelo systema americano. Para informações os srs. paes de família podem procural-a à rua S. Crhristovam, n.72. Outrossim; no mesmo dia 3 reabrirá o curso secundário de Inglez pratico e teórico, Francez, Geographia, Arithmetica, Algebra e Piano (Diario da Manhã, 25 jan. 1916, p. 2).

Penélope dividia suas atividades entre as cidades de Laranjeiras e Aracaju, cuidava dos filhos, ministrava aulas particulares e na década de 1920 foi nomeada professora catedrática de Inglês na Escola Normal de Aracaju. A advogada Maria Rita Soares de Andrade registrou em sua Tese de Concurso para o *Atheneu Sergipense*, em 1929, intitulada "A mulher na Literatura", que a professora Penélope "[...] era a mulher mais culta de Sergipe. [...] É um espírito summamente adeantado, e maneja com habilidade o português, o francês e o inglês – idioma que em que é a mestra dos mestres" (Andrade, 1929, p. 153-154).

---

[60] Penélope Magalhães foi mãe de três filhos: Martinho Lutero, Esdras e Lysias (Nascimento, 2003b, p. 164).

Uma de suas ex-alunas na Escola Normal Rui Barbosa, destacou sobre as aulas de Inglês: "Penélope Magalhães, vinda dos Estados Unidos [...] já com métodos avançados, falando exclusivamente em Inglês, ao entrar no salão de aulas: *Good day...Good morning!... Site down, please!... Go to black board...Go to your place!... Thank you, very much*" (Ieda, 1920 apud Freitas, 2003b, p. 112).

Em junho de 1931, a professora Penélope publicou um artigo na *Revista Renovação*[61], intitulado "A influência da Mulher na Educação". No texto, ela ressaltou a função feminina de educar e tratou do feminismo, tendo em vista a perspectiva daquele período.

> [...] Fora do lar, exercendo qualquer outra função na atividade social, não se esqueça a mulher que a sua missão por excellencia é – educar. – Assim compreendida a nossa missão, trimphante será o nosso feminismo que não visa fazer frente ao homem, mas ajuda-lo, elevando-o até o fastígio da Victoria, onde pelas mãos femininas, será justamente coroado (Santos, P. M., 1931, p. 8).

Nesse mesmo ano, ela recebeu do Interventor Maynard Gomes a missão oficial de visitar instituições de educação infantil, no Rio de Janeiro e em São Paulo, verificar a estrutura física e organizacional, a legislação e os currículos desenvolvidos[62] e em 1932 ela foi nomeada diretora do primeiro Jardim de Infância público de Aracaju, que funcionava dentro do projeto da Casa da Criança[63], associado a uma Inspetoria de Higiene Infantil e Assistência Escolar.

Na "Seção Viajantes" da *Revista Renovação*, de dezembro de 1931, localizamos a seguinte nota, publicada:

> Prof. Penelope Magalhães dos Santos – De sua excursão ao Sul do paiz, onde se transportara em commissão do Governo, para estudar as novas organizações dos Jardins de Infância, está de volta esta culta mulher sergipana. Como é sábido, S. Ex. o Exmo. Snr. Major Interventor Federal, no seu contínuo proposito de servir á causa publica, convidou a distincta professora D. Penelope para organizar o Jardim de

---

[61] A *Revista Renovação* era dirigida pela advogada Maria Rita Soares de Andrade, e circulou em Aracaju entre 1931-1934. Mais detalhes sobre a publicação, consultar: Freitas (2003b).

[62] Sobre detalhes em relação a esta viagem verificar o Relatório de autoria de Penélope Magalhães dos Santos publicado no Diário Oficial em 13 de janeiro de 1932, bem como os estudos realizados por Leal (2004) e Nascimento, J. (2003), entre outros.

[63] Sobre a Casa da Criança em Sergipe, consultar: Leal (2004).

> Infancia, construído nesta capital, a receber, neste instante, os ultimos retoques para ser inaugurado no mês próximo. O nome conhecido pelo seu alto relevo mental da illustre mestra dá-nos a segurança de que [...] o Jardim de Infancia, em Sergipe, será a almejada casa da pré-educação [...] (Renovação, 1931, p. 7).

No Relatório de Viagem[64], publicado no *Diário Oficial de Sergipe*, em janeiro de 1932, a professora Penélope Magalhães apresenta um minucioso registro das práticas educativas observadas em São Paulo e no Rio de Janeiro. Em São Paulo, ela registrou que foi recebida pelo professor Lourenço Filho, que era o Diretor da Instrução Pública de São Paulo, e que a professora Noemi Silveira foi indicada por ele, para acompanhá-la nas visitas ao Instituto Pedagógico, onde funcionava a Escola Normal, a Escola Complementar e o Jardim de Infância.

No referido Relatório de Viagem, aparecem descritas diversas atividades desenvolvidas pelas crianças no Jardim de Infância de São Paulo e o cuidado das professoras ao incentivar as atividades das crianças. Nos registros, ela destaca a atenção ao processo de aprendizado infantil e a necessidade do incentivo das professoras a cada descoberta, a cada aprendizado. Algumas das reflexões propostas pela professora Penélope se aproximam muito das ideias do protagonismo infantil, defendido nos métodos ativos, associado ao aprender-fazendo proposto pelo movimento da Escola Nova.

> A criança do Jardim de Infancia aprende a observar, associar e a se expressar por meio do trabalho de desenho, recorte, colagem, cartonagem e modelagem, tudo feito por ela e com pequeno auxilio do professor [...] E dize-se que a criança não pensa? É que ela pensa mais ordinariamente, não encontra quem a estimule. Nunca se deve desanimar a criança. Quando ela faz qualquer trabalho, gosta de ser louvada – é este o trabalho das mestras jardineiras – ensinar às crianças sem estas perceberem que estão aprendendo (Santos *apud* Leal, 2004, p. 68).

Em 1935, a professora Penélope deixou a Direção do Jardim de Infância, ainda não entendemos o motivo de sua saída da instituição. Em 1940, seu marido foi transferido para Itabuna (BA). Ela não retornou mais a Sergipe. Com o falecimento do marido, ela foi morar no Rio de Janeiro, sob os cuidados do filho Lysias Magalhães Santos, onde faleceu em 1982.

---

[64] Mais detalhes sobre as viagens pedagógicas dos professores e professoras sergipanas ao Rio de Janeiro e São Paulo, na primeira metade do século XX, consultar: Nascimento, J. (2003), entre outros.

Considerações finais

Durante nosso estudo foi possível perceber que Zizinha Guimarães e Penélope Magalhães tiveram uma formação escolar inicial bastante diversificada e distinta de muitas jovens da sua geração. Penélope continuou sua formação nos Estados Unidos, e Zizinha recebeu aperfeiçoamento musical em Sergipe. Marcaram gerações de alunos e alunas, em instituições públicas e privadas, com seus ensinamentos e ambas foram protagonistas no ensino de Música, Teatro e Línguas Estrangeiras, em terras sergipanas. Mas ainda temos elementos para investigar, algumas perguntas ainda estão sem respostas. Uma delas: por que essas duas professoras nem sempre são reconhecidas e lembradas?

Segundo Jacques Le Goff (1984, p. 13),

> [...] os esquecimentos e os silêncios da história são reveladores desses mecanismos de manipulação da memória coletiva. [...] Mas a memória coletiva não é somente uma conquista, é também um instrumento e um objeto de poder.

Ainda precisamos compreender o que esses "esquecimentos e silêncios", que Le Goff nos aponta, revelam. Sabemos que o ofício de professor/professora demanda um conjunto de saberes, habilidades, competências, normas e valores. Os papéis sociais do professor/professora são definidos e orientados a partir do espaço e do tempo no qual são desenvolvidas as suas práticas.

Entendemos que as marcas que elas deixaram nos ex-alunos e ex-alunas, foram muito significativas. No entanto, ao ocuparem posições de destaque em instituições e solenidades, possivelmente, enfrentaram tensões e disputas. Mesmo com alguns "silêncios", confirmamos que Zizinha Guimarães e Penélope Magalhães deram contribuições significativas para a História da Educação em Sergipe! Exerceram o magistério com dedicação e competência, desenvolveram metodologias diferenciadas para o ensino da Música, do Teatro e das Línguas Estrangeiras.

REFERÊNCIAS E FONTES

ANDRADE, M. R. S. de. **A Mulher na Literatura**. Aracaju: Casa Ávila, 1929.

CADASTRO. Laranjeiras: [s. n.], ed. 1, 1933.

DIARIO DA MANHÃ. [S. l.]: [s. n.], 25 jan. 1916.

FONTES, José Barreto (org.). **Laranjeiras:** Cidade Poema (coletânea de textos). Laranjeiras: Prefeitura Municipal de Laranjeiras, s/d.

FREITAS, A. G. B. de. **Vestidas de azul e branco:** um estudo sobre as representações de ex-normalistas (1920-1950). São Cristóvão: Grupo de Estudos e Pesquisas em História da Educação: NPGED, 2003a.

FREITAS, A. G. B. de. **Educação, trabalho e ação política:** sergipanas no início do século XX. Campinas, 2003. 289 f. Tese (Doutorado em Educação) – Programa de Pós-Graduação da Faculdade de Educação, Universidade Estadual de Campinas, Campinas, 2003b.

HILSDORF, M. L. S. **Tempos de escola:** fontes para a presença feminina na Educação, São Paulo – século XIX. São Paulo: Feusp: Plêiade, 1999.

LEAL, R. de C. D. **O primeiro Jardim de Infância de Sergipe:** contribuição ao estudo da Educação Infantil (1932-1942). 2004. 112 f. Dissertação (Mestrado em Educação) – Programa de Pós-Graduação em Educação São Cristóvão, Universidade Federal de Sergipe, São Cristóvão, 2004.

LE GOFF, J. Memória. *In*: LE GOFF, J. **História e Memória**. 5. ed. Campinas: Editora da Unicamp, 2003. p. 419-476.

LE GOFF, Jacques: "Memória". IN: Memória–História. Lisboa: Imprensa Nacional/Casa da Moeda, [1984]. Enciclopédia. Einaudi. p. 11-50. v. 1.

LOPES, S. F. **A formação feminina na sociedade brasileira do século XIX**: um exame dos "modelos" veiculados pela literatura de ficção. 1997. Dissertação (Mestrado em Educação) – Programa de Pós-Graduação em Educação, Faculdade de Educação, Universidade Estadual de Campinas, Campinas, 1997.

LOURO, G. L. Mulheres na sala de aula. *In*: PRIORE, Mary Del (org.). **História das mulheres no Brasil**. 2. ed. São Paulo: Contexto, 1997. p. 443-481.

MATRIZ SAGRADO CORAÇÃO DE JESUS. Laranjeira (SE). Arquivo Eclesiástico. Livro de Tombo. 1897-1986.

NASCIMENTO, E. F. V. C. do. A Escola Americana de Aracaju. **Revista de Aracaju**, Aracaju, n. 9, p. 53-67, 2002.

NASCIMENTO, E. F. V. C. do. Penélope Magalhães, memórias de uma professora. **Jornal CINFORM**, Aracaju, 2003a.

NASCIMENTO, E. F. V. C. do. Práticas educacionais protestantes, no século XIX: o caso de Sergipe. **Cadernos CERU** (USP), São Paulo, v. 14, série 2, p. 157-176, 2003b.

NASCIMENTO, J. C. do. As viagens pedagógicas. São Paulo difundindo a pedagogia moderna e a Escola Nova no Brasil. **Cadernos CERU** (USP), São Paulo, v. 14, p. 177-198, 2003.

NASCIMENTO, J. C. do; NASCIMENTO, E. F. V. C. do; FREITAS, A. G. B. de. Pernambuco, Sergipe, São Paulo: os caminhos do Colégio Ingles na educação feminina. **Horizontes**, Bragança Paulista, v. 20, p. 1-8, 2002.

NASCIMENTO, J. C. do; FREITAS, A. G. B. de. Viagens, associação e inspeção: a Escola Nova em Sergipe. *In*: MIGUEL, Maria Elisabeth Blanck; VIDAL, Diana Gonçalves; ARAUJO, José Carlos Souza (org.). **Reformas educacionais**: as manifestações da Escola Nova no Brasil (1920 a 1946). Campinas; Uberlândia: Autores Associados: Edufu, 2011. p. 83-98.

NUNES, M. T. **História da Educação em Sergipe**. Rio de Janeiro: Paz e Terra; Aracaju: Secretaria de Educação e Cultura do Estado de Sergipe: Universidade Federal de Sergipe, 1984.

O DIÁRIO DA MANHÃ. Aracaju: [*s. n.*], ed. 1411, 25 jan. 1916.

O HORIZONTE. Laranjeiras: [*s. n.*], ano 2, ed. 38, 5 mar. 1886.

OLIVEIRA, P. **História de Laranjeiras**. 2. ed. Aracaju: Subsecretaria de Cultura do Estado de Sergipe, 1981. (Coleção João Ribeiro).

PERROT, M. **Mulheres públicas**. São Paulo: Fundação Editora da Unesp, 1998.

PINA, M. L. Madureira. **A mulher na história**. Aracaju: Fundese, 1994.

POLLAK, M. Memória e Identidade Social. **Estudos Históricos**, Rio de Janeiro, v. 5, n. 10, p. 200-212, 1992.

RABELO, T. F. V. **O órgão de tubos de Laranjeiras (SE)**: um estudo organológico historicamente contextualizado. 2014. 161 f. Dissertação (Mestrado em Música) – Programa de Pós-Graduação em Música, Universidade Federal da Bahia, Salvador, 2014.

RENOVAÇÃO. Aracaju: [*s. n.*], n. 21, dez. 1931.

RIBEIRO, A. I. M. **A educação feminina durante o século XIX**: o Colégio Florence de Campinas 1863-1889. Campinas: CMU/Unicamp, 1996.

SANTANA, L. B. **Em Busca de Zizinha:** Vestígios para a musealização da memória sobre Eufrozina Amélia Guimarães (1872-1964). 2011. 64 f. Monografia (Bacharelado em Museologia) – Universidade Federal de Sergipe, São Cristóvão, 2011.

SANTOS, E. S. dos. **Educação Musical Escolar em Sergipe:** uma análise das práticas da disciplina Canto Orfeônico na Escola Normal de Aracaju (1934-1971). 2012. 274 f. Dissertação (Mestrado em Educação) – Programa de Pós-Graduação em Educação, Faculdade de Educação, Universidade de São Paulo, São Paulo, 2012.

SANTOS, P. M. A influência da Mulher na Educação. **Renovação**, Aracaju, n. 16, jun. 1931.

SILVA, V. L. G. da. Profissão: Professora!. *In*: CAMPOS, Maria Christina Siqueira da Souza; SILVA, Vera Lucia da (org.). **Feminização do Magistério:** vestígios do passado que marcam o presente. Bragança Paulista: Edusf, 2002. p. 95-122.

VICENTINI, Paula Perin; LUGLI, Rosário. Genta. **História da profissão docente no Brasil:** representações em disputa. São Paulo: Cortez, 2009.

VILAS-BÔAS, E. F. **Educação protestante em Sergipe:** 1884–1913. 2000. Dissertação (Mestrado em Educação) – Núcleo de Pós-Graduação em Educação, Universidade Federal de Sergipe, São Cristóvão, 2000.

CAPÍTULO 5

HISTÓRIA DA EDUCAÇÃO E A INVISIBILIDADE DAS PROFESSORAS PRETAS EM SALVADOR E ILHÉUS ENTRE O IMPÉRIO E A REPÚBLICA

Cristiane Batista da Silva Santos – UESC/Ilhéus

Elas eram baianas, crioulas, filhas de africanos e de pele preta retinta. Nasceram em épocas diferentes da escravidão. Maria Lina no auge e Claudemira Dias e Edith Carteado no último quartel do século XIX. Em diferentes espaços e décadas criaram casas de acolhimento para crianças desvalidas e pobres de maioria negra. Desviaram-se do destino esperado às mulheres de sua cor na Bahia que as associava ao serviço doméstico.

Essas três mulheres foram professoras, desde leiga como Maria Lina, formada na Escola Normal como Claudemira ou no Ensino Superior como Edith. Relegadas ao silêncio da historiografia, suas trajetórias oferecem ricas análises de gênero, raça e classe na História da Educação no que concerne ao magistério brasileiro de fins do século XIX e início do XX em Salvador e Ilhéus[65].

A discussão encetada neste capítulo insere-se na renovação historiográfica que se deu no campo da História da Educação a partir da década de 1990 do século XX, destacando-se Fonseca (2002, 2016) e Sousa (2006). A ideia da indissociabilidade entre educação e escravidão é já uma questão superada e a presente reflexão dialoga com essa afirmação. Trata-se da apresentação de um mapeamento de pesquisa sobre trajetórias de professoras de cor atuando no Império e República na Bahia. Afastando as confusões sobre a sinonímia de negra/preta/parda e, portanto, naturalmente "escrava iletrada", destacam-se aqui professoras negras oriundas da sociedade escravista que subverteram a lógica senhorial utilizando-se de códigos letrados atuando nos diversos espaços escolarizados.

---

[65] Este texto discute resultados de pesquisa no GRUPPHED (Grupo de Pesquisa em Política e História da Educação), na linha que estuda a População negra na Bahia: História da Educação e Ensino de História.

No que concerne às trajetórias das professoras pretas, apontamos, inicialmente, Maria Lina das Mercês, que abriu uma escola para meninas pretas e pobres às vésperas da Independência (1820-1853) e que por três décadas atuaria como educadora regente. Foi a trajetória singular dessa professora em Salvador que instigou a busca por outras tão invisibilizadas quanto ela na História da Educação que migravam para o interior baiano.

No bojo das pesquisas que se debruçaram sobre escravidão, liberdade, resistências, fugas, burlas, enfrentamentos, mobilidade social e econômica de forros e libertos na Bahia, não faltam situações em que mães pretas criaram condições para que seus filhos acessassem a escola (Santos, 2019, 2022). Estas sucessivas gerações com acentuado protagonismo feminino foram forjadas entre a escravidão e o pós-abolição tendo a educação de suas filhas pretas como prioritária para cidadania na República desejada.

A ausência da cor das professoras na Bahia Imperial e Republicana é indicativa de um dilema racial em que a cor serviria para qualificar ou desqualificar. Mas no que tange às mulheres havia o complicador do gênero. Neste jogo de esconder e mostrar, as fontes como os Jornais e Relatórios do Governo, identificavam mulheres como pretas quando fossem convenientes à narrativa, se escravizadas a cor era citada na compra, venda ou fuga. Se libertas eram as supostas autoras de desordens e a cor delas citadas nas prisões, como característica perversa herdada da escravidão. Quando o destaque era positivo, dava-se ao "preto", seja como inteligente excepcional ou professor, mas somente no masculino. Como se estes homens pretos não tivessem mães, irmãs ou esposas, que os inseriram na carreira e mesmo quando estas exerciam o magistério quase nunca eram citadas proporcionalmente, como foi vítima de silenciamento narrativo da imprensa uma das nossas investigadas, Edith Carteado. A citação do seu irmão na imprensa em paralelo a sua atuação é ínfima[66].

Seria então o silêncio sobre a cor das professoras o da clássica explicação de Hebe Mattos que diz que até meados do século XIX, um dos mais importantes atributos para definir um sujeito era o uso da sua "cor"? (Mattos, 2013, p. 107). Destarte, identificar professoras de cor entre as demais, exigiram rigores metodológicos que lidaram com vestígios, pistas e indícios aos modos de Ginzburg (1989). Encontraram-se assim Maria Lina, Claudemira e Edith em fontes esparsas e em meio a outras pretas sem protagonismo.

---

[66] Dados obtidos na transcrição e seriação de fontes na imprensa resultantes do projeto de Pesquisa "História da Educação, Racialização e Trabalho no pós-abolição no sul da Bahia: dos Soares Lopes às narrativas para sala de aula". Diretório do CNPq: http://dgp.cnpq.br/dgp/espelhogrupo/5042673398862218.

Analisando as trajetórias da *população de côr*, optamos pela expressão do século XIX para pretas e pardas e partimos em dois espaços em análise: Salvador e Ilhéus. Sem cor identificada, Severina Vieira foi convocada para dar aulas a ingênuos e desvalidos em uma escola no turno noturno em Ilhéus, em maio de 1888. Tal ato figurou como um grande passo em relação ao encontro oficial das crianças negras com a escolarização. No entanto, não identificamos a cor de Dona Severina, mas dos alunos sim, eram todos libertos: crioulos, pardos e pretos admitidos oficialmente na escola. O cenário parecia animador. Informava um comunicado do Presidente da Província que em Ilhéus, tanto o vigário quanto o juiz de órfãos, haviam criado uma Sociedade Protetora daqueles ingênuos, filhos de mulheres escravizadas. Recomendava-se que entregassem livros apropriados ao ensino primário a fim de serem distribuídos entre os alunos da referida escola, como instruiu o comunicado do Palácio da Presidência da Província da Bahia datado do dia 24 de maio de 1888, destinado ao Diretor Geral de Instrução Pública[67].

Em Salvador, quinze dias depois, Hermelinda Valeriano dos Santos solicitou à Direção da Instrução Pública a abertura de uma escola noturna para ingênuas e libertas. O presidente da Província deferiu de modo positivo para o funcionamento da escola, elogiando-a como autora de "um ato patriótico e humanitário"[68]. Essas duas experiências são indícios das lacunas que tantas outras atuações poderiam ser mapeadas e nelas demarcar a presença constante de mulheres negras na História da Educação. Partindo de Ilhéus a Salvador, elucida-se a proposta deste texto: uma investigação sobre professoras negras nas extensas listas nominais que silenciavam a identidade da população negra. No entanto, dado o vasto campo de pesquisa em História da Educação, destaca-se aqui que o recorte investigativo é sobre professoras de cor entre o Império e a Primeira República.

Na imprensa pululavam exemplos equivocados de que a inteligência da escravizada era rara ou excepcionalmente masculina. Exemplos como Thomaz, "um escravo, que aprendeu a lêr, escrever, contar, e lingua franceza; que servio de pai e tutor do filhinho orphao de seu senhor" (Gazeta

---

[67] APEB – Arquivo Público do Estado da Bahia. Seção Colonial e Provincial. Fundo de Instrução Pública. Maço: 6580. 24 de maio de 1888. Secção: 1ª. Nº: 682.

[68] APEB – Arquivo Público do Estado da Bahia. Salvador. Sessão Colonial e Provincial: OFÍCIO de permissão para abertura de escola noturna na rua do Passo da professora Hermelinda Valeriano dos Santos ao presidente da província Manoel Machado Portela (8 jun. 1888). Maço: 6580.

da Tarde, 29 out. 1880, p. 3). Diferentemente dele, a africana Simôa foi bastante criticada quando faleceu em 1851 deixando seus cadernos escritos em Baixa Grande. O jornalista publicou suas receitas na imprensa com críticas aos erros de escrita e ironizou suas ideias sobre saúde (A Verdadeira Marmota, 1851). Nos dois casos eles subverteram limites e dominaram códigos letrados, aprenderam a ler e escrever quando a ordem escravista parecia impedir. Mas ela foi criticada e ele elogiado, à mulher preta supostamente implicam os serviços do lar.

Desse modo, no debate sobre professoras negras, não caberão aqui discussões sobre a natureza de instituições, ações pedagógicas, cultura escolar ou métodos de ensino, pois não são o escopo deste texto. Por sua vez, interessa-nos discutir como na intersecção entre a História Social da Escravidão e Pós-abolição e a História da Educação, mulheres de cor atuaram na Bahia. Dessa questão problema decorreram categorias como intelectualidade, sociabilidades, escravidão, liberdade e mobilidade social das populações negras através da escolarização na atuação docente. A primeira das personagens cara a essa problemática é a professora Maria Lina das Mercês.

Maria Lina das Mercês abrindo os caminhos

Nascida na Bahia, em 27 de setembro de 1776, não sabemos se era escravizada ou liberta. A precisão do dia veio do seu tributo *post mortem* publicado pelo jornal *O Noticiador Católico*. Faleceu em 25 de setembro de 1853, aos 77 anos, e foi enterrada na Irmandade do S. Sacramento em Santo Antônio Além do Carmo. *O Noticiador Católico* refizera sua biografia de três décadas de dedicação à educação de meninas órfãs, pobres e pretas.

A vida pessoal de Maria Lina também não fora citada, era chamada ora de Matrona, Dona ou Professora Regente, mas sempre como a fundadora de uma escola no Cabula que recebeu na década de 1820, o apoio do padre Francisco Gomes de Souza e depois a subvenção do Estado oficializando a Casa Pia das Órfãs do Colégio do S.S Coração de Jesus. Podemos pensar a oficialização da escola de Maria Lina associada a um padre, branco e homem, como uma tática ou estratégia empreendida por ela ao fazer uso de suas boas relações de sociabilidade e credibilidade do seu nome numa sociedade onde ser mulher e preta a desmerecia (Certeau, 2012). Seja como for, sua tática deu certo. Foi publicado no *Diário Fluminense* que sua majestade, o imperador, aprovou, mediante o requerimento do padre Francisco Gomes, a licença para erigir no Cabula uma casa pia de educação para as meninas órfãs e oriundas da gente de cor parda ou preta da província da Bahia (Império do Brasil, 24 mar. 1825).

A importância de Maria Lina perpassa o título de criadora de uma casa de acolhimento. Ela proporcionou a educação de meninas no auge da sociedade escravista antes da Independência e frente a uma sociedade que só tinha destinos para meninos ou meninas brancas. No caso dos primeiros, foram abrigos como o de São Joaquim que os transformava em mão de obra apta a servir às diferentes demandas da crescente experiência urbana. No caso das meninas brancas, eram recolhidas e tinham como destino casamentos, dotes, aprendizados para moral e virtude das futuras mães de família em lugares como Recolhimento da Misericórdia (1760), das Mercês (1737), da Soledade (1739). *O Noticiador Católico* não poupou elogios a Maria Lina, que mesmo morando em condições paupérrimas abrigou meninas oferecendo aulas de primeiras letras, princípios de agulha, música e bordados. Ela era respeitada pelo "notório saber" e sua moralidade era compatível com a função, através de carta assinada pelo pároco da freguesia de que poderia lecionar. Destacamos que essa Casa Pia foi fundada antes da Escola Normal que seria apenas criada em 1836. Maria Lina não foi aluna mestra desta, sua formação permanece ligada aos modos de acesso de escolarização informal da população negra.

Logo, sem a formação oficial na Escola Normal, mas em virtude da caridade desinteressada, conforme o jornal que destaca a abnegação da vida pessoal como um modelo de virtude e resume a biografia da professora destacando que desde jovem foi sempre modesta nos deveres e que ainda ajudara educando os órfãos do colégio São Joaquim. Isto nos faz supor que Maria Lina não somente dirigia a escola de meninas que ela educava, mas que colaborava num instituto de meninos órfãos. E o jornal a descreve como "zelosa educadora pelo ensino da moral já instruindo-as na costura, já fazendo lhes ensinar a ler e escrever e isto com nenhum recurso" (O Noticiador Católico, BA, ed. 0019, 1853, p.150).

Numa leitura minuciosa percebemos que era de responsabilidade da educação o ensino e a preparação para os mundos do trabalho doméstico, como a costura. Além do mais, a regente era a própria condutora da farinha, da carne, do peixe e de quanto preciso era para as suas educandas. A conduta moral de Maria Lina, aliada aos seus modos de vestir, foram assim descritas: "quem a visse modestamente vestida com a sua capona preta arfando sob o peso de uma imensa sacola que por baixo dela trazia mal podia adivinhar que trazia ali o socorro que tinha ido procurar para as filhas adotivas" (O Noticiador Católico, BA, ed. 0019, 1853, p. 150).

Os destinos das órfãs variavam. A saída delas era registrada pela regente Maria Lina e poucas vezes era para o retorno ao convívio familiar, algumas iam para serviços em fábricas, como 11 foram destinadas à Fábrica de Todos os Santos de tecidos em Valença. No entanto, a maioria ia servir em casas de famílias que provassem boa índole moral, como criadas domésticas e depois como tutoras, preceptoras de meninas e até mesmo muitas professoras com formação na Escola Normal após a década de 1850[69].

A maioria aprendia os serviços para uma casa e já produzia costuras e bordados para renda da casa, traduz assim "uma sociedade em que as relações de gênero eram estruturadas em modos de dominação/subordinação" (Thompson, 1998, p. 345) e a educação atrelava tais relações problematizando na Casa Pia questões como raça, etnia e classe social. Após a morte de Maria Lina, o colégio continuou a abrigar meninas pobres. Com a Guerra do Paraguai, deu-se o aumento de órfãs e desvalidas nas ruas e seria uma tragédia maior se nas décadas de 1870-1880 não contassem com a casa que pretendia salvá-las da prostituição através da instrução doméstica. Aprender para servir. Este era o lema, sobretudo após a Lei do Ventre Livre de 1871, educando as órfãs para serem criadas domésticas e professoras, mas para os meninos destinavam-se as profissões manuais. O colégio moldou-se aos rumos da nação. Foi o caso do ingênuo Nicolau filho da escrava Olímpia pertencente a Constantino Viegas mediante uma única vaga que foi disponibilizada para crianças negras e foi preenchida por Nicolau[70].

A invisibilidade de Maria Lina na História da Educação e no registro desse protagonismo que subvertia noções de educação, escravidão e gênero deu início a uma busca minuciosa nas fontes dos nomes de outros sujeitos que, nascidos sob a condição de escravizados, libertos ou filhos descendentes, não só estudariam, mas atuariam como professores e professoras. Mesmo com a deliberada intenção de não citar a cor das mulheres pretas, creditando-lhes condições de acesso ao mundo letrado, sem dar-lhes reconhecimento de capacidades, protagonismos e mobilidades, elas são

---

[69] Relatório dos Trabalhos do Conselho Interino de Governo (BA) - 1823 a 1889. 1855. p. 13.
[70] Relatório dos Trabalhos do Conselho Interino de Governo (BA) - 1823 a 1889. 1884. p. 101.

encontradas na imprensa baiana entre o século XIX e a Primeira República. O modelo europeu de intelectual e de professor traduz-se numa narrativa colonizada masculina respectivamente como homem, branco e numa instituição que até fins do século XIX continuava a receber órfãs desvalidas a fim de lhes dar a precisa educação e seguro abrigo contra a miséria, a prostituição e o abandono naquela mesma instituição filantrópica criada pela professora negra. Tanto Maria Lina quanto as demais professoras foram citadas sem nenhuma referência a cor de sua pele, sem o crédito de ter subvertido a lógica racializada das relações, e figuram como mais um nome nas extensas listas das que exerciam o magistério do professorado na escola pública, algo não tão elementar para todo cidadão brasileiro, como dizia a Constituição de 1824 na vigência da monarquia imperial, não para professoras negras.

Pelos fios do nome até a identificação de mais Marias

A proposta foi interrogar a imprensa na tentativa de compreender as professoras negras utilizando prioritariamente a metodologia a partir da busca nominal recorrendo a evidências mínimas, tomando-as como indícios capazes de decifrar a realidade que se mostra opaca (Ginzburg, 1989, p. 178). Partindo dos nomes foi possível conjugar documentos como os escritos oficiais, mas, também, de maneira mais ampla, como os escritos privados, como os literários, epistolares, documentos artísticos, iconográficos, orais, entre outros (Le Goff, 1990). A questão da cor exigiu análise de fotografias e imagens. Para essa operação historiográfica chamamos de o "fio do nome", assim como o "paradigma indiciário", ferramentas perante fontes bastante heterogêneas. Parte delas foi catalogada na pesquisa do doutorado no Apeb e BPEBA, Cedoc extrapolavam a tese e a outra data de 2019 no ingresso no GRUPPHED e o trato com a Hemeroteca Digital da FBN. O acervo é composto por fotografias, relatos de memorialistas e Relatórios e Falas do Presidente da Província como tentativa de apreender quais brechas via educação/escolarização inseriam-se tais sujeitos para a conquista da mobilidade e ascensão social em tempos de escravidão em que o diferencial de exclusão ou inclusão era a categoria "de cor". Isto em suas trajetórias em frentes diversas (profissionais, políticas, docentes).

Maria Lina serve como fio condutor de outros nomes rastreados nos comunicados, relatórios e, sobretudo, nas notas da imprensa baiana sobre educação. Utilizaram-se como descritores na Hemeroteca os termos de busca "professores/as, negras/os, Bahia" e dentre as muitas notas foram selecionadas as fontes em que é possível identificar racialmente em descrições ou fotografias. Tal recorte nos permitiu evitar afirmações equivocadas da categoria de professora negra sem comprovação. O passo seguinte foi proceder às transcrições e recorrer ao Método Indiciário pelo fio do nome (Ginzburg, 1989), reunindo espaços de formação, consanguinidades, óbitos, casamentos, parentescos, idade, condição civil, nomeações de cadeiras, mudanças de cidade e quaisquer situações em que seus nomes fossem citados, originando uma presumida rede de relações. Possuíam às vezes mais de uma profissão/atuação ou formação e circulavam entre a capital e o interior da província e ao longo de suas trajetórias chegamos a identificar em uma família quatro gerações de professores pretos como os Soares Lopes: Maximiano, Caetano, João e Maria da Conceição (Santos, 2019).

A atuação da professora Maria Lina das Mercês carrega uma trajetória de 30 anos educando meninas e corrobora com a quebra da narrativa tradicional, a qual na vigência do sistema escravista estudava-se em separado ou escravizados e libertos ou o acesso à educação. Isto nos remete à longa produção e às categorias teóricas de Fonseca (2002) especialmente quando afirma que, durante a primeira metade do XIX, os escravizados geralmente aprendiam a ler e a escrever em espaços não escolares. Em linhas gerais podemos analisar que tal qual a luta pelo alcance da liberdade a população escravizada não ficou às margens do mundo letrado. Atendo-se especificamente ao nosso objeto, revisa-se teoricamente pesquisas basilares como a atuação de professores negros como a trajetória de Pretextato e da escola exclusiva para negros e pardos na Corte Imperial, Silva (2000) demarca como não só o acesso, mas a construção de uma trajetória que os permitiram atuar como professores no século XIX.

Fonseca (2007) declara a dificuldade de pesquisadores/as em estabelecer relação entre educação e negros/as. Portanto, observa-se na historiografia mais geral e da educação em particular, que ao contrário de algumas interpretações ainda vigentes, não é possível afirmar que negros eram proibidos nas escolas do século XIX. No campo teórico da História da Bahia da Escravidão, recorremos à ideia de que escrever podia fazer parte do sonho de liberdade de muitos negros, escravos ou forros na sociedade imperial escravista, devido a valores e às necessidades desses, como postula Katia de Queirós Mattoso de que "embora os escravos não pudessem frequentar a escola, 63 deles, entre os 167.824 recenseados em

1872 na Província da Bahia, sabiam ler e escrever" (Mattoso, 1992, p. 200). Isto dá brechas para pensar que essas meninas poderiam ser as futuras professoras pretas.

Ainda nas referências sobre a Bahia, é basilar a pesquisa de Sousa (2006) sobre as experiências de escolarização de pobres na Bahia de 1870 a 1890, principalmente nas duas últimas décadas do Império como um período de novas demandas da sociedade em relação à preparação da futura mão de obra, principalmente a pobre e de cor, através da escolarização. E uma categoria teórica que atravessa nossa análise é a percepção desses professores como intelectuais marcados por redes de sociabilidades, através das experiências, espaços e tempos vividos por esses sujeitos, que pode nos revelar sobre as atividades e comportamentos desses intelectuais (Sirinelli, 2003).

As professoras negras aqui mapeadas, portanto (Sirinelli, 2003, p. 242), encontram-se nessa categoria, pois sua concepção de intelectual apresenta duas definições: "uma ampla e sociocultural, englobando os criadores e mediadores culturais, e a outra mais estreita, baseada na noção de engajamento [...] na vida da cidade como ator". Além de Maria Lina, mapeamos outras que se enquadram nessa ideia de Sirinelli (2003) no tripé itinerário, rede de sociabilidade e geração intelectual.

Os resultados significativos apontam que na História da Educação é possível emergir a atuação de professoras negras e vencer "os silêncios reais, através do diálogo do conhecimento" (Thompson, 1981, p. 185). E os resultados do mapeamento de fontes e identificação de professores/as intelectuais negros/as que atuaram na Educação. O recorte temporal longo, meados do século XIX ao XX, explica-se pela especificidade do entrecruzamento entre categorias étnico-raciais e docência. A pesquisa nos impressos, jornais, Relatórios de Trabalho do Governo da Província da Bahia e escritos memorialistas nos permitiu mapear intelectuais e professores e professoras negras que, embora atuantes, ainda carecem de escrutínio na História da Educação da Bahia entre o Império e primeira República similaridades e as diferenças entre suas experiências e trajetórias.

"Toda interpretação histórica depende de um sistema de referência", destaca Certeau (2002, p. 48) e sob critérios de identificação racial, seja a partir de fotografias ou autoidentificações nos escritos, podemos apontar um quadro que enquadra racialmente os achados nas fontes como fotografias, livros de memorialistas e jornais, numa homenagem prestada *post mortem* por Dom Jaime e Ignez Sabino em Mulheres Ilustres do Brasil (1996).

Figura 1 – Fotografia de Hermann Kummler, "Professor com uma colegial na Bahia"

Fonte: Hermann Kummler (compilador) (Suíça, 1863-1949) (Lehrerin mit Schülerin im Bahia / Professor com uma colegial na Bahia) 1861-1862[71]

A fotografia publicada *post mortem* em 1862 é atribuída como o único registro de Maria Lina feito pelo fotógrafo alemão Hermann Kummler que estivera na Bahia. Ademais, os critérios raciais da pesquisa só podem ser atribuídos a identificações sobre a cor dos docentes — como recorte complexo e marcado por heterogeneidades, em imagens, descrições biográficas, denúncias ou notas de jornais. As professoras são analisadas pela

---

[71] Disponível em: https://artblart.com/2018/08/01/photographs-hermann-kummler-ethnographic-portraits-of-indigenous-women-of-pernambuco-and-bahia-1861-1862/. Acesso em: 12 mar. 2020.

cor e somente pelo acesso a fotografias para identificação dos marcadores étnicos como fenótipo, traços e cabelos. O recorte racial e a docência no Império e República podem problematizar suas atuações, trajetórias e redes de sociabilidades em diferentes espaços de ensino, no interior e na capital, desvelando alianças e proteção de longa data em pistas como atas e mapas escolares em que seus nomes estavam assinados conjuntamente ou constavam nas listas de formandos no mesmo ano ou turma da Escola Normal e muitos afluíram para o sul da Bahia cacaueira devido à demanda por profissionais.

Nos rastros de Maria Lina: Claudemira, Edith, Tertuliana, Jovina, Conceição

O ano era 1915. O senhor Martiniano Galo de Magalhães encontrou abandonada na Rua do Saldanha uma menor chamada Maria Estela de 3 anos de idade. Ele, como um bom cidadão, depois de dar-lhe comida, levou-a ao major Cosme de Farias que depois fê-la recolher ao orfanato da Sagrada Família a Ladeira do Canto da Cruz (A Notícia, ed. 20, 1914, p. 1). O destino daquela órfã passaria por Claudemira, assim como Maria Lina fizera no passado e Edith faria depois, cuidavam de casas para crianças pobres. Outras mulheres pretas conseguiram mais do que a docência leiga. Nascidas na sociedade escravista, tiveram suas trajetórias transformadas pela conquista do diploma na Escola Normal da Bahia uma vez que eram mulheres não brancas e o exercício da docência como professoras lhe colocava na contramão da maioria das mulheres pretas. Era uma ascensão social pela educação.

Entre os silêncios mais persistentes está o do mapeamento das professoras de cor na Bahia no período imediato ao pós-abolição. Os costumes patriarcais do período, a divisão dos papéis sociais dos sexos, as distinções de classes sociais apagam nomes de professoras de cor. Foi preciso, além do método indiciário, cruzar nomes e sobrenomes e, sobretudo, partir de leitura de fotografias ou descrições étnicas para identificá-las. Lucas Ribeiro Campos (2018), ao estudar a *Sociedade Protetora dos Desvalidos*, afirma que existia um projeto de educação para homens de cor naquele espaço. Mas mesmo neste ambiente de recorte racial, as mulheres pretas sofriam mais uma exclusão, a do sexo. Em 18 de abril de 1883, por exemplo, a professora Maria Silveria da Silva, habilitada pelo Externato Normal da Província da Bahia, solicitou às lideranças da SPD, a autorização para estabelecer na sede da associação, que era na Rua do Bispo, um curso primário e secundário direcionado às filhas de sócios que fossem órfãs, com o objetivo de proporcionar a elas o acesso "a educação precisa para no futuro poder ser boa mãe e portanto boa cidadã". O pedido foi adiado, por ser um assunto delicado, mas acabou sendo ignorado (Campos, 2018). Tal fato deve-se, portanto, ao fato de ela ser mulher e preta, a SPD dava oportunidades ao homem preto.

Figura 2 – Professoras de cor da Bahia – Capital e Interior: Tertuliana, Jovina, Edith e Claudemira

Fonte: dados do projeto de pesquisa "História da Educação, Racialização e Trabalho no pós abolição no sul da Bahia: dos Soares Lopes às narrativas para sala de aula"[72]

As professoras negras em suas fotografias dão indícios de que buscaram se enquadrar aos padrões hegemônicos europeus, na dimensão estética, nas suas vestes e penteados. A primeira delas, Tertuliana Gonçalves Diogo, a única pessoa fenotipicamente negra, além do professor Cincinato, no Grupo Escolar Rio Branco. A única razão pela qual a identificamos numa instituição tão famosa quanto o professor negro, foi por meio de uma fotografia numa reportagem destacando a atuação do professor (Gazeta de Notícias, 27 set. 1913).

Jovina Moreira de Sena também foi reconhecida fenotipicamente, pois sua foto na greve de professores nos permite ler sua identificação racial. Dedicada ao ensino primário na escola do sexo feminino de Castro Neves, em uma carta ao jornal *A Tarde*, sobre a greve dos professores, declarou-se "solidaria com o meu distincto collega, toda a classe e dirijo-me às

---

[72] Disponível em: https://uescproic.com/storage/1st_work_plans/1/fae65cd3-08d6-4651-bd07-a78a46265f83.pdf. Acesso em: 13 jun. 2022.

minhas distinctas collegas para que não abandonem a occasião que Deus nos proporcionou de libertamo-nos da tirania que nos opprime" (Diário da Bahia, 15 fev. 1918, p. 2). Contemporânea a ela, também moradora de Salvador, Edith Carteado estudara Letras e Música. Seu pai era um dos sócios da SPD, Donato Carteado. Edith, após formar-se, decidiu migrar de Salvador onde vivia com a família para Ilhéus e fundou um colégio particular em 1913, e nove anos depois, foi cofundadora de uma escola para menores desvalidos. Claudemira Dias Pitta estudou na Escola Normal e depois concursou-se como professora pública dando aulas no interior da Bahia. Em 1907, fundou em Salvador o Orfanato Sagrada Família, dedicado às meninas pobres com o mesmo perfil de Maria Lina.

Nesse mosaico fotográfico de professoras, remetemo-nos ao modo como Müller (2003) utilizou imagens fotográficas de professores e alunos para demonstrar que apesar de os documentos oficiais não registrarem a cor, havia sim uma parcela significativa de alunos e professores negros nas escolas.

Claudemira e Edith tiveram ações próximas à trajetória de Maria Lina com a infância desvalida. Em Salvador, em 1914, o jornal *A Notícia*, numa reportagem intitulada "Proteção às crianças pobres", descrevia o Orfanato da Sagrada Família, tendo como subtítulo da manchete que as criancinhas passavam fome, dormiam no chão duro. A reportagem foi seguida de uma fotografia da professora Claudemira acompanhada das alunas do orfanato. A leitura da imagem já nos permitiria traçar um componente racial bastante acentuado uma vez que as crianças, todas meninas, são de maioria preta. O repórter do *A Notícia* queria mesmo impressionar os leitores. Segundo ele, era um lindo gesto de Caridade praticado despretensiosamente com carinho e dedicação pela professora "quase anciã e trazia debaixo da sua proteção às custas da sua iniciativa do seu esforço um bando de criancinhas órfãos é na Ladeira do Canto da Cruz. 81" (A Notícia, 1914, ed. 61, p. 1).

Segundo o jornalista, pouca gente na Bahia sabia da existência do orfanato da Sagrada Família, que havia sido criado em 4 de outubro de 1907 pela professora jubilada Claudemira, que era também a atual diretora. E então o texto comove aos leitores mais diversos dizendo que o orfanato não tinha patrimônio e vivia à custa de "sacrifícios diários dessa mulher com o auxílio de pessoas caridosas que davam pequenas esmolas" (A Notícia, 1914, ed.61, p. 1). A sede do orfanato era um casarão antigo de 1867 que

Claudemira pagava com seu próprio ordenado de $8400 cruzeiros e, ao entrar na casa, percebia-se logo à porta a humildade dos que habitavam ali e a escassez de tudo exceto a bondade do amor.

Empolgado, o articulista narrou a ida ao orfanato dizendo que foi recebido de modo alegre pela professora que contou como vivia ali com o seu rebanho. E abriu aspas para a fala dela que afirmara "aqui já é do que para mais de 200 crianças hoje tenho sob a minha proteção, 33 entre 4 e 13 anos, sabe Deus como a sustento" (A Notícia, 1914, ed.61, p. 1). E o jornalista transcreveu o desabafo de Claudemira, segundo a qual, as crianças já levaram dois meses sem escrever porque ela não tinha dinheiro para comprar papel e, felizmente, um empregado do Instituto Vacinogênico tinha dado cotas de papel de ofício há alguns dias (A Notícia, 27 nov. 1914).

Em outra ocasião, uma nota no jornal anunciava que seguiram no sábado para Tambury a senhora dona Claudemira Dias Pitta, Diretora do Orfanato da Sagrada Família, levando consigo 12 asiladas daquele estabelecimento (A Notícia, ed. 20, 1914, p. 1). O que fariam no interior do estado? As fontes não nos permitem ir além. Mas as semelhanças com Maria Lina sim.

A partir das narrativas construídas nos jornais analisados, indicia que muitas delas sequer foram citadas na historiografia da Educação. No período imediato ao pós-abolição e o advento de discursos fundadores da República, da Modernização e do Higienismo, exigia um esforço das populações negras para, em meio aos discursos de eugenia, conquistarem a respeitabilidade, sendo mulheres "de cor" do início do século.

E, por fim, nesse lastro, a professora Edith Carteado Monteiro Lopes foi um desses casos. Rastreei sua família em Salvador desde 1860 e depois em Ilhéus até a década de 1950 do século XX. Edith era filha de Amância e Donato, casal de pretos livres, casados formalmente e possuidores de um capital cultural que incidiu na trajetória de Edith como intelectual. Donato Carteado era sócio da SPD e de outras agremiações (Pequeno Jornal, ed. 280, 1891, p. 2), como o representante da comissão do Partido Operário na Freguesia de Santo Antônio e seu irmão, José Gonçalves Carteado, secretário do Gabinete Português de leitura (O Monitor, ed. 7, 1881, p. 1). Além dessa ambiência familiar, onde os homens recebiam destaque, Edith formou-se em música e integrou um grupo musical "Filhas de Cecília" cujas aulas ocorriam no centro do Movimento Operário tendo com um dos examinadores, Manoel Querino, em 1912 (Gazeta de Notícias, ed. 69, 1912). No ano seguinte, seu irmão, Enoch Carteado, concluiu medicina na Fameb e foram todos para Ilhéus onde exerceram a docência. Bacharela em Letras, professora e proprietária do Colégio Carteado em Ilhéus, cofundadora de uma escola para menores pobres em 1922, exímia oradora, professora de música que falava alemão fluentemente. A trajetória de Edith Carteado correu o risco de ficar à margem mediante o excesso de citações dos nomes dos homens da sua família. Seu pai, o Major Donato, faleceu em Ilhéus e foi aclamado. Seu irmão, Enoch, era médico, professor e Delegado Escolar. Seu casamento foi bastante noticiado, identificando-a socialmente como a bacharela senhorinha Edith Carteado, inteligente preceptora de nossa infância com o conceituado médico Monteiro Lopes Sobrinho em 1925 (Correio de Ilheós, 30 mar. 1925). Monteiro Lopes Sobrinho provinha de uma família de pretos intelectuais, professores e advogados, era sobrinho e homônimo de Monteiro Lopes, o primeiro deputado negro e que foi motivo de debates, críticas e excessiva citação na imprensa nacional. Em meio a essas histórias masculinas, numa sociedade de coronéis do cacau e suas famílias europeias em Ilhéus, Edith conseguiu construir uma carreira no magistério dirigindo um colégio particular de renome, organizando festas cívicas, construindo alianças com outra mulheres pretas como Conceição Soares Lopes e sua mãe, Laura Lopes, com quem dividia o gosto pelo piano e eram comadres pelo batismo de filho. Ambas eram oriundas de Salvador e foram para Ilhéus no período em que o cacau demandava profissionais da capital para o sul em expansão.

O grupo social, religioso, político e educacional era interseccionado, na imprensa e exemplos davam conta de festas da elite "no palacete de Pêssoa, foi-nos dado a registrar a presença de [...] Edith Carteado, Hortência Pinto, Conceição Lopes [...]" (Correio de Ilhéos, n. 76, 24 dez. 1921, p. 2). Na imprensa seus discursos eram elogiados, mas não transcritos como os dos homens, nas suas festas escolares, exames e eventos convidava nomes como Dr. Soares Lopes, seu compadre, médico e Delegado de Higiene, Júlio Brito, o juiz local, ambos pretos, formados em Salvador como ela e usufruindo ali nas décadas de 1910 a 1930, do prestígio de ser um escol de intelectuais na educação, imprensa, festas cívicas, religiosas. Aconteciam como verdadeiras solenidades, as festas do encerramento do ano letivo, do Colégio Carteado, dirigido pela distinta bacharela Edith Carteado: "(...) A noite na sede do colégio incluía torneio littero musical, paraninfado pelos drs. Julio de Brito, Soares Lopes e Astor Pessoa" (Correio de Ilheós, n. 226, 2 dez. 1922, p. 2). Depois de lidas

> [...] as approvações distribuidos os premios, usou da palavra o dr. Soares Lopes, em um bello improviso, saudou a directora, pelo brilhante resultado alcançado pelos seus alumnos [...] (Correio de Ilheós, n. 226, 2 dez. 1922, p. 2).

O brilhantismo de Edith e as parcerias com outras professoras pretas não recebem o destaque que deram aos homens pretos, pensando racionalmente. Importante destacar que nesse período, a presença da primeira médica negra também formada na Bahia, Maria Odília Teixeira na cidade, que assim como Edith estudara em Salvador e mudara-se para Ilhéus, aproximou-se da família Carteado na criação do CCD (Centro de Cultura Democrática) (Diário da Tarde, 13 ago. 1928, p. 1). Só neste fio, engendramos três mulheres poderosas: Odília, Edith e Conceição Lopes. Podemos então, identificar um grupo de mulheres pretas, letradas, formadas em Salvador, nascidas no século XIX e que são grandes nomes na História da Educação de Ilhéus.

Em 1928, Edith acompanhou o irmão até o Rio de Janeiro, onde este embarcou para Paris para um curso de três meses e de lá protagonizou um episódio de racismo que ocupou as manchetes nacionais naquele ano. Em 1927, Edith teve sua filha, Julieta. E mais uma vez, o capital cultural originava daquele núcleo familiar uma nova professora preta, poetisa, bibliotecária que, em 1953, ganharia destaque na imprensa baiana publicando seus contos (Única, 1925-1953). Na trama política local perante a imprensa havia um apagamento programado ao não citar as mulheres negras. Deste modo, o poder expresso nas relações de gênero acabava por desnaturalizar a subordinação feminina, a exemplo do que Guacira Lopes Louro (2007), ao trazer essa discussão para o campo educacional.

Considerações finais

Os cuidados com as crianças passaram a ser vistos como condição para se chegar ao Brasil nos moldes dos países considerados desenvolvidos. Mas a grande atuação de professoras negras nesse processo foi invisibilizada na maior parte dos registros e fontes existentes. Ao propormos uma análise da trajetória de professoras negras no magistério, torna-se de fundamental importância apontar que nos resultados parciais há menor número de mulheres negras abordadas na História da Educação, no mesmo período e fontes, ou pelo menos nos registros fotográficos de homenagens, registros ou destaques na imprensa. As mulheres, como minoria expressiva, dificilmente poderiam ser vistas como intelectuais. Para ser intelectual não branco, era preciso ser homem e ser marcado por uma excepcionalidade que revelaria como raras exceções poderiam ser notáveis (Santos, 2022).

Isto permite-nos pensar nos pressupostos da interseccionalidade de opressões de raça, gênero e classe que as atravessava por serem negras e mulheres e professoras. Maria Lina e tantas outras, tanto na capital quanto no sul da Bahia, tiveram neste texto um maior destaque narrativo que refletiu na questão da feminização não branca do magistério.

Ser professora de cor era possuir um biotipo que consignava à negra uma condição de inferioridade. E para além dessa condição, a de ser mulher preta, somavam-se as outras opressões interseccionais. Analisou-se, ademais, que as fontes sobre ela são falas de jornais, memorialistas, fotógrafos e relatórios administrativos escritos por homens e brancos em sua maioria, nos quais tentamos apreender as opressões e, mesmo assim, suas vozes podem ser ouvidas e seus nomes inscritos na História da Educação da Bahia numa operação como em um "canteiro de obras" (Certeau, 2002, p. 78).

FONTES

A NOTÍCIA: Nosso Programma - nossa rota, nosso escopo (BA) - 1914 a 1915. Bahia: [s. n.], ed. 20, 1914.

A NOTÍCIA: Nosso Programma - nossa rota, nosso escopo (BA) - 1914 a 1915. Bahia: [s. n.], ed. 61, 27 nov. 1914.

A VERDADEIRA MARMOTA. Bahia: [s. n.], 1851.

APEB – Arquivo Público do Estado da Bahia. Salvador. Seção Colonial e Provincial: OFÍCIO de permissão para abertura de escola noturna na rua do Passo da professora Hermelinda Valeriano dos Santos ao presidente da província Manoel Machado Portela (8 jun. 1888). Maço: 6580.

APEB – Arquivo Público do Estado da Bahia. Seção Colonial e Provincial. Fundo de Instrução Pública. Maço: 6580. 24 de maio de 1888. Secção: 1ª. Nº: 682.

CEDOC, COLLEGIO CARTEADO. Correio de Ilhéos, Ilhéus, n°226, p.2.02/12/1922.

CORREIO DE ILHÉOS. Ilhéus: [s. n.], n. 76, 24 dez. 1921. lhéus social: boas festas.

CORREIO DE ILHÉOS. Ilhéus: [s. n.], n. 226, 2 dez. 1922.

CORREIO DE ILHÉOS. Ilhéus: [s. n.], 30 mar. 1925. Enlace Carteado e Monteiro Lopes.

DIÁRIO DA BAHIA. Bahia: [s. n.], 15 fev. 1918.

DIÁRIO DA TARDE. Bahia: [s. n.], ano I, n. 146, 13 ago. 1928.

GAZETA DA TARDE. Rio de Janeiro: [s. n.], 29 out. 1880.

GAZETA DE NOTÍCIAS: Sociedade Anonyma (BA) - 1912 a 1914. Bahia: [s. n.], ed. 69, 1912.

GAZETA DE NOTÍCIAS. Bahia: [s. n.], 27 set. 1913. Instrucção Pública. Uma Escola Digna de Nota: Grupo Escolar Rio Branco.

IMPÉRIO DO BRASIL: Diário Fluminense (RJ) - 1825 a 1831. [S. l.]: [s. n.], 24 mar. 1825.

O MONITOR (BA) - 1876 a 1881. Bahia: [s. n.], ed. 7, 1881.

O NOTICIADOR CATÓLICO. Bahia: [s. n.], ed. 1, 1853.

PEQUENO JORNAL (BA) - 1890 a 1893. Bahia: [s. n.], ed. 280, Quarta-feira, 21 de janeiro de 1891, ed. 280, p. 2.

Relatório dos Trabalhos do Conselho Interino de Governo (BA) - 1823 a 1889. 1855.

Relatório dos Trabalhos do Conselho Interino de Governo (BA) - 1823 a 1889. 1884.

UNICA: quinzenário illustrado: mundanismo, esportes, cinema, actualidades (BA) - 1925 a 1953.

REFERÊNCIAS

BRASIL. **Lei de 1º de Outubro de 1828**. Dá nova fórma ás Camaras Municipaes, marca suas attribuições, e o processo para a sua eleição, e dos Juizes de Paz. Rio de Janeiro, 1828. Disponível em: http://www.planalto.gov.br/ccivil_03/Leis/LIM/LIM-1-10-1828.htm. Acesso em: 4 jun. 2022.

CAMPOS, L. R. **Sociedade Protetora dos Desvalidos**: mutualismo, política e identidade racial em Salvador (1861-1894). Dissertação (Mestrado em História) – Universidade Federal da Bahia, Faculdade de Filosofia e Ciências Humanas, Salvador, 2018.

CERTEAU, M. de. **A escrita da história**. Tradução de Maria de Lourdes Menezes. Rio de Janeiro: Forense Universitária, 2002.

CERTEAU, M. de. **A invenção do cotidiano**: 1, Artes de fazer. Petrópolis: Vozes, 2012.

FONSECA, M. V. A arte de construir o invisível: o negro na historiografia educacional brasileira. **Revista Brasileira de História da Educação (RBHE)**, v. 1, n. 13, 2007.

FONSECA, M. V.; BARROS, S. A. P. (org.). **A história da educação dos negros no Brasil**. Niterói: EdUFF, 2016.

FONSECA, M.V. **A educação dos negros:** uma nova face do processo de abolição da escravidão no Brasil. Bragança Paulista: ESUSF, 2002

GINZBURG, C. **Mitos, emblemas, sinais**: morfologia e história. Tradução de Frederico Carotti. São Paulo: Companhia das Letras, 1989.

LE GOFF, J. **História e memória**. Campinas: Unicamp, 1990.

LOURO, G. L. Mulheres na sala de aula. *In*: PRIORE, Mary Del (org.). **História das mulheres no Brasil**. São Paulo: Contexto, 2007. p. 441-481.

MATTOS, H. **Das cores do silêncio**: os significados da liberdade no Sudeste escravista (Brasil, século XIX.). 3. ed. rev. Campinas: Editora da Unicamp, 2013.

MATTOSO, K. de Q. **Bahia, século XIX**: uma província no Império. Rio de Janeiro: Nova Fronteira, 1992.

MÜLLER, Maria Lúcia Rodrigues. Professoras negras no Rio de Janeiro: história de um branqueamento. *In*: OLIVEIRA, Iolanda (org.). **Relações Raciais e Educação**: novos desafios. Rio de Janeiro: DP&A Editora, 2003.

SABINO, I. **Mulheres Illustres do Brazil**. Edição fac-similar. Florianópolis: Editora das Mulheres, 1996.

SANTOS, C. B. da S. **Histórias de africanos e seus descendentes no sul da Bahia**. Ilhéus: Editus, 2019. 390 p.

SANTOS, C. B. da S. Do sertão ao Sul baiano: sociabilidade, circularidade e atuação do intelectual negro Deoclecio Silva (1889-1927). **Revista Brasileira de História da Educação (RBHE)**, v. 22, p. e216, 2022. Disponível em: https://www.scielo.br/j/rbhe/a/FR63H3hnvWrgzd73kNNXGNy/?format=pdf&lang=pt. Acesso em: 10 jun. 2024.

SILVA, A. M. P. da. **Aprender com perfeição e sem coação**: uma Escola para meninos pretos e pardos na corte. Brasília: Editora Plano, 2000.

SIRINELLI, J. F. Os intelectuais. *In*: REMOND, Rene. **Por uma História Política**. 2. ed. Tradução de Dora Rocha. Rio de Janeiro: Fundação Getúlio Vargas, 2003.

SOUSA, I. **Escolas ao Povo**: experiências de escolarização de pobres na Bahia – 1870 a 1890. Tese (Doutorado em História) – Pontifícia Universidade Católica de São Paulo, São Paulo, 2006.

THERRIEN, J. A professora leiga e o saber social. *In*: BRASIL. Ministério da Educação. **Professor Leigo**: institucionalizar ou erradicar. São Paulo: Cortez, 1991, p. 13-25.

THOMPSON, E. P. **Costumes em comum**. São Paulo: Cia das Letras, 1998.

THOMPSON, E.P. **A miséria da teoria.** São Paulo: Graal, 1981.

CAPÍTULO 6

DOCÊNCIA E INSTRUÇÃO FEMININA: IDALINA MARGARIDA DE ASSUNÇÃO MEIRA HENRIQUES (PARAHYBA DO NORTE, 1859-1869)

Aldenize da Silva Ladislau – UFPB
Itacyara Vianna Miranda – UFPB

A docência regulamentada: ser professor(a) na Província da Parahyba do Norte

Idalina Margarida insere-se no espaço da docência da Província da Parahyba, em um momento da história no qual era bastante comum os homens ocuparem tal função. No que pese ao processo formativo desses professores(as), temos o indicativo de que, primeiramente, a docência era resultado de um aprendizado pela prática, no sentido das vivências/experiências no campo da instrução serem elas mesmas, possivelmente, o que os habilitavam. Posteriormente, no nível da instrução primária, a formação docente se institucionaliza com o advento da criação das Escolas Normais, cuja fundação na Província se deu de forma tardia, já em 1883[73], acostada à estrutura física e ao quadro pedagógico do Lyceu Parahybano[74].

Obviamente que compreender a docência é também acionar o universo dos concursos, da institucionalização dos salários, das normativas que informavam como se comportar, o que e como ensinar. É entender que os conhecimentos decorrentes de uma formação eclesiástica e mesmo bacharelesca, também sugerem o reconhecimento das habilidades necessárias para ser professor(a).

Para além, em se tratando do processo de feminização do magistério, entendemos que elementos outros também devem ser considerados, a exemplo do papel das Escolas Normais, enquanto espaço de formação profissional qualificada dessa mão de obra; a narrativa construída de ser

---

[73] Acerca da Escola Normal da Paraíba, ler: Araújo (2010).
[74] Acerca do Lyceu Parahybano, ler: Ferronato (2012) e Miranda (2021).

o ensino uma extensão do papel maternal; bem como o fortalecimento das ideias em torno das propostas de coeducação, impulsionadas, sobretudo, pelos reformistas da década de 1870, trazendo como pano de fundo a necessidade de diminuição do analfabetismo e diminuição dos gastos dos governos com a instrução, uma vez que o(a) professor(a) passaria a ensinar meninos e meninas em um mesmo espaço de aulas.

Como se observa, trata-se de um movimento de reflexão complexo e que abre um leque de possibilidades de incursões para o estudo da docência feminina, aqui representada pela figura da Idalina Margarida. Dito isto, deixamos saber que o recorte a que damos destaque, compreende a atuação da professora em 1859 no Colégio de Nossa Senhora das Neves e, em 1869, no Colégio N. S. do Carmo. Para além, a primeira análise feita toma como referência o Conjunto de Leis e Regulamentos da Instrução da Paraíba no Período Imperial – Inep (2004), buscando indícios na instrução normativa, para uma provável leitura do que era ser professora no século XIX.

> A lei também pode ser vista como ideologia ou regras e sanções específicas que mantêm uma relação ativa e definida (muitas vezes um campo de conflitos) com as normas sociais; e, por fim, pode ser vista simplesmente em termos de sua lógica, regras e procedimentos próprios (Thompson, 1987, p. 351).

Partindo dessa fala de Thompson (1987), no qual a lei para além de ser um instrumento de regramento, pode ser observada por meio da relação que trava com o conjunto social, foi que identificamos em Pinheiro e Cury (2004), nas leis que tivemos acesso, a recorrência do uso da nomenclatura "professor" para tratar da docência, quase sempre sem distinção de gênero, o que compreendemos tenha ocorrido por se remeter de forma mais geral, a uma ideia de composição do cargo/função remunerada, mas também consideramos, hipoteticamente, que em meio a isso, possa ser observada uma correlação de forças, que diz sobre o papel de homens e mulheres dentro da estrutura social.

O que estamos tentando argumentar com essa questão, não é que seja equivocado o uso da forma escrita nas leis "professor", quando quer se destacar o cargo/função, a questão aqui não é essa, mas é de refletir quais os espaços em que coube o destaque à regulação do termo professora. E nessa direção, questionamos: por que o uso da nomenclatura professora é um lugar de exceção? Responder a esse questionamento não nos parece tarefa tão fácil, mas começamos trazendo o dado de que, na Parte I – Leis e Regulamentos Gerais referentes à organização da Instrução Pública – Inep (2004), cujo intervalo de tempo vai de 1835 a 1888, das 20 leis consultadas, treze utilizam, exclusivamente, o termo professor, seis[75] delas se utilizaram da nomenclatura professor e professora e uma[76] se referiu ao termo professores de ambos os sexos. A recorrência maior do uso da palavra professora se deu nas décadas de 1850 a 1860, coincidência ou não, é, sobretudo, nessas décadas que temos encontrado maiores indícios da atuação da professora Idalina na instrução da Província, conforme veremos mais à frente quando da sua trajetória.

A verdade é que tentaremos de agora em diante, apresentar, ainda que minimamente, um panorama geral desse lugar da professora, tomando como referência as décadas de 1850 e 1860, na intenção mesma de pensar a docência regulamentada a que damos destaque no título deste tópico. Para tanto ressaltamos que,

> Era consenso entre os legisladores e presidentes de Província a importância da lei para melhoria dos serviços públicos. A instrução esteve no centro deste debate quando o assunto era o pessoal do magistério. A elite política da época via a lei como mediação para prover mudanças e melhorias. Vale reafirmar que, nem sempre, o que estava na lei era o que acontecia na prática, haja vista que a própria historiografia da educação demonstrou, há tempos, que a lei também foi utilizada como representação do que se esperava como ideal de organização do Estado (Santos, 2020, p. 53).

Importante essa fala de Santos (2020), pois, de fato, entendemos que o que se passa a apresentar com as leis e regulamentos da instrução, é na verdade um conjunto prescritivo, que estava ali sendo anunciado de maneira oficial e que dava um direcionamento daquilo que se almejava ter/ser, alcançar.

Recuamos um pouco no tempo, 1849, primeiro para evidenciar que: "É livre a qualquer pessoa nacional, ou estrangeira exercer qualquer ensino público[77], uma vez que se mostre habilitada na comarca da capital

---

[75] Lei nº 18, de 6 de julho de 1852 (2004, p. 31); Lei nº 9, de 3 de novembro de 1855 (2004, p. 34); Lei nº 9, de 29 de outubro de 1858 (2004, p. 36); Lei nº 12, de 8 de agosto de 1860 (2004, p. 39); Lei nº 254, de 9 de outubro de 1866 (2004, p. 50); Lei nº 831, de 6 de outubro de 1886 (2004, p. 90).

[76] Lei nº 780, de 8 de outubro de 1884 (2004, p. 58).

[77] A ideia de ensino público a que trata o Regulamento de 15 de janeiro de 1849, compreende a oferta de aulas públicas e particulares, ministradas em espaços privados, casas dos(as) professores(as), ou mesmo em prédios pagos pelos cofres provinciais.

perante os comissários de município" (Regulamento..., 2004, p. 21). Era considerada habilitada a pessoa que fosse maior de 21 anos, sendo casada, maior de 25 anos, fosse solteira; não possuísse folha corrida, estando em pleno gozo dos seus direitos políticos e civis; e possuísse atestado de moralidade emitido pela Câmara Municipal e o pároco local.

Como se observa, era possível a quem quer que fosse, solicitar abertura de aulas, seja homem ou mulher. No caso da Idalina, o seu lugar da docência é o da instrução particular, para esses(as) professores(as), evidencia-se no Regulamento de 15 de janeiro de 1849, que ficariam eles/elas sujeitos às mesmas inspeções das aulas públicas, sendo possível até mesmo o fechamento da escola se assim fosse considerado pela autoridade competente, Comissário da Instrução e Diretor Geral da Instrução. Em 1850, ficava também o Presidente da Província autorizado a suspender, remover e ou demitir, no tempo máximo de 6 meses, o(a) professor(a) que não fosse vitalício.

Para leitura da década de 1850 e 1860, recortamos parte dos dados apresentados por Santos (2020), a partir do compilado de informações extraídas dos Relatórios dos Presidentes de Província e dos mapas anexos aos Relatórios do Diretor Geral da Instrução, no qual se evidencia o fluxo do número de cadeiras da instrução primária na Parahyba do Norte.

Quadro 1 – Número de cadeiras da instrução primária da Província da Parahyba, décadas de 1850 e 1860

ANO	Nº de Cadeiras	Cadeiras masculinas	Cadeiras femininas	ANO	Nº de Cadeiras	Cadeiras masculinas	Cadeiras femininas
1850	23	21	2	1860	68	54	14
1851	28	25	3	1861	54	39	14
1852	33	30	3	1862	54	39	14
1853	36	31	5	1863	56	41	15
1854	36	31	5	1864	63	48	15
1855	37	32	5	1865	71	54	17
1856	42	37	5	1866	79	61	18
1857	44	39	5	1867	92	71	21

ANO	Nº de Cadeiras	Cadeiras masculinas	Cadeiras femininas	ANO	Nº de Cadeiras	Cadeiras masculinas	Cadeiras femininas
1858	56	44	12	1868	98	76	24
1859	68	54	14	1869	99	75	24

Fonte: dados do quadro extraídos da tese de Santos (2020, p. 67)

Conforme já dito anteriormente, os primeiros achados referentes à atuação da professora Idalina nos documentos são de 1859, no Colégio Nossa Senhora das Neves. A abertura dessa instituição em 1858, consideramos, faz parte desse movimento crescente da década de 1850 a 1860, da oferta de aulas femininas. Ainda que se tenha observado também um crescimento geral das aulas masculinas e que continuavam representando em termos numéricos, superioridade de oferta, ainda assim, é relevante o fato de termos saído do número de duas cadeiras femininas em 1850 e em 1869 alcançado o número de 24 cadeiras femininas.

Para alguns, podem ser questionáveis esses números, uma vez que em quase duas décadas o crescimento oficial foi de 22 cadeiras femininas, o que pode ser visto como um movimento lento, mas em termos de percentuais, isso compreende a um aumento de 1100%, ou seja, onze vezes o valor inicial. Já as cadeiras masculinas, chegam à cifra de 257% de aumento, o que compreende, mais ou menos, duas vezes e meio o valor inicial. Ou seja, houve um crescimento aproximado de 4.5 das cadeiras femininas quando comparado ao das cadeiras masculinas, mesmo que o crescimento absoluto das cadeiras tenha sido maior para os homens, 54 a mais no total.

Esse crescente de abertura de aulas para meninas na Província é algo positivo, principalmente quando relacionamos, que era o espaço da instrução, muito provavelmente, também o lugar de formação daquilo que viria ser a futura professora. É válido destacar que a Lei nº 178 de 1864, trazia em seu texto o anúncio da Escola Normal, estando descrito em seu Art. 8º que, "Será criada uma escola normal, onde se habilitem as candidatas[78] ao magistério" (Lei nº 178, 2004, p. 44). Fato é que esse espaço não consegue se fortalecer, ficando a sua criação datada de 1883,

---

[78] Apesar do termo professora ter sido identificado na parte que trata da Escola Normal, na Lei nº 178 de 1864, Araújo (2010, p. 162, nota de rodapé 109) esclareceu que se trata de um erro de digitação, uma vez que a clientela da Escola Normal que estava sendo proposta, era destinada à formação de professores homens.

por meio da Lei nº 76110, contudo a sua instalação se deu anos mais tarde, em 1885, e conforme apresenta Araújo (2010, p. 189), "nesse dia foi instalada apenas a de 1º grau destinada ao sexo feminino".

Diante do exposto, de não haver um local específico e oficial de formação do magistério na Província até a década de 1880, conforme já evidenciado anteriormente, bem como por termos identificado que a professora Idalina faleceu no ano de 1890, não conseguimos saber se ela chegou a passar pela Escola Normal. Fato é que independentemente de ter a frequentado ou não, conforme poderemos ver a seguir da sua trajetória, tudo indica, possivelmente, que tenha sido uma professora de reconhecida aceitação, face aos indícios encontrados nos Relatórios de Presidente de Província aos quais daremos destaque logo mais no texto.

Ainda na tentativa de acionar essa docência feminina, identificamos na documentação os valores pagos aos professores(as) da instrução primária. Nesses termos, iremos considerar o fato de ter sido Idalina Margarida, professora primária, muito embora tenha o indicativo que a Escola Nossa Senhora do Carmo, em que esteve à frente como Diretora, se destinasse à instrução primária e secundária, provavelmente, ofertando aulas de latim, o que era mais comum ocorrer quando da instrução secundária particular.

Quadro 2 – Salários dos(as) professores(as) primários(as) da Província da Parahyba, décadas de 1850 e 1860

Lei nº 9 de 3 de novembro de 1855	Professores da Capital	600$000
	Professores de outras localidades	550$000
	Professoras da Capital	550$000
	Professoras de outras localidades	500$000
Lei nº 9 de 29 de outubro de 1858	Professores da Capital	700$000

	Professoras da Capital	700$000
	Professores de outras localidades	600$000
	Professoras de outras localidades	600$000
Lei nº 178 de 30 de novembro de 1864	Professores das classes de 1º grau	600$000

Fonte: elaborado pelas autoras a partir do conjunto de *Leis e Regulamentos da Instrução da Paraíba no Período Imperial* (Pinheiro; Cury, 2004)

O quadro é elucidativo não só para apreender a questão de gênero a que estamos nos debruçando, mas também para entender a remuneração da docência por localidade e graus. Nesse sentido, em todas as leis anteriormente referenciadas, observamos valores distintos para professores(as) da capital e outras localidades, bem como para àqueles(as) de 1º e 2º graus, que ao que tudo indica, não tinha relação com o local de atuação, mas sim de efetivo exercício: "Art. 2º – Os professores do 1ºgrau nunca serão vitalícios e perceberão 400$00 réis de ordenado e 200$00 de gratificação. Os do 2º grau serão vitalícios, depois de 5 anos do efetivo exercício, e perceberão os mesmos vencimentos dos atuais professores" (Lei nº 178, 2004, p. 43).

No que pese a Idalina, sabemos que ela tanto atuou na capital da Província como no interior e que supostamente os valores recebidos por ela em 1859, quando da sua passagem pelo Colégio Nossa Senhora das Neves, tenha girado em torno de 700$00 Réis e mais 200$00 Réis de gratificação.

> As gratificações representaram, também, divergências, tendo registros de ordens de pagamentos somente a partir de 1855 quando as professoras, que compunham o menor número de cadeiras de toda Província, no ano de 1855, passaram a receber valores inferiores ao dos homens (Santos, 2020, p. 127).

O indicativo de Santos (2020) reflete, possivelmente, a existência de pagamento também por gênero, o que no primeiro momento nos parece ter ocorrido quando da Lei nº 9, de 3 de novembro de 1855, em que na capital, professores estariam recebendo 600$000 Réis e as professoras 550$000 Réis. Afora essa passagem da Lei supracitada, parece-nos que as distinções de pagamento se referiram muito mais às localidades e aos graus. Parte da historiografia que trata dessa questão dos pagamentos da docência, não aponta para o pagamento por gênero, a saber, respectivamente, Rio de Janeiro e Minas Gerais:

> [...] os salários dos professores primários não se distinguiam conforme os sexos, mas por critérios de localização das escolas que, quando urbanas, próximas ao centro da cidade, eram mais valorizadas e, consequentemente, o docente recebia maior remuneração que nas instituições suburbanas (Schueler, 2002, p. 125-126).

> [...] de acordo com o conteúdo lecionado, a localidade e a característica do cargo: vitalício (nomeado e com tempo de magistério especificado), interino (habilitado, mas não vitalício) ou substituto. Também exigia uma extensa regulamentação sobre direitos e deveres cuja inobservância era punida com sanções (Veiga, 2007, p. 162).

Ainda acerca dessa questão, Lima (2021) argumenta que em Pernambuco a distinção dos pagamentos se deu pelo que chamaram de entrâncias, divididas em 1º, 2º e 3º entrâncias, que correspondiam a subdivisões das localidades. Ao que nos parece, a historiografia apresenta a questão da localidade, como um elemento de normatização utilizado para melhor adequar os pagamentos dos(as) professores(as), o que também consideramos ter ocorrido na Província da Parahyba em alguma medida.

Como se observa, o debate em torno dos salários pagos aos professores(as) se configura como um esforço em procurar entender a docência, mas, mais que isso, de tentar mapear todo e qualquer indício que nos possibilite pensar a professora, Idalina e o processo histórico de feminização do magistério na Província da Parahyba do Norte.

Atuação Docente de Idalina Margarida de Assunção Meira Henriques

No final dos anos 1859, os Relatórios de Presidente da Província nos apresentam a figura de uma mulher que seria por longos anos uma força ativa na oferta da instrução destinada às meninas, na Cidade da Parahyba, a capital da Província (de mesmo nome). Sua trajetória como professora de História, Geografia e, sobretudo, Primeiras Letras, foi vivenciada, primeiramente, no Colégio de N. S. das Neves, entre os anos (1859 a 1860), e Colégio N. S. do Carmo (1862-1890). Este último, localizado na casa de Idalina, como era comum em todas as regiões do Brasil, funcionou oficialmente a partir de 1865, mas há indícios de que as aulas já eram aí ministradas desde 1862 — permanecendo ativo até o ano de 1890.

No que se refere às fontes disponíveis e analisadas até o momento, verificamos que seu nome é citado pela primeira vez no Relatório de Presidente de Província de 1859 — quando é indicada para assumir o cargo de professora no Colégio de Nossa Senhora das Neves. Ao longo da década seguinte, há inúmeras menções feitas ao seu trabalho (elogios, mapas de alunas que frequentam suas aulas, crítica ao estado físico da casa onde mantinha o Colégio N. S. do Carmo etc.). A última vez em que o nome de Idalina apareceu nas fontes (antes do anúncio do seu falecimento em 1890), data de 1869, quando sua administração das aulas no Colégio N. S. do Carmo é elogiada pelo Presidente da Província Felizardo Toscano de Brito.

Como dito anteriormente, em 1865, Idalina Margarida lecionava no Colégio Nossa Senhora do Carmo e lá passou a assumir também o cargo de diretora. Esse era um colégio particular destinado à instrução das meninas e em funcionamento na capital da Parahyba do Norte, onde também ofertavam aulas as suas irmãs. Idalina assume como diretora da escola uma posição que, por muito tempo, estava associada ao sexo masculino, rompendo com as tradições culturais que negavam à mulher administrar e obter lucro por meio de uma instituição particular. Nesse sentido, foi e é para a história da educação feminina uma pioneira entre as mulheres de sua época. Uma história de protagonismo na esfera da educação que ainda é pouco conhecida da historiografia da instrução do século XIX.

Ao apresentar e visibilizar a atuação de Idalina nos propomos também discutir o processo de feminização do magistério. Assim, a partir de sua trajetória de vida dedicada à instrução primária de meninas, é possível identificar o modo de atuação de Idalina na esfera do ensino particular, conhecer os motivos pelos quais a fizeram criar o Colégio N. S. do Carmo, além de discutir as questões de gênero que enfrentou durante a prática de sua profissão.

Antes de oferecer aulas particulares no Colégio N. S. do Carmo, as fontes permitem-nos saber que Idalina atuou como professora no Colégio Nossa Senhora das Neves, pelo menos desde 1859, e ofereceu aulas particulares na cidade de Campina Grande — onde ficou por pouco tempo, até voltar para a Cidade da Parahyba e permanecer atuando como diretora e professora no Colégio N. S. do Carmo em 1890, ano de seu falecimento.

Fruto de uma família abastada, teve como pai o Cirurgião-mor José Thomaz Henriques, que exerceu o cargo de Presidente da Província da Parahyba do Norte, em 1829 (Freire, 1987). Além de Idalina, sua mãe, Ana Joaquina de João José Meira, teve ao menos outros cinco filhos: a senhora Altina Luiza Meira Henriques — provavelmente uma das irmãs que dirigia o Colégio N. S. do Carmo; Dr. Antônio José Henriques; o Coronel José Thomáz Meira Henriques; e o Padre Leonardo Antunes de Meira Henriques.

A presença de Idalina aparece pela primeira vez nas fontes a partir do Relatório de Presidente da Província do ano de 1859. O então Presidente de Província da Parahyba do Norte, Henrique de Beaurepaire Rohan, após assinar o decreto de Lei nº 13, de 4 de novembro de 1858, em que concedia a ordem de abertura ao Colégio de Nossa Senhora das Neves (Egito, 2008), fez no ano seguinte, em 1859, uma avaliação do estabelecimento:

> Nunca tive durante a minha administração um momento de tanta satisfação como n´aquelle em que vi realisado o pensamento da assembléa provincial, em prol da *educação do sexo feminino*. Hoje possuhe a Parahyba, no Collegio de Nossa Senhora das Neves, um estabelecimento que offerece aos paes de familia os meios necessários para a conveniente instrucção de suas filhas. Nomeei directora do collegio a Sra. Rozalina Tertuliana de Almeida, a qual, além deste encargo, tem igualmente o de professora de instrucção primária. *Para professora de Geographia e Historia nomeei a Sra. D. Idalina Margarida d´Assumpção Henriques* (Relatorio..., 2004, p. 154, grifos nossos).

No início de sua atuação, no Colégio de N. S. das Neves, lecionou a matéria de primeiras letras — a única oferecida no estabelecimento quando do seu surgimento na Cidade da Parahyba. Durante o tempo em que exerceu funções nesse Colégio, Idalina recebeu como professora o ordenado[79] no valor de 33$334, mais a gratificação de 66$666 réis, haja vista que a Lei nº 18, de 16 de agosto de 1860, que menciona separadamente os ordenados recebidos pelos funcionários do Colégio, cita a professora de Geografia recebendo o valor anteriormente mencionado.

---

[79] Ordenado é como se chamava à época o salário pago aos funcionários do Estado. Já a gratificação servia como pagamento extra e poderia ser utilizada para pagamento do aluguel da casa onde havia aulas de instrução ou ainda para obtenção de materiais de ensino.

O Colégio de N. S. das Neves foi o ponto de partida na atuação pública da Idalina em uma instituição de ensino paraibana. Mas essa experiência durou pouco tempo. Criado em 1858, fechou as portas dois anos depois, em 1860, e só voltaria às atividades em 1895, dessa vez sob direção de uma figura masculina[80]. Egito conta qual foi o destino de Idalina e das outras professoras que lecionavam lá:

> Com o fechamento do Colégio Nossa Senhora das Neves, sobrou, além das cadeiras públicas de primeiras letras, apenas a possibilidade de contratação de preceptoras, senhoras de comprovada idoneidade que acompanhavam a instrução das meninas no espaço doméstico, ensinando-lhes o que era necessário, o que em geral resumia-se a algumas prendas domésticas, uma vez que deveriam apenas ser boas donas de casa. *Como previsto no Regulamento do Colégio, em caso de fechamento da escola, as professoras deveriam ser remanejadas para as cadeiras públicas femininas de outras cidades. E foi exatamente o que ocorreu.* Quando findaram as atividades do Colégio, em 1860, a diretora foi mandada para Campina Grande, com o intuito de se responsabilizar pela cadeira de ensino de primeiras letras (Egito, 2008, p. 129, grifos nossos).

Dois anos após findar a atuação da professora Idalina no Colégio N. S. das Neves, o Relatório do Presidente da Província do Dr. Francisco de Araújo Lima menciona o pedido de Idalina e duas irmãs. O pedido referia-se à obtenção da licença para abertura de um novo Colégio destinado à instrução do sexo feminino. Este regulamento datado em 1862 traz a seguinte evidência:

> Achão-se registradas na Secretaria desta Directoria 23 licenças para aberturas de escolas particulares. *Entre ellas figura a do estabelecimento do Collegio de N. S. do Carmo para meninas, sob a direcção de D. Idalina Margarida de Assumpção Henriques e duas irmãs.* Os respectivos estatutos forão aprovados por Portaria de 25 de Janeiro do presente anno; mas *o collegio ainda não funciona regularmente, limitando-se o ensino de primeiras letras.* A' falta de estabelecimentos desta natureza, que tantos benefícios podem trazer a educação das jovens parahybanas, até hoje, privadas dos meios de obterem uma instrucção condigna á sua natural aptidão,

---

[80] De acordo com Egito, "Após assumir a recém-criada Diocese da Paraíba, em 1892, Dom Adauto de Miranda Henriques, em 1865, reabriu o já extinto Colégio de N. S. das Neves" (Egito, 2008, p. 130).

> e a capacidade da directoria no Collegio de N. S. do Carmo, o fazerem merecedor de toda a protecção (Parahyba do Norte, 1862, p. AG-8).

Dos 23 pedidos de licenças para aberturas de aulas particulares, não foi citado quantos estavam relacionados ao ensino particular feminino. O que, de fato, pode ser encontrado nas fontes é a concessão da licença para o Colégio de N. S. do Carmo. Embora também conste que a instituição era dirigida por Idalina e suas irmãs[81], apenas o nome dela é o que ganha destaque e é mais frequente nos anúncios de jornais e relatórios da instrução particular da Província. Vale ressaltar que abrir uma instituição particular de ensino foi um feito importante durante o exercício das atividades profissionais de Idalina, isso porque ela teve que seguir as normas presentes na Lei nº 178, de 30 de novembro de 1864, promulgada pelo Presidente da Paraíba Sinval Odorico de Moura, que previa:

> Art. 18º - Ninguém poderá abrir escola, ou outro qualquer estabelecimento da instrução nos lugares onde houverem aulas públicas, sem prévia autorização do governo, ou do diretor.
> §1º - Nos lugares, onde não houverem escolas públicas, a licença para ensinar, poderá ser concedida pelo Diretor.
> §2º - As qualidades pessoais, habilitação, e mais condições para obter essas licenças serão estabelecidas no Regulamento.
> §3º - O que tiver sido habilitado na escola normal poderá obter licença para ensinar, independente de mais outra prova de habilitação.
> (Lei nº 178, 2004, p. 46).

Não poder estabelecer colégio particular próximo à localização de onde ocorre aulas públicas supomos ser uma forma estratégica, tanto para o favorecimento de obter maiores frequências no setor público, quanto para manter o status social das elites, dividindo o alunado em ambientes diferentes.

Não obstante, não foi possível encontrar registros históricos que apontem a trajetória de Idalina como aluna ou em que circunstância se deu a sua formação de professora, pois seu nome não é mencionado nas listas de frequência de aulas na Província da Parahyba do Norte. Possivelmente, teria concluído seus estudos fora da Província.

---

[81] Foi localizado apenas o nome de uma irmã de Idalina, chamada Altina Luiza Meira Henriques (Souza, 2016, p. 45).

Em relação às qualidades pessoais citadas no Regulamento de 1864, podem ser descritas de acordo com Jinzenji como "o esforço em definir a mulher virtuosa acompanhada de certas qualidades como castidade, moderação, instrução, patriotismo, gosto pelo trabalho e a crítica a outras, como o luxo, a vaidade e o ócio" (Jinzenji, 2010, p. 173). Essas qualidades são reforçadas pelas professoras da instrução particular, sobretudo, no momento em que anunciam e publicam a disponibilidade de suas aulas particulares na imprensa periódica.

Em 1865, o Colégio de N. S. do Carmo já se encontrava em pleno funcionamento, tendo Idalina como diretora e professora de aulas particulares da instrução não apenas primária como secundária. O mapa de frequência de 1865 é o primeiro que se tem notícia a citar os dados de matrícula das aulas oferecidas pela professora Idalina, no Colégio de N. S. do Carmo. Nesse ano, haviam 17 meninas matriculadas nas matérias lecionadas pela professora e diretora do colégio, de um total de 84 alunas que frequentavam aulas ministradas por outras professoras (Parahyba do Norte, 1865, anexo mapa 3).

A distinção entre "Colégio", "Aulas" ou "Professores particulares" não fica clara nas fontes do período. Aparece nos relatórios oficiais o nome de Idalina ao lado das professoras Francisca de Paula Pernambucana (20 alunas frequentaram suas aulas particulares na Capital); Rosalina Joaquina Soares (ministrou aulas particulares para seis alunas em Cabedelo); e Dina da Silva Coutinho (41 alunas frequentaram as aulas em Pedras de Fogo) — indícios de que, possivelmente, o Colégio de N. S. do Carmo não era o único espaço exclusivo para a instrução de meninas, como afirma Souza (2016, p. 44). No ano seguinte, houve um aumento de 22 alunas matriculadas, conforme o Relatório do 1º Vice-Presidente Felisardo Toscano de Brito, em 3 de agosto de 1866. A administração como diretora e professora é enaltecida: "[..] em quanto, porém, ao de meninas, dirigido por D. Idalina Margarida da Assumpção Henriques, tenho satisfação em fazer saber á V. Exc. que progride com vantagem e aproveitamento de 22 alumnas que ali aprendem" (Parahyba do Norte, 1866, p. A8-9). Cerca de quatro anos depois, os elogios à sua administração se mantêm por parte dos Presidentes de Província:

> Existem actualmente 8 cadeiras, sendo 6 do sexo masculino, e 2 do feminino. No anno próximo passado frequentaram aquellas 260 alumnos, e estas 67. Tratando destas escolas, *cumpre-me mencionar entre outros com louvor os collegios de*

> *D. Idalina Margarida da Assumpção Heriques do sexo feminino*, e Manoel José Alves Branco, do sexo masculino, nesta Capital, pelo interesse dos seus mestres e aproveitamento dos discípulos, nas quaes se ensinão também matéria de instrucção secundaria (Parayba do Norte, 1869, p. AB-6, grifos nossos).

É visível a discrepância entre a oferta de instrução destinada ao público masculino e feminino, em que menos da metade de cadeiras disponíveis era frequentada por meninas, tendo como matriculados no total o número de 260 alunos do sexo masculino e 67 do sexo feminino. A Diretora Idalina é louvada, mais uma vez, por sua atuação à frente do Colégio, o que indica, possivelmente, a adesão da população, sobretudo, os pais em matricularem suas filhas na esfera privada e exclusiva a esse público. Os elogios também são importantes para compreender a permanência do funcionamento desse colégio, uma vez que havia normas sobre a manutenção de tais instituições como o baixo número de frequência de matrículas dos alunos que acarretaria no fechamento de cadeiras isoladas ou Colégios.

Para Freire (1987, p. 194-196), "o Colégio de N. S. do Carmo era o melhor colégio da Capital, o único no gênero, com Curso Primário, Secundário, prendas domésticas e artes. Funcionou de 1865 a 1875, ano em que faleceu a sua fundadora". Porém, ao contrário do que a autora diz, o jornal *Gazeta da Parahyba* divulgou uma nota de falecimento da professora Idalina em 1890: "Falleceo hontem a Exma. Sra. D. Idalina Margarida de Assumpção Henriques. A finada contava 65 annos de idade e foi professora particular durante muitos anos n'esta Capital, onde em tempos idos tivera um Colegio [...]" (Gazeta da Parahyba, 1890, p. 2). E, ainda que a instrução particular secundária não apareça mencionada nos anúncios de jornais (onde encontramos apenas a divulgação da oferta ao ensino primário), o Relatório do Presidente de Província de 1869, assinado pelo Diretor da Instrução Pública Silvino Elvidio Carneiro da Cunha, afirma que o Colégio de Idalina ensine "tambem materia de instrucção secundaria" (Parahyba do Norte, 1869, p. AB-6). De acordo com essa fala do Diretor da Instrução, podemos considerar que a instituição fundada por Idalina também era dedicada ao ensino secundário (Ladislau, 2022).

Diante da trajetória da diretora e professora Idalina podemos conhecer como a instrução para o sexo feminino na Cidade da Parahyba foi pensada, institucionalizada e praticada ao longo do século XIX. É possível perceber também o espaço onde se adquiria a instrução como um lugar de experiências de lutas e conquistas das mulheres no século XIX, não só pela ampliação das aulas destinadas às meninas, mas no que diz respeito ao seu direito de estudar e poder frequentar as aulas de primeiras letras. Também de afirmação das professoras enquanto partícipes da construção da educação na Província, buscando demonstrar a capacidade intelectual colocada em dúvida pelo pensamento patriarcal vigente à época, que impunha restrições para que as mulheres ocupassem ambientes públicos ou de instituições privadas que pudessem favorecer maior liberdade social.

Considerações finais

A instrução no século XIX, conforme observamos, era um território dos homens até dado tempo, desde a execução das aulas, até mesmo a formulação das ideias e normas previstas para regulamentar a profissão. Vale destacar que é nesse cenário que a professora Idalina Margarida de Assunção Meira Henriques aparece, como força e representação do feminino na instrução da Província da Parahyba, ocupando cargo de diretora, abrindo colégios, ofertando aulas primárias e secundárias para mulheres. O seu reconhecimento se fez público, ora pelas falas dos Presidentes de Província e/ou Diretores da Instrução, na narrativa de alguns de seus relatórios, ora pela sua presença nos jornais, ainda que não escrevendo neles, mas sendo noticiada e ou ofertando, através dos anúncios, suas aulas no nível particular. A feminização do magistério, conforme dissemos ao longo do texto, é, pois, um movimento complexo e que rompe com o lugar da mulher em uma sociedade patriarcal. O artigo deixa evidente a crescente das aulas de instrução para meninas, bem como destaca a importância da personagem Idalina Margarida, enquanto parte integrante do movimento de constituição de uma identidade histórica da profissão docente a partir do recorte de gênero.

REFERÊNCIAS

ARAÚJO, Rose Mary de Souza. **Escola Normal da Parahyaba do Norte**: movimento de constituição da formação de professores no século XIX. 2010. 320 f. Tese (Doutorado em Educação) – Universidade Federal da Paraíba, João Pessoa, 2010. Disponível em: https://repositorio.ufpb.br/jspui/handle/tede/4928. Acesso em: 11 mar. 2024.

EGITO, Philipe Henrique Teixeira do. A instrução feminina na Capital da Província da Parahyba do Norte: o Colégio de Nossa Senhora das Neves (1858-1895). *In*: FERRONATO, Cristiano; PINHEIRO, Antonio (org.). **Temas sobre a Instrução no Brasil Imperial (1822-1889)**. João Pessoa: Editora Universitária (UFPB), 2008, p. 125-145.

FERRONATO, Cristiano. **Das aulas avulsas ao Lyceu Provincial**: as primeiras configurações do ensino secundário na Província da Parahyba do Norte. 2012. 279 f. Tese (Doutorado em Educação) – Universidade Federal da Paraíba, João Pessoa, 2012.

FREIRE, Carmen Coelho de Miranda. **História da Paraíba (para uso didático)**. João Pessoa: A união Cia. João Pessoa, 1987.

GAZETA DA PARAHYBA. [*S. l.*]: [*s. n.*], 1890. Disponível em: http://memoria.bn.br. Acesso em: 2 jun. 2022.

JINZENJI, Mônica Yumi. **Cultura impressa e educação da mulher no século XIX**. Belo Horizonte: Editora UFMG, 2010.

LADISLAU, Aldenize da Silva. **Vitrine de Papel**: as mulheres no periódico paraibano O Publicador (1864-1869). 2022. 162 f. Dissertação (Mestrado em História) – Programa de Pós-Graduação da Universidade Federal da Paraíba, João Pessoa, 2022. Disponível em: https://repositorio.ufpb.br/jspui/handle/123456789/26776. Acesso em: 16 dez. 2022.

LEI nº 18, de 6 de julho de 1852. *In*: PINHEIRO, Antonio Carlos Ferreira; CURY, Cláudia Engler (org.). **Leis e Regulamentos da Instrução Pública da Paraíba no Período Imperial**. Brasília: Instituto Nacional de Estudos e Pesquisas Educacionais Anísio Teixeira (Inep), 2004. p. 31-32. (Coleção Documentos da Educação Brasileira). Disponível em: https://ghenoufpb.wixsite.com/. Acesso em: 15 mar. 2024.

LEI nº 9, de 3 de novembro de 1855. *In*: PINHEIRO, Antonio Carlos Ferreira; CURY, Cláudia Engler (org.). **Leis e Regulamentos da Instrução Pública da Paraíba no Período Imperial**. Brasília: Instituto Nacional de Estudos e Pesquisas Educacionais Anísio Teixeira (Inep), 2004. p. 34-35. (Coleção Documentos da Educação Brasileira). Disponível em: https://ghenoufpb.wixsite.com/. Acesso em: 15 mar. 2024.

LEI nº 9, de 29 de outubro de 1858. *In*: PINHEIRO, Antonio Carlos Ferreira; CURY, Cláudia Engler (org.). **Leis e Regulamentos da Instrução Pública da**

Paraíba no Período Imperial. Brasília: Instituto Nacional de Estudos e Pesquisas Educacionais Anísio Teixeira (Inep), 2004. p. 36-38. (Coleção Documentos da Educação Brasileira). Disponível em: https://ghenoufpb.wixsite.com/. Acesso em: 15 mar. 2024.

LEI nº 13, de 4 de novembro de 1858. *In*: PINHEIRO, Antonio Carlos Ferreira; CURY, Cláudia Engler (org.). **Leis e Regulamentos da Instrução Pública da Paraíba no Período Imperial**. Brasília: Instituto Nacional de Estudos e Pesquisas Educacionais Anísio Teixeira (Inep), 2004. p. 114. (Coleção Documentos da Educação Brasileira). Disponível em: https://ghenoufpb.wixsite.com/. Acesso em: 15 mar. 2024.

LEI nº 12, de 8 de agosto de 1860. *In*: PINHEIRO, Antonio Carlos Ferreira; CURY, Cláudia Engler (org.). **Leis e Regulamentos da Instrução Pública da Paraíba no Período Imperial**. Brasília: Instituto Nacional de Estudos e Pesquisas Educacionais Anísio Teixeira (Inep), 2004. p. 39-40. (Coleção Documentos da Educação Brasileira). Disponível em: https://ghenoufpb.wixsite.com/. Acesso em: 15 mar. 2024.

LEI nº 178, de 30 de novembro de 1864. *In*: PINHEIRO, Antonio Carlos Ferreira; CURY, Cláudia Engler (org.). **Leis e Regulamentos da Instrução Pública da Paraíba no Período Imperial**. Brasília: Instituto Nacional de Estudos e Pesquisas Educacionais Anísio Teixeira (Inep), 2004. p. 42-48. (Coleção Documentos da Educação Brasileira). Disponível em: https://ghenoufpb.wixsite.com/. Acesso em: 15 jun. 2021.

LEI nº 254, de 9 de outubro de 1866. *In*: PINHEIRO, Antonio Carlos Ferreira; CURY, Cláudia Engler (org.). **Leis e Regulamentos da Instrução Pública da Paraíba no Período Imperial**. Brasília: Instituto Nacional de Estudos e Pesquisas Educacionais Anísio Teixeira (Inep), 2004. p. 50. (Coleção Documentos da Educação Brasileira). Disponível em: https://ghenoufpb.wixsite.com/. Acesso em: 15 mar. 2024.

LEI nº 439, Província da Paraíba do Norte. Palácio da Presidência na cidade da Paraíba em 15 de dezembro de 1858. *In*: PINHEIRO, Antonio Carlos Ferreira; CURY, Cláudia Engler (org.). **Leis e Regulamentos da Instrução Pública da Paraíba no Período Imperial**. Brasília: Instituto Nacional de Estudos e Pesquisas Educacionais Anísio Teixeira (Inep), 2004. p. 115-118. (Coleção Documentos da Educação Brasileira). Disponível em: https://ghenoufpb.wixsite.com/. Acesso em: 15 jun. 2021.

LEI nº 761, de 7 de dezembro de 1883. *In*: PINHEIRO, Antonio Carlos Ferreira; CURY, Cláudia Engler (org.). **Leis e Regulamentos da Instrução Pública da Paraíba no Período Imperial**. Brasília: Instituto Nacional de Estudos e Pesquisas Educacionais Anísio Teixeira (Inep), 2004. p. 56-57. (Coleção Documentos da Educação Brasileira). Disponível em: https://ghenoufpb.wixsite.com/. Acesso em: 15 mar. 2024.

LEI nº 780, de 8 de outubro de 1884. *In*: PINHEIRO, Antonio Carlos Ferreira; CURY, Cláudia Engler (org.). **Leis e Regulamentos da Instrução Pública da Paraíba no Período Imperial**. Brasília: Instituto Nacional de Estudos e Pesquisas Educacionais Anísio Teixeira (Inep), 2004. p. 58-59. (Coleção Documentos da Educação Brasileira). Disponível em: https://ghenoufpb.wixsite.com/. Acesso em: 15 mar. 2024.

LEI nº 831, de 6 de outubro de 1886. *In*: PINHEIRO, Antonio Carlos Ferreira; CURY, Cláudia Engler (org.). **Leis e Regulamentos da Instrução Pública da Paraíba no Período Imperial**. Brasília: Instituto Nacional de Estudos e Pesquisas Educacionais Anísio Teixeira (Inep), 2004. p. 90-91. (Coleção Documentos da Educação Brasileira). Disponível em: https://ghenoufpb.wixsite.com/. Acesso em: 15 mar. 2024.

LIMA, Dayana Raquel Pereira de. **A docência primária em Pernambuco**: estratégias e táticas de organização e hierarquização (1864-1888). 2021. 377 f. Tese (Doutorado em Educação) – Universidade Federal de Pernambuco, Recife, 2021. Disponível em: https://repositorio.ufpe.br/bitstream/123456789/41131/1/TESE%20 Dayana%20Raquel%20Perei ra%20de%20Lima.pdf. Acesso em: 15 mar. 2024.

MIRANDA, Itacyara Viana. **Tradição Gloriosa**: Lyceu Parahybano, uma história de protagonismos (1886-1923). João Pessoa: Editora do CCTA, 2021.

MIRANDA, Itacyara Viana. **O Publicador (1864-1869)**. 2022. 162 f. Dissertação (Mestrado em História) – Universidade Federal da Paraíba, João Pessoa, 2022. Disponível em: https://repositorio.ufpb.br/jspui/handle/123456789/26776. Acesso em: 16 dez. 2022.

PARAHYBA DO NORTE. Relatório do Presidente de Província. Silvino Elvídio Carneiro da Cunha. 1862. Disponível em: http://www.crt.edu/brazil. Acesso em: 1 nov. 2023.

PARAHYBA DO NORTE. Relatório do Presidente de Província. Anexo Mapa 3. Silvino Elvídio Carneiro da Cunha. 1865. Disponível em: http://www.crt.edu/brazil. Acesso em: 1 nov. 2023.

PARAHYBA DO NORTE. Relatório do 1º Vice-Presidente de Província. Felisardo Toscano de Brito. 1866. Disponível em: http://www.crt.edu/brazil. Acesso em: 1 nov. 2023.

PARAHYBA DO NORTE. Relatório do Presidente de Província. Silvino Elvídio Carneiro da Cunha. 1869. Disponível em: http://www.crt.edu/brazil. Acesso em: 1 nov. 2023.

PINHEIRO, Antonio Carlos Ferreira; CURY, Cláudia Engler (org.). **Leis e Regulamentos da Instrução Pública da Paraíba no Período Imperial**. Brasília: Instituto Nacional de Estudos e Pesquisas Educacionais Anísio Teixeira (Inep), 2004. (Coleção Documentos da Educação Brasileira). Disponível em: https://ghenoufpb.wixsite.com/. Acesso em: 15 mar. 2024.

REGULAMENTO, de 15 de janeiro de 1849. *In*: PINHEIRO, Antonio Carlos Ferreira; CURY, Cláudia Engler (org.). **Leis e Regulamentos da Instrução Pública da Paraíba no Período Imperial**. Brasília: Instituto Nacional de Estudos e Pesquisas Educacionais Anísio Teixeira (Inep), 2004. p. 20-21. (Coleção Documentos da Educação Brasileira). Disponível em: https://ghenoufpb.wixsite.com/. Acesso em: 15 mar. 2024.

RELATORIO apresentado ao Illm. e Exm, Sr, Dr. Ambrozio Leitão da Cunha no acto de tomar posse do cargo de Presidente da Provincia da Parahyba do Norte por Henrique de Beaurepaire Rohan, 4 de Junho de 1859. *In*: FERRONATO, Cristiano (org.). **A Instrução Pública na Parahyba do Norte**: Discursos, Falas e Relatórios de Presidentes da Província (1837-1889). Brasília: Instituto Nacional de Estudos e Pesquisas Educacionais Anísio Teixeira (Inep), 2004. p. 154-155. (Coleção Documentos da Educação Brasileira). Disponível em: https://ghenoufpb.wixsite.com/. Acesso em: 1 nov. 2021.

SANTOS, Lays R. B. M. M. dos. **História da profissão docente no Brasil**: "Porque no ensino os professores são tudo!". Parahyba do Norte. 1835 a 1885. 2020. 222 f. Tese (Doutorado em Educação) – Universidade Federal da Paraíba, João Pessoa, 2020. Disponível em: https://repositorio.ufpb.br/jspui/bitstream/123456789/18454/1/LaysReginaBatistaDeMacenaMartinsDosSantos_Tese.pdf. Acesso em: 13 mar. 2024.

SCHUELER, Alessandra Frota Martinez. **Culturas escolares e experiências docentes na cidade do Rio de Janeiro (1854-1889)**. Tese (Doutorado em Educação) – Universidade Federal Fluminense, Rio de Janeiro, 2002.

SOUZA, Francis Raniere Silva de. **Rompendo Padrões Culturais:** O Papel de Idalina Margarida de Asumpção Meira Henriques na educação da Paraíba do Norte. Monografia (Graduação em Pedagogia) – Universidade Federal da Paraíba, João Pessoa, 2016.

THOMPSON, Edward P. **A formação da classe operária inglesa**. 2. ed. Rio de Janeiro: Paz e Terra, 1987. v. 3.

VEIGA, Cynthia Greive. **História da Educação**. São Paulo: Ática, 2007.

CAPÍTULO 7

CONSTRUÇÃO HISTÓRICA DAS DIFERENÇAS E EDUCAÇÃO DE MULHERES EM MATO GROSSO, BRASIL (SÉCULO XX)

Nilce Vieira Campos Ferreira – UFMT

Introdução

A História da Educação brasileira está marcada por uma construção de diferenças na escolarização outorgada a homens e mulheres. A própria historiografia da história das mulheres demorou a debater vestígios de articulações, lutas e transgressões femininas. Mantidas sob estrito controle familiar, os espaços que as mulheres ocuparam (e ainda ocupam) em suas relações, quase sempre estão determinados pela condição social, pela etnia, idade, orientação religiosa e sexual. Essas condicionantes, além de outras, definiram a condição de acesso à escolarização, à leitura e à escrita, aos conhecimentos matemáticos, científicos, ou mesmo que mulheres pudessem ou não acessar as salas de aula.

No Brasil, mesmo quando mulheres escolarizadas passaram a exercer uma profissão, comumente o magistério, que passou a ser exercido em profusão pelas mulheres, dado que esse ofício era aceito pela sociedade como uma profissão adequada, ainda assim, essa profissão, como outras, passou a ser desempenhada por mulheres, quase sempre em condições de inferioridade salarial ou com travas para o avanço na carreira.

Na concretização da crença de "vocação ou missão", ao longo do período republicano, erigiu-se o vínculo imaginário entre as funções comuns ao magistério e a maternidade. À mulher cabia sua função social predeterminada: a destinação vocacionada do feminino para educar a infância. O magistério de crianças tornou-se um espaço feminino enquanto os homens buscaram outras opções, mais valorizadas, na estrutura hierárquica escolar. Nas mãos femininas ficou a responsabilidade de guiar a infância e moralizar os costumes.

Essa construção da identidade feminina firmou-se relacionada a uma concepção específica de corpo e cidadania, influenciada por diferentes instituições: igreja, família, escola, sociedade. Um modelo de mulher foi gestado por teólogos, moralistas e escritores cristãos que fabricaram feminilidades cristãs moralmente corretas por meio da educação (Perrot, 2005).

Neste texto, trago algumas reflexões e diálogo com as instituições de escolarização feminina, ao mesmo tempo que lanço algumas luzes sobre como elas foram escolarizadas e enfrentaram a vida cotidiana no ofício de ensinar, cujas questões me inquietam e sobre as quais concentro minhas pesquisas e militâncias em busca por equidade entre homens e mulheres. Atuo no campo da pesquisa da história da educação feminina e da formação de mulheres, de professoras missioneiras que lograram sair de seus espaços privados, profissionalizaram-se, atuaram no magistério, romperam com os lugares a elas determinados e estereótipos quaisquer que fossem eles.

Três aspectos estão devotadamente analisados: a escolarização feminina, o exercício do magistério e as determinações sob as quais as mulheres se formavam: melhoramento do nível de vida pessoal e familiar, necessidade econômica, mito da "vocação" para o magistério, pela própria condição feminina de mãe e mulher ou pela possibilidade de exercer outra atividade profissional aceita na sociedade.

O aporte teórico e metodológico que apresento aponta a possibilidade de discutir como o gênero marcou (e marca) a escolarização feminina. A metodologia parte da análise de referências bibliográficas e de fontes documentais sobre a história das mulheres e profissionalização, marcadamente algumas produzidas ou em circulação em Mato Grosso, Cuiabá no século XX. A pertinência de recuperar a história da educação feminina tanto no Brasil, quanto no estado de Mato Grosso, encontra-se nas reflexões que levanto sobre a educação diferenciada e desigual que foi oferecida a homens e mulheres.

Mulheres Invisíveis e em Salas de Aula

Perrot (2007) já havia alertado que a história das mulheres se inscreve em uma genealogia das representações que revela símbolos, a duração de sistemas de valores masculinos e elementos formativos que consorciam hábitos profissionais, poder econômico, redes de relacionamentos, entre outros, para além da determinação, persistência ou força de vontade e enfrentamentos que levam à exclusão das mulheres da história.

Nessa mesma direção, ao escrever este manuscrito, relembro das palavras de Guacira Lopes Louro (2020, p. 472) para quem há em qualquer relato histórico, a procura pelo saber. Contudo, no "[...] que se refere às mulheres, esta vontade foi por muito tempo inexistente".

Ao escrever sobre esse trajeto da educação feminina, retomo brevemente também os anos republicanos iniciais, nos quais as escolas mato-grossenses eram poucas, quase todas instaladas na capital Cuiabá e às quais poucas mulheres tinham acesso, cujas salas de aula encontravam-se desprovidas de material pedagógico, de mobiliários ou outros utensílios para funcionarem adequadamente (Ferreira; Barros, 2015)

A ideia de que mulheres pudessem estudar ou atuar no ofício do magistério, a partir de seu poder na educação dos filhos, era continuamente reafirmada a partir de valores femininos explorados no ambiente escolar. Afinal, no início dos anos republicanos, o lar era o mundo, destino comum e único para as mulheres.

Ao frequentar as salas de aula, as mulheres não deveriam desse destino se afastar. Mesmo escolarizadas, elas deveriam aprender o mínimo necessário para educar seus filhos e filhas, para que pudessem levar as crianças a aprender a solucionar conflitos, a repudiar a violência, enfim, proporcionar uma educação humanizada a seus filhos ou a quem educassem. Quando fossem exercer o magistério, mulheres deveriam, portanto, propiciar apoio "[...] afetivo, emocional e intelectual à criança, de modo que suas potencialidades se tornem presentes. Além de instruir, ou mais importante do que instruir sua tarefa consiste em educar" (Louro, 2020, p. 452).

De fato, a partir dos anos de 1930, o discurso didático e pedagógico veiculado, entre intelectuais da educação, tanto no meio público, no meio social, quanto nas salas de aula, regulava diretamente a ação de professoras e demais ações educativas comuns ao processo de ensino-aprendizagem. A dicotomia de escolarização de homens e mulheres encontrava-se marcada por estereótipos, preconceitos e hierarquia de valores, sustentada pela concepção de desigualdade entre os sexos, apartando e contrapondo os processos de ensino: o homem devia ser preparado para as profissões nos espaços públicos, para o serviço militar, para a indústria, para os negócios. À educação feminina cabia o ensino e o preparo para tarefas do lar e para a organização familiar. O fim da educação, portanto, era preparar homens "[...] com têmperas militar, para os negócios e as lutas, a educação feminina terá outra finalidade, que é o preparo para a vida do lar" (Capanema, 1937, p. 40).

No contexto das primeiras leis orgânicas brasileiras de ensino, entre 1942 e 1946, a educação oferecia às mulheres uma escolarização centrada na ideia de uma figura feminina, cuja principal responsabilidade era os afazeres domésticos e familiares. A figura feminina estava assentada em um plano de desigualdade em relação aos homens, tanto nos encargos do lar quanto nas possibilidades de realização pessoal e profissional. A garantia da divisão de papéis era declarada. Os homens eram educados para serem provedores de seus familiares e às "[...] mulheres será dada uma educação que as torne afeiçoadas ao casamento, desejosas da maternidade, competentes para a criação dos filhos e capazes da administração da casa" (Schwartzman; Bomeny; Costa, 2000, p. 128).

Até os anos de 1960, a escolarização e a restrição ou a busca das mulheres pelo trabalho estavam, portanto, intrinsicamente ligadas à divisão de papéis e à responsabilidade no casamento, prevalecendo um "[...] discurso didático-pedagógico que também contribuía para os interesses dessa ordem e traduzia-se numa regulação muito direta da ação dos agentes educativos e do processo de ensino-aprendizagem" (Louro, 2020, p. 472).

As pesquisas que coordeno e desenvolvo[82] evidenciam que a escolarização dos homens aos lhes proporcionar acesso a conteúdos e condições de estudo sem as responsabilidades do lar, assegurou-lhes amplo acesso à cultura, além da alcunha de ser objetivo, de racional e de homem público. Essas condições diferenciadas também acresceram aos homens certo aspecto de "superioridade" em relação às mulheres, cujas atribuições e afazeres em seus lares levaram-nas a serem descritas como possuidoras de dotes para as funções do magistério. A elas, portanto, bastava acesso ao ensino para que pudessem aprender as quatro operações, as noções básicas de leitura, enfim serem "mais educadas do que instruídas". Para as mulheres, "[...] as habilidades com a agulha, os bordados, as rendas, as habilidades culinárias" (Louro, 2020, p. 446).

Essa prolixidade de discurso sobre a educação e profissionalização das mulheres contrasta com a significativa ausência e lacunas de informações. Ao mesmo tempo que as colocou em condições de inferioridade

---

[82] A respeito, ver GPHEG (2023).

ao adentrarem o mundo do trabalho. Ao longo dos anos, porque pouco se falou de mulheres, no silêncio profundo das fontes, "[...] as mulheres são imaginadas, representadas, em vez de serem descritas ou contadas. Eis aí outra razão para o silêncio e a obscuridade: a dissimetria sexual das fontes, variável e desigual segundo as épocas" (Perrot, 2007, p. 17).

A historiografia registrou que a escolarização dos homens se voltava para a atuação no espaço político, público, como resultado do mérito nos estudos e excluía, mulheres como capazes e construtoras de sua história. Estavam assim, mulheres e homens, situados em universos representativos dicotômicos. As mulheres, contudo, para romper com as desigualdades deveriam ser pensadas e compreendidas a partir de "[...] uma identidade construída social e culturalmente no jogo das relações sociais e sexuais, pelas práticas disciplinadoras e pelos discursos/saberes instituintes" (Rago, 1998, p. 26).

Caminhando por essas searas, identifico histórias de meninas, moças, mulheres escolarizadas sob rígidas marcas, estereótipos, preconceitos e hierarquias de valores, e ao mesmo tempo, como figuras românticas, frágeis ou excêntricas, emocionais, subjetivas. Logo, mulheres deveriam ser controladas e submissas ao sexo oposto[83]. Na dialogicidade, essas marcas, a produção historiográfica ao ser elaborada por homens "[...] preocupa-se em construir a identidade dos proletários como manifestação cultural, as mulheres figuram inexpressiva como marionetes que o historiador manipula" (Rago, 1995, p. 86).

Há, portanto, neste texto, uma postura de desmascaramento desse arcabouço intelectual e cultural que as escolas de formação femininas no início do período republicano instituíram e que se solidificaram ao longo dos anos: a oposição homem/mulher, importantíssima para um controle social das mentalidades, do feminino, enfim, de tudo o que incluía a sexualidade, o amor, o corpo, os desvios, e as relações entre o público e o privado. Por meio da educação e da religião, as mulheres formaram-se como sujeitos sociais, mas controladas por suas famílias e pela igreja. A historiografia demorou a debater os vestígios de seus anseios, de suas articulações, de suas lutas e de suas transgressões, com pouco ou nenhum destaque, "[...] dando pouco destaque à sua dimensão de sujeito histórico, consciente e atuante" (Rago, 1995, p. 82).

---

[83] Essa é uma concepção que ainda identifico entre jovens mulheres que frequentam minhas salas de aula e grupo de pesquisa, concepções que tento desmistificar.

Destaco que a imbricação entre os estudos de gênero e a escolarização feminina é relevante para o desenvolvimento de pesquisas de gênero no Brasil, mais especificamente, na região na qual desenvolvo minhas pesquisas, dado que são poucas as pesquisas que tratam da temática[84]. Defendo que, na verdade, os processos de escolarização desde o início da República brasileira contribuíram para uma construção social segura e firmemente reorganizada sob bases antagônicas da divisão sexual e que colaborou (e colabora) para solidificar relações de gênero excludentes na sociedade, no trabalho, nos espaços públicos, por meio de perspectivas quantitativas ou quanti-qualitativas das ocupações e das profissões femininas. Sob aparências distintas, os movimentos de mulheres e homens em seus afazeres, labores e empregos são diferenciados e resultam no menosprezo pelo trabalho, ocupação e pela existência feminina.

Das pesquisas sobre os processos de escolarização feminina resultam uma série de interrogações sobre lugares e modos de inserção das mulheres, quase sempre menosprezadas e diminuídas em suas atuações. Nesse contexto, já no início do período republicano brasileiro e mato-grossense o magistério de crianças configurou-se como um espaço adequado e aceito pela sociedade.

O papel da mulher nas escolas foi compreendido como "salvador da pátria", em termos sociais, familiares e pessoais, o que permitiu que mesmo sob condições desiguais ela assumisse as salas de aula como professora (Almeida, 1998).

Formação nas Escolas Femininas e Concepções Doutrinárias

No compasso ditado por Michelle Perrot, a história da escolarização feminina é marcada pelo silêncio. Ao realizar minhas pesquisas, rompo com essa fronteira, o que tem me permitido "[...] um caminho que é preciso reencontrar. Uma história outra" (Perrot, 2005, p. 212).

Contar essa história é relembrar que nas escolas femininas brasileiras era sistematizado um conjunto de conhecimentos práticos que exigiam tempo, dedicação e esforço das mulheres, o que as ocupava e praticamente impedia que pudessem aprender outros conteúdos. A aprendizagem de conteúdos e conhecimentos científicos era obstruída com extenso número de atividades práticas e princípios de ordem moral, a chamada educação

---
[84] O Grupo de Pesquisa em História da Educação, Acervos Históricos Institucionais e Gênero (GPHEG, 2023) vem compondo pesquisas sobre a escolarização e formação de mulheres no Centro-Oeste e Norte brasileiros.

espiritual das mulheres, por meio do Ensino Religioso. Ao mesmo tempo, era preciso incutir nas jovens a serem educadas uma noção clara de seus deveres, como elemento ativo da sociedade e formá-las com uma visão determinada de locais e espaços aos quais elas pertenciam: o ambiente privado, familiar e para suas atividades: cozinhar, cozer, bordar, administrar o lar e a educação das crianças. Cabia muito mais elevar e despertar a "dignidade feminina" do que alargar a cultura geral.

A alardeada aptidão natural para o ofício do magistério ocorreu principalmente porque professores homens, logo no início dos anos republicanos, abandonaram as salas de aula em busca de profissões mais bem remuneradas. O magistério foi então propagado como uma profissão natural para as mulheres, já que elas eram educadoras das crianças no lar. Para elas, portanto, ministrar aulas consistia em uma missão, um dom natural. A escola primária deveria ser a continuidade da família, bem como, do lar doméstico.

Mato Grosso seguiu essa premissa e, nas poucas escolas existentes, as meninas eram educadas sob forte ideologia de caráter religioso e instruídas para a vida doméstica, como hábeis e competentes donas de casa. Vigorava uma mentalidade de pouco valor à instrução feminina. Havia normas a serem cumpridas para as meninas que aprendiam as primeiras letras. As meninas até podiam frequentar as aulas, mas em escolas ou salas de aula de frequência feminina. Os limites de convivência entre os sexos eram claramente definidos. Das mulheres esperava-se permanência no espaço doméstico, a submissão, o acatamento ao recato, às tradições e costumes sociais e princípios religiosos como a mais elevada aspiração.

Outro aspecto deve ser ressaltado. Nos primeiros anos republicanos em Mato Grosso, as escolas de instrução primária para o sexo masculino eram regidas apenas por professores, uma vez que "[....] as senhoras, por falta do preciso preparo entre nós, bem como da indispensável energia para lidar com meninos, não têm provado bem na regência de taes cadeiras [...]" (Murtinho, 1895, p. 10).

A elas era negada a igualdade de condições para acesso ao magistério e quando depois foi "[...] quase exclusivamente confiado a ellas o nosso ensino primário. Penso que é esse um dos factos de que se origina a decadência do ensino" (Costa, A. C., 1897, p. 21). Como se vê, ainda que fossem galgando espaços nas atribuições de aulas, a elas foi atribuída a responsabilidade pelas falhas do ensino público, o que desconsiderava as condições de trabalho, a ausência de infraestrutura de prédios escolares, os irrisórios salários, abaixo do que era pago aos homens, a falta de escolas de formação para o magistério, a elas era atribuído o fracasso do ensino em Mato Grosso.

Outros resultados das investigações realizadas no GPHEG (2023)[85], na análise das fontes para compreender a formação de mulheres nas instituições escolares, uma revista publicada em Mato Grosso, entre os anos de edições de 1917 a 1950, publicitou largamente que a família, a vida do lar, deveriam ser a aspiração da mulher, cuja educação deveria primar pelo "[...] amor pelo lar, pelo esposo, seu santo amor pelos filhos, levam-na então a reeducar-se" (Dimpina, 1944, p. 2).

Era comum que publicações, a exemplo, realizadas na revista *A Violeta* e no jornal *A Cruz*, veículos de comunicação largamente acessados pelas mulheres, divulgassem determinados modelos de comportamento aceitáveis socialmente, em específico, sobre a economia doméstica e a vida familiar. As crônicas e textos publicitados nessas revistas procuravam, como em outros periódicos brasileiros, "[...] veicular um projeto civilizador com pretensão de construir novos homens e mulheres, divulgando imagens idealizadas para ambos os sexos" (Pedro, 2018, p. 281).

De fato, revistas femininas brasileiras, como *A Violeta*, em Cuiabá, Mato Grosso, publicavam crônicas que ressaltavam que as mulheres ao se profissionalizarem e trabalharem fora de seus lares, geravam famílias desestruturadas.

A revista *A Violeta*, fundada em 1916, na esteira desse raciocínio, foi destacada pelo jornal *A Cruz*, como uma revista na qual

> [...] um grupo de senhoras e senhoritas desta cidade acaba de fundar para o cultivo das letras femininas e patrícias, abrindo as suas colunas a todas que quiserem colaborar para o engrandecimento moral da nossa estremecida terra [...] (A Violeta, 1916, p. 1).

As mulheres à frente dessa revista estavam diretamente vinculadas à igreja católica, realizavam ações filantrópicas, campanhas femininas para a "[...] civilização e regeneração do homem e da sociedade pelas mãos da mulher [...]" (Nadaf, 1993, p. 26). Nos anos nos quais circulou, a revista *A Violeta* tinha como principal redatora Maria Dimpina Lobo Duarte, fundadora e editora, que integrava a "Liga das Senhoras Catholicas" e

---

[85] Nossas fontes e pesquisas encontram-se registradas no ARA (2023) e na Reconal-Edu (2023).

defendia a manutenção de costumes tradicionais e históricos cuiabanos, o recato, a modéstia, virtude e zelo das mulheres brasileiras. Ao mesmo tempo, propagava que a "[...] base da felicidade nacional está na instrução da mulher [...]" (Arinapi[86], 1921, p. 1).

Comprovando o quanto esses princípios estavam solidificados, Maria Dimpina, ao comentar "belíssimos conceitos" de uma portaria emitida pelo Ministério da Educação sobre a educação feminina, defendeu que Cuiabá criasse um curso doméstico "[...] donde irradiará aos lares esse gosto pela casa, que vai fugindo aos poucos do programa de educação feminina" (Dimpina, 1946, p. 5).

Alguns anos depois, em 1950, publicou que "[...] só a escola, a casa da educadora, será para a mulher professora, um novo lar, onde ela possa dedicar aos alunos, o mesmo afeto de mãe só reservado aos próprios filhos" (Dimpina, 1950, p. 3). Mantinha-se assim a propagação de uma educação e formação profissional diferenciada e desigual para mulheres. Uma professora seria uma "mãe" para seus alunos.

Da mesma forma, o jornal *A Cruz*, cujas famílias cuiabanas acessavam, discutindo os direitos femininos, noticiou que "[...] a mulher precisa se preparar bem para a vida do lar, com uma intensa instrução sobre higiene, sobre economia doméstica, sobre puericultura" (Os Direitos..., 1947, p. 1). Inclusive tocou no assunto feminismo e instrução feminina, alertando que esse movimento seguiria um caminho natural e as mulheres não deveriam se afastar da religião e suas crenças. Esse ideal para formação das mulheres era veiculado continuamente com a pecha de que "[...] a sociedade se regenera ou decai, se salva ou se perde pelo lar. E o lar pela mãe. Nos regaços das mães está indubitavelmente o futuro do mundo [...]" (Brandão, 1951, p. 1).

O ideal de uma sociedade e a responsabilidade de moralidade eram atribuídas a mães virtuosas, mulheres cristãs modelares e a "[...] mais tremenda mais perigosa e a mais dolorosa crise que possa atravessar uma sociedade, é a crise de mães virtuosas e santas" (Brandão, 1951, p. 1). As características de mulheres aceitáveis socialmente estavam firmadas em pilares sacrossantos e noções de dignidade da autoridade materna no lar.

Isto é, uma "[...] mulher-esposa, a mulher-mãe, a mulher-namorada, a mulher-filha, a mulher-moça, a mulher educadora, a mulher-estudante, a mulher-funcionária pública e a mulher-profissional liberal [...]" (Nadaf, 1993, p. 19).

---

[86] Nome que Dimpina também adotava para assinar os textos publicados em *A Violeta*.

Manifesto, portanto, que tanto o jornal *A Cruz* quanto a revista *A Violeta*, publicizados em Mato Grosso, dedicaram-se à missão de difundir a ideia de que a mulher era o alicerce da família e da sociedade, e a escolarização deveria instruí-las nessa "missão" de salvaguardar seus lares e famílias.

As salas de aula e a desigualdade de ensino

As análises sobre a escolarização de mulheres, evidenciam que desde o primeiro ingresso nas salas de aulas, as meninas aprendiam, ao lado de um mínimo de noções básicas de leitura, escrita, as operações básicas matemáticas, um máximo de noções de ordem doméstica, e trabalhos manuais: bordado, costura, enfim, os afazeres domésticos.

Historicamente, portanto, a divisão de ensino para homens e mulheres esteve presente. A educação formal reforçou (e ainda reforça) essa desigualdade e o doméstico como uma reponsabilidade feminina e

> [...] no esteio da modernização dos costumes, o que era ministrado no seio da família, alcançou a clara estimação de formar as futuras esposas educadas, conhecedoras das necessidades do marido e dos filhos, alicerces do lar cristão e patriótico (Ferreira, 2014, p. 186).

Igualmente, Louro (2020, p. 446) destacou que

> [...] não havia porque mobilizar a cabeça da mulher com informações ou conhecimentos, já que seu destino primordial como esposa e mãe exigiria, acima de tudo, uma moral sólida e bons princípios [...].

Isto é, elas deviam aprender aquilo apenas o que lhes fosse nato e razoável.

Às mulheres foram negados conhecimentos que um

> [...] homem de média cultura não deve ignorar, as principais leis gerais da ciência, nem os grandes fatos de que delas decorrem, os acontecimentos fundamentais da evolução humana ou os fenômenos capitais das ciências do homem e da terra [...] (Verissimo, 1985, p. 123).

Esse autor mencionou que na escolarização feminina os conteúdos oferecidos deveriam ser mínimos, afinal uma mulher seria

> [...] mãe, esposa, amiga e companheira do homem, sua aliada na luta da vida, criadora e primeira mestra de seus filhos, confidente e conselheira natural do seu marido, guia de sua prole [...] (Verissimo, 1985, p. 122).

Os espaços de escolarização determinaram concepções sociais que ainda vigoram na sociedade brasileira. A atuação no magistério, contudo, serviu para que as mulheres rompessem com a tradição de serem executoras de tarefas domésticas e de receberem uma educação pincelada por uma camada de cultura. O ofício de professoras da infância representou a oportunidade de mulheres receberem pelo trabalho prestado, de obter independência e ganharem autonomia financeira, de serem capazes de prover o próprio sustento. O magistério as eximia de rótulos como não devotadas à família e ao lar, ou mesmo de mulheres "sem classe", uma vez que "[...] a docência possuía uma dignidade comparável às mais "nobres missões" e, pela primeira vez, elas se fizeram necessárias no espaço público e sua contribuição foi considerada e requisitada" (Almeida, 1998, p. 192).

Seguramente lhes permitiu um caminho no qual construíram suas identidades profissionais, dado que as

> [...] as instituições educativas, sendo instâncias complexas e multifacetadas, engendram e desenvolvem culturas, representações, formas de organização, relacionamento e ação que se constituem fatores de diferenciação e de identidade (Magalhães, 2004, p. 69).

Com a popularização do ensino, mulheres normalistas obtiveram distinção social e assumiram um papel na sociedade e nos espaços públicos, valorizadas pelo seu saber e pela capacidade de educar a nova geração. Esse papel educativo, contudo, erigiu e se manteve fundamentado na crença de que somente seriam capazes de educar, zelar, formar a juventude serena e patriótica, se preenchessem determinados requisitos e condições de aceitação social, como a exemplo, serem consideradas "mulheres de família".

As escolas que ministravam curso normal no Brasil, em sua maioria, estavam sob a gestão de religiosos e religiosas católicas. Para estudarem nessas escolas, as moças não deveriam ter convívio com "influências nocivas", serem piedosas e inclinadas à vida religiosa e deveriam pregar o mundo de Deus. Em Mato Grosso, algumas normas eram cobradas:

> [...] proceder de boa família, pais religiosos e não separados, não doentes ou enfermidades contagiosas; idade: 12 anos completos; saúde: sadias, sem defeitos físicos; disposições morais: bom procedimento, piedosa, inclinada à vida religiosa (Chaves, 1965, p. 1).

As moças normalistas seriam formadas como "[...] místicas esposas de Jesus, Missionárias do Reino dos Céus" (Chaves, 1965, p. 1). Essa fala de um religioso responsável por um instituto de formação de professoras em Mato Grosso, comprova como a alocação das moças normalistas era realizada para que desempenhassem determinados papéis sociais e religiosos comuns ao catolicismo, como dito por Louro (1997, p. 93-94): "[...] certamente as religiosas que, a seguir, passam a se ocupar das meninas cristãs, também se pautam por severos e detalhados regulamentos".

A educação feminina também foi marcada pelas concepções doutrinárias masculinas. Gustavo Capanema, idealizador do conjunto das Leis Orgânicas da Educação Nacional, a partir do ano de 1942, que configuraram a denominada Reforma Capanema[87], a exemplo, atribuiu o êxito familiar às ações educativas femininas. Era a mulher "[...] que funda e conserva a família, como é também por suas mãos que a família se destrói" (Capanema, 1937, p. 40). Para ele, a finalidade da educação era preparar o indivíduo para a vida moral, política e econômica da Nação, devendo, "na organização dos estabelecimentos de ensino, considerar diversamente o homem e a mulher" (Capanema, 1937, p. 40).

Entre os anos de 1937 e 1960, era comum que as mulheres frequentassem escolas ou aulas de economia doméstica que não se equiparavam ao ensino masculino brasileiro para o qual eram voltadas às iniciativas educacionais (Ferreira, 2014). Afinal, para educar mulheres não eram necessários muitos investimentos e homens seriam educados "[...] com têmperas militar, para os negócios e as lutas, a educação feminina terá outra finalidade, que é o preparo para a vida do lar" (Capanema, 1937, p. 40).

Nos anos seguintes, a desigualdade de ensino oferecida a homens e mulheres estava implícita nos princípios educativos brasileiros. Contudo, mesmo sob uma educação marcada por silenciamento, conservadorismo e submissão, as moças e mulheres encontraram, principalmente na formação para o magistério, estratégias para se profissionalizarem e aproveitaram para se desvencilhar de ensinamentos engendrados moralizadores, e aos poucos foram buscando formas de valorização feminina.

Ao trazer reflexões a respeito da história da educação das mulheres, estudo o quão imbricadas estavam as relações entre a formação das mulheres, a sociedade, a religião e as instituições escolares. Historicamente,

---

[87] Reforma Capanema: Decreto-lei nº 4.073, de 30 de janeiro de 1942, que organizou o ensino industrial; Decreto-lei nº 4.048, de 2 de janeiro de 1942, que instituiu o Senai; Decreto-lei nº 4.244, de 9 de abril de 1942, que organizou o ensino secundário em dois ciclos: o ginasial, com quatro anos, e o colegial, com três anos; Decreto-lei nº 6.141, de 28 de dezembro de 1943, que reformou o ensino comercial.

a história da educação das mulheres, foi ocultada e narrada apenas pelo viés da elite masculina, o que invisibilizou suas lutas para sair do espaço privado de atuação e avançar para os espaços públicos, para se profissionalizar e garantir sua subsistência e autonomia.

As unidades curriculares dos cursos femininos, como a economia doméstica, incluíam os processos para melhorar a gestão das famílias, transformava casa e família em peças eficazes de tecido social para servir aos princípios da produção econômica, estimular o consumo e ampliar o interesse pelos problemas ligados aos afazeres do lar. Era comum que ao longo da educação básica tivessem disciplinas no currículo escolar denominadas Educação para o Lar, na qual aprendiam práticas como cozinhar, trabalhos com agulhas e linhas, bordados, noções de etiqueta, desenhos, entre outras. Essa disciplina que compunha parte da educação das jovens era acrescida de conteúdos que pudessem torná-las uma companhia mais agradável ao marido e uma cuidadora de seus lares.

A formação de mulheres, marcada por relações e subversão de comportamentos desenhados como aceitáveis, com efeito, não foi um percurso simples. Elas precisaram romper fronteiras e preconceitos familiares, sociais, culturais e profissionais. O próprio exercício do magistério foi praticado sob estratégias, inclusive a aceitação de salários menores que os dos homens e a dupla jornada: cuidado do lar e atuação no magistério.

Professoras Normalistas em Mato Grosso

A formação de professoras normalistas em Mato Grosso, com início em 1911, visava à preparação de professores para atuar na instrução primária. Essa formação foi ofertada até 1940, quando as duas únicas escolas públicas em funcionamento, a Escola Normal Pedro Celestino, em Cuiabá, anexa ao Liceu Cuiabano e a Escola Normal Joaquim Murtinho, em Campo Grande, anexa ao Liceu Campo-grandense, foram fechadas sob a alegação de haver normalistas formadas em número suficiente para atender as escolas do estado (Bezerra, 2015). Esse fechamento das escolas normais deveu-se menos ao fato de Mato Grosso já contar com número suficiente de professores e mais ao corte de investimentos dado que "[...] ao se anexar a escola normal ao Liceu, houve um enxugamento nos gastos públicos" (Bezerra, 2015, p. 67).

Nos rastros dessa retirada de direitos femininos, Simone de Beauvoir, em uma entrevista datada de 1975, já nos alertava: "[...] nunca se esqueça que basta uma crise política, econômica ou religiosa para que os direitos das mulheres sejam questionados. Esses direitos não são permanentes" (Beauvoir, 1975, s/p).

O governo de Mato Grosso, em 1940, ao fechar as escolas normais e incorporá-las aos liceus, o motivo era efetivamente reduzir custos e a educação de professoras foi considerada irrelevante: eram mulheres e já havia professoras suficiente, portanto, mulheres não precisavam de educação. Além disso, professoras leigas que atuavam em escolas mato-grossenses recebiam menores salários.

Os dados estatísticos que constam no boletim nº 22, elaborado por Manuel Bergström Lourenço Filho (1942, p. 9), sobre o ensino em Mato Grosso, no ano de 1942, na contramão do que disse o interventor naquele período, descreveu que "[...] em 1941, cerca da metade dos professores em exercício, no estado, não haviam recebido qualquer preparação específica para o trabalho que realizam". Mais uma vez, portanto, comprovo, a educação diferenciada que era oferecida às mulheres. Os dados usados pela tomada de decisão do interventor ao alegar que o estado já possuía um grande número de normalistas diplomadas suficientes para as necessidades do ensino primário não condiziam com a realidade mato-grossense.

A esse respeito, Lourenço Filho descreveu que no estado de Mato Grosso desde o final de 1937, a formação das professoras e professores já era feita de modo aligeirado "[...] depois do curso secundário, em um ano de estudos especializados, em organização anexa ao Liceu Cuiabano" (Lourenço Filho, 1942, p. 9).

Cabe aqui uma ressalva. Ao ensino destinado às mulheres havia determinadas convenções sociais preestabelecidas: não necessitavam de salários, ou poderiam receber salários menores, já que os homens as proveriam. Por trás dessas concepções sociais e do catolicismo conservador, sob o pressuposto de que as leis divinas e naturais estabeleceram as tarefas domésticas como domínio próprio das mulheres e as atividades sociais, profissionais e cívicas como domínio masculino, era a elas ministradas uma educação inferior à do homem e nunca uma educação junto a ele. O mesmo ocorreu quando elas ocuparam o mundo do trabalho.

Esse ideal de mulher difundido nas falas religiosas contribuiu para fomentar práticas sociais apuradas para a educação feminina. A escolarização de mulheres deveria ser moldada sob o modelo de formação conservadora cristã, sob o dom de servir, de missão e vocação. As mulheres deveriam ser instruídas e devidamente "adestradas" (Ferreira, 2014).

As mulheres, apesar disso, procuraram o magistério para obter conhecimentos e para ter acesso a uma profissão que lhes permitisse sobreviver com seu próprio rendimento. O fato de sofrerem resistências, serem mantidas sob controle social e familiar, não obterem fácil acesso às demais profissões, fez do magistério, um espaço a ser ocupado. A partir daí, nos anos seguintes, a posição social feminina sofreu alterações. As mulheres puderam acessar uma educação mais cuidadosa e criteriosa, apesar de a permanência delas no espaço doméstico e a responsabilidade por seus lares continuar como o ideal de comportamento feminino.

Nas margens nas quais transito, testemunho que o exercício do magistério era um prolongamento das funções maternas. Instruir e educar crianças era considerado não somente aceitável como era a profissão ideal para mulheres que possuíssem moral ilibada, fossem pacientes, bondosas e indulgentes para lidar com os alunos. A educação para o magistério também legitimava a exclusão de mulheres de outros níveis de ensino, de acesso a salários melhores e justificava a manutenção de currículos que privilegiavam a economia doméstica ou a educação do lar em detrimento de outras disciplinas.

Entre os anos de 1951 e 1963, ainda eram administrados cursos de férias em distintas cidades de Mato Grosso com o intuito de "[...] adestrar leigos nos conhecimentos pedagógicos e atualizar os dos diplomados foram instituídos cursos de férias [...]" (Costa, F. C., 1951, p. 26). A palavra adestrar, adestramento era utilizada comumente para se referir ao treinamento e formação de mulheres para atuarem no magistério e para a aquisição de conhecimentos básicos: ler as primeiras letras, escrever, somar. Essa ideia de adestrá-las trazia consigo a ideia de submissão, obediência e atendimento às normas arraigadas que remetiam à religiosidade, às políticas educacionais e sociais, propagadas nas salas de aula e no convívio social.

Mantinha-se nesses anos, nos cursos normais, responsáveis pela formação de professoras primárias, nível ensino médio, as disciplinas Trabalhos Manuais e Economia Doméstica, incluindo conteúdos como: lavagem e engomagem, asseio, limpeza doméstica, cozinha, costura e confecção de roupas e tricô, bordado, consertos, criação de aves.

A esse respeito, o discurso e exaltação do magistério e sua conotação com um dever sagrado impregnavam as mentalidades acerca da profissão de professora. O trabalho feminino continuava a ser ditado pelos atributos de vocação e missão e, sobretudo, adestramento para atender a determinações sociais históricas.

Em síntese, ainda que breve, este texto é resultado de pesquisas desenvolvidas pelo coletivo que integra o Grupo de Pesquisa em História da Educação, Acervos Históricos Institucionais e Gênero – GPHEG (2023), cujas análises percorrem o trajeto que elegi na vida pessoal e no âmbito profissional. Constituem um conjunto de pesquisas a respeito de uma educação, de um percurso de escolarização da população brasileira que foi diferenciada para homens e mulheres.

As pesquisas que desenvolvo e oriento visam principalmente compreender e explicar o mundo social no qual vivo e construo minha identidade como professora e no reconhecimento de estereótipos sociais com os quais me deparo. Esses estereótipos que perduraram ao longo dos anos são uma construção social de grupos dominantes e de organismos sociais, e, portanto, são possíveis de serem transformados. Por isso, pesquiso, escrevo, denuncio.

A necessidade de análise e registro da história da educação feminina que venho pesquisando ao longo dos últimos anos é uma forma de lutar contra tantas desigualdades e preconceitos, falta de reconhecimento, dificuldades para ocupação de espaços públicos e de poder, mas principalmente, as diferenças de acesso e permanência até a conclusão com êxito de estudos, bem como o acesso a determinadas profissões, enfim, a favor de condições de equidade para a educação e para o mundo de trabalho para mulheres e homens, um desafio que ainda persiste em Mato Grosso, no Brasil e em várias partes do mundo.

Entre desigualdades e oportunidades: o devir e além

Ao término deste texto, a prevalência que vejo a partir das pesquisas que coordeno, ao investigar a formação escolar de mulheres, posso afirmar que embora a educação das mulheres tenha sido marcada pelo silenciamento, foi pela educação que as mulheres resistiram, lutaram, conquistaram o mundo do trabalho, espaços públicos e se profissionalizaram. O magistério foi apenas um dos primeiros espaços que ocuparam e ocupam em maioria nos estados brasileiros.

No percurso formativo, nos espaços escolares formais, mulheres foram convertidas para a submissão, a docilidade e a "invisibilidade".

Foram identificadas como missioneiras sob austeras concepções religiosas, por organizações públicas e até pelas práticas cotidianas no ambiente escolar que frequentavam.

A representação de uma figura feminina idealizada pelas práticas escolares determinou perfis femininos que seriam aceitáveis nas comunidades. Contudo as mulheres resistiram e, às margens, no ofício do magistério e em outras profissões, encontraram meios que lhes possibilitaram autonomia e liberdade financeira. Ao serem capazes de garantir minimamente a subsistência, foram além das paredes de seus lares.

Pouco evidentes ainda são as análises e registros históricos da história da educação feminina. Esse universo carece de pesquisas futuras. São raros os estudos acadêmicos relacionados às instituições escolares que ofertaram educação pública para a educação e formação docente de mulheres em Mato Grosso.

O investimento nessas pesquisas viabiliza a compreensão de percursos e desafios de mulheres em busca de escolarização, bem como a importância que deram à formação que obtiveram, além do registro de uma história repleta de desigualdades que lhes foi oportunizada. A descoberta de que há sólida estrutura social, cultural, econômica resistente ao tempo que submete e mantém as mulheres invisibilizadas, também aponta movimentos concretos em prol do acesso ao conhecimento e profissionalização, ocupação de espaços de poder e os rumos de rompimento das amarras de segregações históricas. Essas são algumas ponderações para o devir, para pesquisas que se entrelaçam às próprias contradições de minhas vivências na educação.

Estreitei ainda que breve, um paralelo com educação das mulheres, a formação doméstica oferecida que conduziu o processo de formação e responsabilização pelos seus lares, atribuída apenas às mulheres, propendendo a dar corpo ao projeto educacional das classes dirigentes, como uma forma de fortalecer a vida dos indivíduos e das famílias, levando os homens a gerir suas vidas de modo a maximizar o seu potencial produtivo em consonância com os ditames do capitalismo, ao mesmo tempo, relegando a maioria das mulheres brasileiras a um papel secundário, a um ideal de comportamento feminino que ainda hoje impera na maioria dos lares brasileiros.

REFERÊNCIAS

ALMEIDA, Jane Soares. **Mulher e Educação**: a paixão pelo possível. 1. ed. São Paulo: Editora Unesp, 1998.

ARA – Acervo e Repositório de História da Educação. Disponível em: https://ara.ufmt.ifmt.edu.br. Acesso em: 23 mar. 2023.

ARINAPI. Chronica. **A Violeta**: orgam do Gremio Litterario Julia Lopes, Cuiabá, ano V, n. 80, 18 abr. 1921.

A VIOLETA. **A Cruz**, Cuiabá, ano VII, n. 307, 24 dez. 1916. Disponível em: http://memoria.bn.br/DocReader/DocReader.aspx?bib=765880&pesq=a%20violeta&pasta=an o%20191&pagfis=1246. Acesso em: 10 jun. 2024.

BEAUVOIR, Simone de. [Feminismo] Entrevista com Simone de Beauvoir em 1975 - Por que me considero uma feminista? [Entrevista cedida a] Jean-Louis Servan-Schreiber. **Questionnaire**, 1975. Disponível em: https://www.youtube.com/watch?v=YxUKvtW-8Ww&t=9s. Acesso em: 8 mar. 2023.

BEZERRA, Artur D'Amico. **A Escola Normal de Ponta Porã, Sul de Mato Grosso (1959- 1974)**. Dissertação (Mestrado em Educação) – Programa de Pós-Graduação em Educação, Centro de Ciências Humanas e Sociais, Universidade Federal de Mato Grosso do Sul, Campo Grande, 2015.

BRANDÃO, Ascânio. A sociedade atual está atravessando uma espantosa crise de mães virtuosas. **A Cruz**, Cuiabá, ano XLII, ed. 1.965, 8 jul. 1951. Disponível em: http://memoria.bn.br/DocReader/DocReader.aspx?bib=765880&pesq=matrim%C3%B4nio% 20em%20fim&pasta=ano%20194&pagfis=7915. Acesso em: 10 jun. 2024.

CAPANEMA, Gustavo. **Panorama da Educação Nacional**. Rio de Janeiro: Ministério da Educação e Saúde, 1937.

CHAVES, Dom Orlando. Missionárias do Bom Jesus. **Jornal A Cruz**, n. 2712, p. 1, 31 jan. 1965.

CNPq 2018. Formação de Professoras Missioneiras nas Regiões Centro-Oeste e Norte: Mato Grosso e Rondônia/Brasil (1936-1963). Pesquisa coordenada por Nilce Vieira Campos Ferreira, Universidade Federal de Mato Grosso, campus Cuiabá/MT. Financiada pelo Conselho Nacional de Desenvolvimento Científico e Tecnológico – CNPq, Processo número 424497/2018-2. Brasília, CNPq, 2018.

COSTA, Antônio Corrêa. **Mensagem do Presidente do Estado de Mato Grosso à Assembleia Legislativa de Mato Grosso**. Cuiabá: Typographia Provincial, 1 fev. 1897. Disponível em: http://www-apps.crl.edu/brazil/provincial/mato_grosso. Acesso em: 3 dez. 2022.

COSTA, Fernando Corrêa. **Mensagem à Assembleia Legislativa**. Apresentado pelo governador do estado por ocasião da abertura legislativa de 1951. Mato Grosso, Cuiabá, 1951.

DIMPINA, Maria. Crônica. **A Violeta**: Órgão do Grêmio Literário "Julia Lopes", Cuiabá, ano XXVI, n. 304-305, 1944.

DIMPINA, Maria. Educação Doméstica. **A Violeta**: Órgão do Grêmio Literário "Julia Lopes", Cuiabá, ano XXVII, n. 327-328, 1946.

DIMPINA, Maria. Crônica. **A Violeta**: Órgão do Grêmio Literário "Julia Lopes", Cuiabá, ano XXXVIII, n. 333, 1950.

FERREIRA, Nilce Vieira Campos. **Economia Doméstica**: ensino profissionalizante feminino no Triângulo Mineiro (Uberaba/MG - 1953-1997). Jundiaí: Ed. Paco Editorial, 2014.

FERREIRA, Nilce Vieira Campos; BARROS, Josemir Almeida. Instrução Pública no início da República: Mato Grosso e Minas Gerais no fim do Século XIX e início do Século XX (1889-1906). **Revista Eletrônica Documento/Monumento**, Cuiabá, v. 15, p. 156-181, 2015.

GPHEG – Grupo de Pesquisa em História da Educação, Acervos Históricos Institucionais e Gênero. 2023. Disponível em: https://www.ufmt.br/unidade/gpheg. Acesso em: 23 mar. 2023.

LOURENÇO FILHO, Manoel Bergström. **Organização do Ensino Primário e Normal** – XVII. Estado de Mato Grosso. Boletim n. 22. Brasília: Inep, 1942.

LOURO, Guacira Lopes. **Gênero, sexualidade e educação**. Uma perspectiva pósestruturalista. Petrópolis: Editora Vozes, 1997.

LOURO, Guacira Lopes. Mulheres na sala de aula. *In*: DEL PRIORE, M. (ed.). **História das Mulheres**. 10. ed. São Paulo: Editora Contexto, 2020. p. 443-481.

MAGALHÃES, Justino. **Tecendo nexos**: história das instituições educativas. Bragança Paulista: Editora Universitária São Francisco, 2004.

MURTINHO, Manoel José. **Mensagem do Presidente do Estado de Mato Grosso para Assembleia Legislativa de Mato Grosso**. Cuiabá, 13 de maio de 1895. Disponível em: http://www-apps.crl.edu/brazil/provincial/mato_grosso. Acesso em: 14 dez. 2022.

NADAF, Yasmin Jamil. **Sob o signo de uma flor**. Rio de Janeiro: Satte, 1993.

OS DIREITOS das Mulheres. **A Cruz**, Cuiabá, ano XX, ed. 1775, 31 ago. 1947. Disponível em: http://memoria.bn.br/DocReader/DocReader.aspx?bib=765880&pesq=matrim%C3%B4ni o%20em%20fim&pasta=ano%20194&pagfis=7200. Acesso em: 14 dez. 2022.

PEDRO, Joana Maria. Mulheres do Sul. *In*: DEL PRIORE, Mary (org.). **História das mulheres no Brasil**. 10. ed. São Paulo: Editora Contexto, 2018. p. 278-321.

PERROT, Michelle. **Minha história das mulheres**. Tradução de Ângela Maria da Silva Côrrea. 1. ed. São Paulo: Contexto, 2007.

PERROT, Michele. **As mulheres ou os silêncios da história**. Tradução Viviane Ribeiro. 1. ed. Bauru: Editora EDUSC, 2005.

RAGO, Margareth. As mulheres na historiografia brasileira. *In*: SILVA, Zélia Lopes (org.). **Cultura histórica em debate**. São Paulo: Editora Unesp, 1995.

RAGO, Margareth. Epistemologia feminista, gênero e história. *In*: PEDRO, Joana Maria; GROSSI, Miriam Pillar; RAGO, Margareth. **Masculino, feminino, plural**. Florianópolis: Editora Mulheres, 1998. p. 25-37.

RECONAL-Edu – Rede de Pesquisa, Ensino e Extensão em Educação das Regiões Centro-Oeste e Norte do Brasil e da América Latina. 2023. Disponível em: https://www.ufmt.br/unidade/reconaledu. Acesso em: 23 mar. 2023.

SCHWARTZMAN, Simon; BOMENY, Helena Maria Bousquet; COSTA, Vanda Maria Ribeiro. **Tempos de Capanema**. 1. ed. São Paulo: Editora Paz e Terra, 2000.

VERISSIMO, José. **A Educação Nacional**. 3. ed. Porto Alegre: Editora Mercado Aberto, 1985.

CAPÍTULO 8

OS ÓBICES PROFISSIONAIS DE MULHERES DE LETRAS COM O TRÂNSITO NA DOCÊNCIA

Cristiane Ribeiro – UNICAMP

Introdução

O ano era 1878 e Machado de Assis lançava mais uma de suas obras de sucesso, *Iaiá Garcia*. A trama desenvolve-se sobre um amor não correspondido. Jorge, personagem de uma família aristocrática, apaixona-se por Estela, uma moça simples e sem posses. Para se esquecer de Estela, Jorge, contrariando sua mãe, decide ir lutar na Guerra do Paraguai contra os soldados de Solano Lopez e seus sentimentos e, ao retornar, depara-se com a jovem casada com um grande amigo da família, Luís Garcia, um funcionário público viúvo e pai de Iaiá Garcia, nome que dá o título a obra. Estela tinha um grande respeito por sua condição social, acreditava que caso cedesse ao casamento com Jorge, carregaria eternamente o sentimento de inferioridade social, sempre fazendo suas escolhas pela razão, o que levou ao casamento com Luís Garcia.

Após casar-se com Luís Garcia, Estela desenvolveu um sentimento de afeição por ele, que tinha Iaiá como filha, com quem criou uma relação de afeto e compartilhamentos. O desenlace do romance levará à aproximação entre Iaiá e Jorge, que acabam se tornando marido e mulher, trazendo um final feliz à obra machadiana. No entanto, o que aqui queremos evidenciar é a trajetória social de Estela, que tomou suas decisões sempre voltadas para a marginalização social que ela, como uma mulher e de posição humilde, estava sujeita naquela sociedade patriarcal. Após se tornar viúva, uma condição civil que possibilitava determinada mobilidade e status, decidiu sem qualquer remorso ou imposição se tornar professora em São Paulo, vendo nesse ofício uma forma de independência de todas as amarras sociais, das quais ela buscou fugir ao máximo, desde quando se recusou a casar com um homem bem-posicionado e reforçar sua submissão àquelas mazelas, até a escolha pelo trabalho remunerado.

Sabemos como a trama machadiana lança luz a questões importantes sobre o período o qual escreve, a partir das quais é possível interpretar as mudanças históricas segundo sua própria visão (Chalhoub, 2003). À data de publicação da obra de Machado de Assis, o magistério era uma das únicas profissões abertas ao sexo feminino, possibilitando que buscassem nele a remuneração necessária para a independência financeira. Ainda que mulheres ocupassem outros postos de trabalho, como secretárias, cuidadoras, comerciantes, lavadeiras, passadeiras e cozinheiras, esses espaços não eram muitas vezes legitimados profissionalmente pelo poder hegemônico, os últimos inclusive eram ocupados majoritariamente por escravizadas. Sendo assim, foram muitas as Estelas que recorreram ao aparato público para conseguirem o aval necessário aos seus trânsitos cotidianos com as aulas, o qual, vale destacar, era demasiadamente cansativo. Algumas, contudo, almejavam mais do que serem professoras, e vinham buscando sua valorização no universo das letras, seja ao publicar suas obras ou na colaboração esporádica em jornais. Foram essas mulheres que, devido as suas experiências de gênero, iniciaram uma luta em prol de suas reivindicações. Francisca Senhorinha da Mota Diniz, uma professora e jornalista mineira estabelecida no Rio de Janeiro, foi uma das que buscaram reivindicar direitos inerentes ao acesso na educação. Segundo suas palavras: "Não estamos mais nos tempos em que o saber estava encarcerado nos claustros; a nova geração procura fazer desaparecer os vestígios tristes de outros tempos" (O Sexo Feminino, ed. 9, 14 set. 1889).

As palavras de Francisca Senhorinha têm relação com o contexto do medievo, em que mulheres recorreram à clausura dos conventos para terem acesso mínimo à educação, ainda que aos moldes patriarcais da Igreja, em que "era um espaço livre possível dentro da vida no convento e na ausência das responsabilidades domésticas e reprodutivas das mulheres" (Lerner, 2022, p. 85). Quase seis séculos depois, as mulheres ainda não tinham uma educação em igualdade com os homens, e é mediante isso que muitas começaram a publicar artigos e obras para questionar a sociedade patriarcal que as excluíam do florescimento intelectual em finais do século XIX. Um dos caminhos encontrados foi a imprensa, um espaço fundamental para o incipiente feminismo que começava a florescer no final daquele século — ainda branco, intelectual e sem mobilizações mais organizadas.

Devido à falta de profissionalização nas letras, ou seja, as dificuldades de remuneração e valorização por seus pares masculinos dentro das instituições da categoria, como sociedades, academias e associações literárias, a grande maioria das mulheres que ocupou esse espaço trabalhou como professora. Esse é o caso de Joana Manso de Noronha, Francisca Senhorinha da Mota Diniz e suas filhas, Narcisa Amália, Adelina Lopes Vieira, Josephina Álvares Azevedo e tantas outras, muitas ainda anônimas. Essas mulheres transitaram entre o universo da escrita e da docência, algumas conseguiram progressão na vida intelectual e lançaram seus jornais, porém a grande maioria permanece no esquecimento, deixando lacunas nessa História.

A discriminação educacional era de praxe nos círculos de mulheres até mesmo da elite ao longo de todo o Oitocentos, uma vez que o conhecimento não estava disponível para elas do mesmo modo que para os homens, mas, ainda assim, existiram aquelas que tiveram acesso ao mesmo tipo de educação de seus irmãos. Segundo Gerda Lerner (2019, p. 274),

> [...] das fileiras dessas mulheres surgiram as intelectuais e pensadoras, as escritoras e artistas. Foram essas que, ao longo da História, tornaram-se capazes de nos dar uma perspectiva feminina, uma alternativa ao pensamento androcêntrico.

Foi graças à atividade intelectual empreendida no passado por determinados círculos sociais que mulheres puderam travar um diálogo interpretativo com as grandes mentes masculinas, partindo para isso das suas subjetividades em uma crítica ao sistema hegemônico, dos quais encontramos muitas brasileiras trabalhando como professoras enquanto produziam intelectualmente.

O artigo almeja discutir o papel da docência para as incipientes reivindicações feministas, em que as mulheres utilizavam de suas experiências profissionais como professoras para argumentarem em prol das melhorias curriculares e das condições para o exercício da profissão, seguido de uma ampliação de direitos. Como veremos, muitas das jornalistas que lançaram seus negócios ao longo do Oitocentos também foram professoras, mães e esposas, logo, seus textos priorizaram o debate educacional como fio condutor das publicações, trazendo como pauta o papel materno na instrução de seus filhos e filhas. Além disso, como o universo intelectual e suas instituições permaneceram hostis ao sexo feminino por décadas, muitas tiveram que transitar entre a escrita e a docência, sendo essa última a profissão responsável por arcar com as despesas fundamentais de suas existências.

Outro ponto importante é o fato de que normalmente as filhas seguiram a profissão materna, isto é, atuaram ao lado de suas mães com o exercício do magistério e depois herdaram seus negócios, como é o caso de Francisca Senhorinha da Mota Diniz e suas quatro filhas — Albertina Augusta Diniz, Amélia Augusta Diniz, Elisa Diniz Machado Coelho e Eulália Diniz Ferreira da Silva[88] —, personagens importantes da nossa História. Ainda que todas tenham se aventurado pela escrita, sobretudo com a publicação de textos nos jornais redigidos pela mãe, foi com o magistério que trabalharam até o fim de seus dias, trilhando seus caminhos emancipacionistas pelo direito e pelo acesso à educação para meninas que muitas vezes não tinham a oportunidade de se instruírem da maneira adequada.

Mulheres professoras, escritoras e jornalistas

A vida de escritora ao longo dos Oitocentos não era das melhores. Na verdade, os casos daquelas que conseguiram sobreviver unicamente com a escrita são quase inexistentes, o que impactava também literatos de renome. Durante a segunda metade do século XIX e início do XX, os embates travados por intelectuais brasileiros na imprensa e no parlamento demonstram como, para aqueles homens de letras, viver de suas penas era uma tarefa difícil (Godoi, 2017). Consequentemente, muitos foram impelidos ao funcionalismo público. No caso das mulheres, na medida em que lhes era negado o acesso a determinados postos na burocracia do Estado e na política (Ribeiro, 2019), o ofício na educação apareceu como uma primeira oportunidade de conseguir os recursos financeiros que possibilitassem a dedicação de parte de seu cotidiano à escrita.

Há, no entanto, uma copiosa literatura dedicada a analisar as experiências de intelectuais como funcionários públicos durante o período monárquico. Autores para os quais a atuação no funcionalismo público foi determinante da conformação estética e política da obra de poetas e romancistas. Sidney Chalhoub (2003), por exemplo, analisou a experiên-

---

[88] Pesquisas por muito tempo afirmaram que Francisca Senhorinha da Mota Diniz teve duas ou três filhas no máximo; no entanto, constatamos que na verdade foram quatro. A mais nova sendo o motivo da mudança da família para o Rio de Janeiro quando do lançamento do jornal *O Sexo Feminino*. Segundo Fernanda Alina de Andrade, por exemplo, Senhorinha teve três filhas com José Joaquim da Silva Diniz: Amélia, Albertina e Elisa. Ver mais em: Andrade (2006). Gerlice Teixeira, também em sua dissertação de mestrado, defendida em 2011, afirma o mesmo quanto ao número de filhas. Ver mais em: Rosa (2011).

cia de Machado de Assis como funcionário do Ministério da Agricultura. Investigando a atuação de Assis no desenrolar da década de 1870, quando o funcionário público se envolveu na fiscalização e aplicação da Lei de 28 de setembro de 1871, o historiador estabeleceu uma nova perspectiva interpretativa ao concluir que "o funcionário lia o lamento, circunspecto, na rotina da repartição, para que o literato, galhofeiro ou dissimulado, pudesse recriá-lo depois" (Chalhoub, 2003, p. 258).

Nesse mesmo sentido, Wilton José Marques (2010) analisou o poeta Gonçalves Dias que, a exemplo de Machado, também se tornou funcionário público. Marques (2010) afirma que em termos de sobrevivência econômica não havia alternativa para esses intelectuais, haja vista que a carreira de escritor não era satisfatória, levando-os a se empregarem no aparelho do Estado e a se tornarem dependentes do emprego público. Gonçalves Dias teria consciência de como as coisas funcionavam, mas em alguns momentos também assumia posições contraditórias no funcionalismo público, por exemplo, ao criticar a escravidão e fugir da lógica de cumplicidade permanente que presidia as relações de favor entre os escritores e a boa sociedade no Brasil (Marques, 2010).

Devido ao fato de as mulheres não serem aceitas nos postos da burocracia do Estado e na política, um caminho encontrado para suas ambições intelectuais foi no trabalho com a docência, já que poucas foram aquelas que se colocaram publicamente como escritoras ou jornalistas profissionais. A própria designação "jornalista" não era ocorrência comum em meados do século XIX para mulheres no Brasil. Só encontramos algumas poucas passagens em finais da década de 1870 e 1880, no entanto, tratando sobre casos estrangeiros, como uma publicação localizada — *Mulheres Jornalistas* — que traz dados sobre a presença de mulheres na profissão nos Estados Unidos, na Alemanha e na Inglaterra ocupando com "verdadeira fascinação" o ofício do jornalismo nesses países (Diário do Brazil, ed. 57, 11 maio 1883). Além do nome de Josephina Álvares Azevedo, que a partir de 1893 constava no *Almanaque Laemmert* entre os jornalistas atuantes no Rio de Janeiro (Almanaque Laemmert, 1893). Não obstante, as brasileiras adentraram nesse universo ainda em meados da década de 1850, lançando, dirigindo e publicando seus próprios jornais, como o exemplo do *Jornal das Senhoras*, lançado em 1852 e de mulheres que assumiram as tipografias na ocasião da viuvez[89]. Designar-se profissionalmente como jornalista, frequentando escolas e cursos superiores, só foi possível mesmo em meados do século XX no Brasil, mais especificamente na década de 1960, mesmo assim em um processo lento e gradual.

A grande maioria das jornalistas ao longo do século XIX foi professora, algumas lecionando aulas particulares para os filhos e as filhas da elite, outras professoras de escolas públicas, sejam urbanas ou rurais, nomeadas por concurso público, ou proprietárias e diretoras de seus próprios colégios espalhados pela cidade. Dentro dessa divisão, ainda existiam hierarquias bem delimitadas sobre os postos ocupados, em que encontramos mestras muito bem instruídas com formação estrangeira, domínio de várias línguas, conhecimento de aritmética, geometria, filosofia, história e piano. Em contrapartida, havia outras que sabiam leitura e matemática básica, além dos aprendizados de corte, costura e culinária, essas foram as que se dispuseram a lecionar nos mais diversos lugares, deslocando-se horas de um trajeto a outro e exercendo jornadas altamente cansativas. Por frequentar lugares mais simples que o público-alvo era de famílias pobres, elas trabalhavam mais e recebiam menos. Segundo Alessandra Schueller e José Gondra (2008, p. 171),

> Sem falar ainda nas diferenças existentes entre estatutos sociais de uma multiplicidade de profissionais que viviam de ensinar em aulas isoladas, cursos preparatórios, escolas e colégios primários e secundários, os quais possuíam condições de trabalho e remuneração heterogêneas e extremamente distintas, conforme a finalidade, a localização e a clientela atendida pelos estabelecimentos de instrução.

Com esse breve esboço é possível imaginarmos que era irreal para as professoras que lecionavam para as classes mais populares a vida de escritora ou jornalista, isso porque, como bem disse Virginia Woolf, "uma mulher precisava ter dinheiro e um teto todo seu, um espaço próprio, se quiser escrever ficção" (Woolf, 2019). O tempo era central para o florescimento intelectual, e a vida dessas professoras além do trânsito diário com as aulas era permeada pelas tarefas domésticas inerentes aos papéis de gênero socialmente designados, quando não

---

[89] Um outro caso sobre a presença feminina no universo dos impressos trata sobre as mulheres que assumiram tipografias, atuando como protagonistas na circulação de folhas em diversas partes do país. Esse é o caso de Rufina Rodrigues da Costa, viúva de Paula Brito, homem que assumiu papel importante no universo tipográfico do Rio de Janeiro (Godoi, 2016) e de Umbelina Coelho da Silva, viúva de Luiz Roma, também comerciante do universo tipográfico no Recife (Braga, 2019).

fossem esposas e mães. Nesse caso, era comum a concomitância entre o trabalho docente, a escrita e as atividades domésticas, e a vida da professora e jornalista Francisca Senhorinha da Mota Diniz ilustra um pouco sobre esses trânsitos.

Nascida em São João del-Rei, Minas Gerais, em 1834, filha de Eduardo Gonçalves da Motta Ramos com Gertrudes Alves de Melo Ramos, Francisca Senhorinha da Mota Diniz teve uma educação que se diferenciava dos moldes comuns presentes no Oitocentos. Isso porque desde pequena dedicou-se aos aprendizados intelectuais para além de gramática e aritmética básica, tendo grande interesse em filosofia, história e línguas[90]. Talvez sua formação tenha contribuído para o surgimento de suas reivindicações profissionais, que caminharam no sentido de questionar o sistema educacional vigente que excluía meninas de um currículo em igualdade com os meninos.

Foi com a Reforma Couto Ferraz, aprovada em 17 de fevereiro de 1854, que se estabeleceu uma política mais centralizada do ensino, instituindo-se a Inspetoria Geral da Instrução Primária e Secundária do Município da Corte (IGIPSC). Segundo Gondra e Tavares (2004), submeter o aparelho privado a um maior controle justificava-se na medida em que o projeto político em vigor associava a busca por graus mais elevados de progresso, a uma rede de escolarização mais uniformizada e homogênea, em que as aulas particulares também passaram por regulamentação. É importante salientarmos que imediatamente após tal reforma, uma série de dificuldades foi imposta ao trabalho feminino. A Inspetoria passou a considerar as "condutas morais" de mulheres que, para lecionarem e se manterem no exercício da profissão, necessitavam de autorização do marido, caso fossem casadas, ou dos pais se solteiras, tendo menos de 25 anos de idade[91].

Junto a isso, é importante destacarmos como a educação também foi um lugar de muitas violências, as quais as mulheres foram as principais prejudicadas. Existe uma série de documentos que trazem denúncias acerca de práticas de sodomias, defloramento e abusos de meninas dentro

---

[90] Ver mais em: Ribeiro (2022).
[91] "Art. 16. As professoras devem exibir, de mais, se forem casadas, a certidão do seu casamento; se viúvas, a do óbito de seus maridos; e se viverem separadas destes, a publica forma da sentença que julgou a separação, para se avaliar o motivo que a originou. As solteiras só poderão exercer o magistério público tendo 25 anos completos de idade, salvo se ensinarem em casa de seus pais e estes forem de reconhecida moralidade" (BRASIL. DECRETO Nº 1.331-A, DE 17 DE FEVEREIRO DE 1854. Disponível em: https://www2.camara.leg.br/legin/fed/decret/1824-1899/decreto-1331-a-17-fevereiro-1854-590146-publicacaooriginal-115292-pe.html. Acesso em: 19 jan. 2023.)

das escolas, em que os abusadores foram professores ou companheiros das professoras que lecionavam suas aulas regulares, que comumente aconteciam dentro de casas, que além de salas de aulas, também eram as residências familiares de seus mestres (Limeira; Nascimento, 2016). No entanto, as mulheres foram as principais prejudicadas nesse processo, em que eram obrigadas a fechar seus estabelecimentos e perdiam o registro para lecionarem emitido pela Inspetoria Primária e Secundária do Município da Corte, afetando suas subsistências básicas; os homens, por sua vez, na grande maioria das vezes não eram punidos criminalmente.

Foi o sexo feminino que assumiu a centralidade na missão educadora, que agora passava por um processo de escolarização sob a vigilância do Estado, contribuindo para que muitas meninas que antes não tinham um horizonte de expectativas no quesito trabalho agora pudessem ter um caminho profissional a trilhar. Foi como reflexo desse processo que muitas adentraram no espaço público como intelectuais e se perceberam como fundamentais para as discussões sobre literatura, instrução e direitos, que caminhavam juntos nos processos de alfabetização. Francisca Senhorinha da Mota Diniz, por exemplo, quando decidiu inaugurar o jornal *O Sexo Feminino*, em 1873, já acumulava anos na docência, transitando com aulas em diversas cidades nas províncias de Minas Gerais, São Paulo e Rio de Janeiro. Por isso, sabia muito bem das dificuldades enfrentadas pelas professoras no que se refere à valorização do ofício e compartilhou dessas adversidades com o grupo constituído por outras professoras nas páginas de seu jornal.

As muitas jornalistas que colaboraram com seus textos nas páginas de *O Sexo Feminino* teceram solidariedades entre si. Estabeleceu-se o que Telles denominou de cultura feminina, entendida como

> [...] um conjunto de ideias e modo de agir diferente da dos homens, mesmo que se defina em relação à dominante. Possui uma história distinta. [...] Essa tradição literária é produto de uma sutil inter-relação entre as influências da época (Telles, 2012, p. 260).

Isso ajuda-nos a compreender, por exemplo, as adequações de seus textos às influências e convenções patriarcais, inclusive as operações editoriais de impressão de seus jornais, uma vez que tiveram que estabelecer estratégias diversas para serem publicadas. Ainda mais que na linguagem hegemônica e universal do século XIX, aquelas que escreviam eram, muitas das vezes, categorizadas como anomalias indefiníveis, sobretudo ao fato de que precisaram escapar das representações dos textos masculinos "que as definiam como ninharia, nulidade ou vacuidade, como sonho e devaneio" (Telles, 2012, p. 250).

O trabalho na docência exigia uma série de requisitos, que prezava pelos bons modos e pela moralidade das professoras, afinal estamos falando de uma profissão que era considerada uma extensão do papel materno de cuidado. Assim, logo da inauguração do jornal *O Sexo Feminino*, em 7 de setembro de 1873, na cidade de Campanha, Minas Gerais, Francisca Senhorinha da Mota Diniz fez questão de elencar seus propósitos com o melhoramento educacional:

> Em vez de pais de família mandarem ensinar suas filhas a coser, engomar, lavar, cozinhar, varrer a casa, etc. etc., mandem-lhes ensinar a ler, escrever, contar, gramática da língua nacional perfeitamente, e depois economia e medicina doméstica, a puericultura, a literatura (ao menos a nacional e portuguesa), a filosofia, a história, a geografia, a física, a química, a história natural, para coroar esses estudos a instrução moral e religiosa (O Sexo Feminino, ed. 1, 7 set. 1873, p. 1).

As reivindicações da professora perpassavam por um melhoramento na construção dos currículos que excluía as meninas de vários aprendizados que eram lecionados para os meninos. No entanto, os preceitos morais e religiosos permaneciam como disciplinas comuns a uma boa formação (para ambos os sexos, de acordo com os currículos oficiais). Foram muitas aquelas que desde pequenas foram instruídas pelas penas de suas mães, que eram professoras para além de suas casas. O incentivo a uma educação adequada e que prezasse pela igualdade do currículo entre meninos e meninas era algo já bastante comum nas décadas finais do século XIX, o que comumente tem sido caracterizado como um incipiente feminismo maternalista. Segundo Gerda Lerner, essas mulheres,

> [...] transformaram a doutrina da esfera específica em um debate feminista ao argumentar que as mulheres tinham direito à igualdade por serem cidadãs, logo, possuíam os mesmos direitos naturais que os homens, e também porque, como mães, tinham mais condições que os homens de melhorar a sociedade (Lerner, 2019, p. 55-56).

As mães professoras, além de colaborarem com o debate sobre direitos, tiveram papel central em reivindicar esse espaço também aberto às suas filhas, que seguiram o mesmo caminho profissional, como uma possibilidade mais valorizada socialmente no período. Muitas por escolha própria, outras nem tanto, adentraram apenas na busca por recursos financeiros que não conseguiam em outras profissões, uma vez que o gênero impactava profundamente sobre os lugares que podiam ocupar. Além disso, ao assumirem a identidade de professoras, elas tiveram novas possibilidades entre o público e o privado — como escrever livros didáticos, romances, dirigir colégios, disseminar programas educativos e instruir segundo seus preceitos — que foram cruciais para suas demandas por direitos. Segundo Mônica Szurmuk e Cláudia Torre:

> *Asuntos ligados a la alianza entre clases, la especificidad de la escritura de mujeres y la división ente lo público y lo privado dan forma a la escritura de estas mujeres. Muchas de ellas pertenecían a la clase trabajadora y nunca se consideraron a sí mismas como escritoras. Algunas tenían contacto intenso con escritores vanguardistas, otras, en absoluto. Su obra a través de fronteras y a través de géneros, expone un deseo colectivo de formas alternativas de intervención política y de producción personal* (Szurmuk; Torre, 2018, p. 200).

Para Iane Almeida (1998), as professoras ao longo do século XIX adquiriram centralidade na missão de educar, não mais apenas na família, mas também nos processos de escolarização e instrução na construção da nação. Já Michel Apple (1995), ao analisar as transformações educacionais nos EUA e na Inglaterra, observou que, na medida em que as camadas populares passaram a ter maior acesso ao ensino, a docência passou por um processo de desqualificação econômica, o que tem relação com as novas hierarquias que foram criadas à medida que as mulheres ocuparam a profissão. Por fim, Alessandra Frota M. Schueler (2004) analisou o processo de feminização do magistério nas escolas primárias do Rio de Janeiro em fins do XIX e apontou que a configuração da profissão docente muitas vezes carregava consigo experiências e trajetórias dessas mulheres, as quais advinham de classes não privilegiadas vendo na docência a única oportunidade de emprego.

O caso das filhas da família Mota Diniz traz uma série de questões importantes para compreendermos a hereditariedade na profissão docente, em que encontramos as quatro filhas transitando ora como professoras ora como escritoras. Não temos muitas informações sobre elas — Albertina Augusta Diniz, Amélia Augusta Diniz, Elisa Diniz e

Eulália Diniz —, apenas algumas publicações e traduções que foram feitas e assinadas com seus respectivos nomes ao longo das edições dos periódicos redigidos por sua mãe, bem como as nomeações para os cargos de professoras públicas no Rio de Janeiro. Todas as quatro dedicaram parte de seus dias para a vida de escritora, publicando obras, artigos ou poesias, mesmo que não tenha sido uma prática constante. No entanto, o ofício que de fato tomou a maior parte do tempo de todas foi o magistério, ao qual as quatro dedicaram longas horas de seu cotidiano para o ensino de crianças, seja através das aulas individuais como em salas cheias de alunas em colégios públicos e particulares.

Dentre todas, aquela que mais conseguiu proeminência no universo intelectual foi Albertina Augusta Diniz, a primogênita e aquela que teve uma vida breve. Segundo Ignez Sabino (1996), escritora influente nos círculos intelectuais no Oitocentos, Albertina Augusta Diniz, aos 16 anos, já era educada, isso como resultado do incentivo propiciado por sua mãe. A jovem colaborou na escrita e tradução de artigos para *O Sexo Feminino* e, "devido a enorme tarefa que sua mãe colocou sobre seus ombros, desenvolveu o gosto pelas letras" (Sabino, 1996, p. 248), conciliando a escrita com a atividade docente. Em contrapartida, muitas outras jovens mulheres não conseguiram sequer aventurarem-se com a atividade intelectual, isso porque era necessário tempo para que as produções pudessem ser realizadas, e a grande maioria desde nova exerceu outras funções, seja no cuidado com a casa, dos irmãos, avós e planejamento de aulas.

Maria Fortunato Cardozo de Siqueira Amazonas foi uma professora pública do Rio de Janeiro ao longo da década de 1870. Não sabemos muito sobre sua trajetória intelectual, apenas que seguiu a profissão dentro da família. Em 1871, ocasião em que ainda era solteira, a mãe escreveu à Inspetoria:

> Declaro que faço muito gosto e é de minha livre vontade que a minha filha, Maria Fortunato Cardozo de Siqueira Amazonas, atualmente professora adjunta, siga na carreira de magistério público; outrossim que me comprometo a acompanha-la sempre até que tenha o estado de casada.
> Rio de Janeiro, 14 de julho de 1871
> Maria Eugênia Moreira Siqueira Amazonas (Instrução Pública, série 11.3.35, Ano 1871, AGCRJ).

A mãe, viúva na ocasião do professor público Joaquim José Cardozo de Siqueira Amazonas, colocava-se como responsável pelo acompanhamento do trabalho da filha até que ela se casasse, já que a necessidade de tutela era uma realidade na vida das mulheres. Ainda que a documentação não aponte a mãe como professora, é possível inferirmos que muito provavelmente ela foi a responsável pela educação da filha e a incentivadora para que continuasse na carreira docente, uma vez que as facilidades de aceitação, a notabilidade familiar e o complemento de renda eram necessários para o provimento das despesas familiares. Outra hipótese possível é que o falecimento paterno possa ter impactado sobremaneira nos proventos mensais da família, obrigando a filha a buscar no magistério um complemento.

O caso de outra professora, Maria de Jesus da Cruz Santos, fica evidenciado em uma petição direcionada ao Imperador, pleiteando uma vaga em 1856. Na ocasião ela informou que:

> [...] brasileira, casada e filha da falecida professora pública de primeiras letras da freguesia de Sant' Anna, tendo-se submetido a exame de habilitação para ensino primário afim de poder legalmente continuar a reger seu colégio, situado na rua da Saúde n.146 em que funciona desde 1855, com permissão do então Inspetor Geral interino de instrução primária da corte, aconteceu que possuída do temor inseparável de quem bem se compenetra de importância de semelhantes atos, tendo sua reputação intelectual e posição social dependentes deles, e não podendo deixar de temer por ambos, ameaçada de um resultado letal, sempre em tais casos possível, e ainda sobre tudo possuída do natural acanhamento de seu sexo, foi mandada esperar para segundo exame. Nesta contingência a suplicante vem rogar a Vossa Majestade Imperial a continuação da graça que já lhe foi concedida, afim de que, no pequeno espaço de tempo que tem que esperar pelo seu novo exame, não seja interrompida no exercício de seus trabalhos e fechado o seu estabelecimento que, conscienciosamente falando, não só coadjuva os interesses da suplicante como é de não pouca utilidade a muitas famílias pelo lugar em que se acha estabelecido. A natural bondade e benevolência de Vossa Majestade Imperial, levando em conta o que acima expõe a suplicante dão-lhe toda a esperança de ser atendida nesta graça que submissamente pede.
> Rio de Janeiro, 15 de maio de 1856 (Instrução Pública, série 12.3.39, Ano 1856, AGCRJ).

A surpresa da professora com o pedido do segundo exame se deu mediante o fato de que sua experiência com o magistério seguia os caminhos da mãe, e que ela já atuava no ramo com a direção de seu colégio, localizado nas imediações da Rua da Saúde, logo, acreditava nas facilidades relacionadas à hereditariedade na profissão. No contexto que estamos trabalhando, era muito comum que a clientela da mãe fosse adquirida pela filha, que aproveitava a região e o nome já consolidado para seguir seu caminho profissional. Segundo ela própria destacou, o trabalho ali desenvolvido era de "utilidade a muitas famílias pelo lugar em que se acha estabelecido" (INSTRUÇÃO PÚBLICA, série 12.3.39, Ano 1856, AGCRJ, s/p), isto é, a filha encontraria caminhos profissionais já trilhados inicialmente por sua mãe, que consolidou uma clientela na região, em que provavelmente não existiam muitos estabelecimentos escolares.

Os inúmeros requerimentos enviados à Inspetoria Geral da Instrução Primária e Secundária da Corte, guardados no Arquivo Geral da Cidade do Rio de Janeiro (AGCRJ), revelam uma infinidade de mulheres que utilizaram a estratégia de recorrer ao nome de suas mães nos pedidos, talvez em uma tentativa de conseguir autorização sem quaisquer empecilhos. Foram muitas as famílias como a Mota Diniz que estabeleceram redes familiares dentro da docência, levando cada vez mais a feminização da profissão. Ainda que Francisca Senhorinha da Mota Diniz tenha se destacado na docência e nas letras, uma vez que conseguiu abrir seus próprios colégios e, além, dirigir jornais e publicar textos que circularam ao longo do século XIX, é possível afirmarmos que ela e suas filhas enfrentaram ainda uma série de desafios no exercício da profissão, materializados nas constantes tentativas de aberturas de negócios educacionais e jornalísticos.

A trajetória de Francisca Senhorinha da Mota Diniz com os jornais é um dos exemplos sobre a complexidade da mulher que almejava o caminho com as letras em meados dos Oitocentos. Ao longo de toda a sua vida ela trabalhou muito, tanto por objetivos financeiros, quanto por anseios maiores, relacionados à causa da emancipação social e intelectual do sexo feminino, que encontrava uma série de óbices referentes à dependência legal — isso, é claro, afetava um grupo seleto de mulheres que não pode ser analisado em igualdade de condição. Ao mesmo tempo que ocupou seus dias com o professorado, dirigindo colégios e buscando ao máximo a longevidade em seu funcionamento, ela labutou nos negócios jornalísticos e com as produções literárias.

Todos os empreendimentos jornalísticos criados por Francisca Senhorinha, quais sejam: *O Sexo Feminino, A Primavera, A Voz da Verdade* e *O Quinze de Novembro do Sexo Feminino*, tiveram a colaboração das filhas. Os projetos editoriais seguiram propósitos coletivos dentro da família Mota Diniz, em que as cinco mulheres foram as responsáveis por ditar as ordens do projeto intelectual, gráfico e das demandas cotidianas referentes à impressão. Além disso, mães e filhas tinham que otimizar tempo para dar conta das funções relacionadas ao magistério, desde as aulas por elas lecionadas até a direção de um colégio particular e suas tarefas administrativas. A divisão de tarefas esteve associada a uma rede familiar constituída nesse universo intelectual, em que a experiência ao lado de Senhorinha contribuiu bastante para que suas filhas conseguissem uma progressão profissional.

Em vias de conclusão

Foram muitas as Marias, as Estelas, as Franciscas e suas respectivas filhas que trabalharam como professoras ao longo do século XIX, sendo que a possibilidade de que a maioria almejasse mais do que a docência era grande. Todavia, poucas foram aquelas que alcançaram projeção intelectual, como sucedeu com Francisca Senhorinha da Mota Diniz, que conseguiu driblar as intercorrências de sua vida no quesito posição social. Os caminhos de gênero percorridos por essas professoras enfrentavam óbices que eram, na maioria das vezes, justificados por fatores biológicos. Tudo isso dificultava ainda mais o acesso delas aos espaços constituídos e pensados pelos homens, como as instituições, academias, associações e o próprio universo da imprensa.

Queremos aqui elencar o magistério como um trabalho intelectual que historicamente foi desvalorizado dentro das profissões, sobretudo pelo fato de que eram as mulheres que ensinavam, e ainda ensinam. A heterogeneidade do grupo ao longo do século XIX se deve às várias mulheres que buscaram no ofício uma forma de sair da posição doméstica, outras pela necessidade de complementar a renda familiar, quando o marido individualmente não conseguia suprir com as necessidades familiares e, claro, as muitas mães solos que arcavam com a subsistência de seus filhos e filhas. Por tudo isso, fica ainda mais visível como o universo das letras era uma profissão que implicava o trânsito por outras profissões, nas quais uma variedade de mulheres buscou alternativas produtivas e remuneratórias não encontradas na imprensa. A feminização do magistério em meados do século XIX levou à desvalorização da profissão, em que novas hierarquias foram sendo constituídas a partir das interconexões de classe, raça e gênero.

As bases teóricas do estudo aqui realizado têm raízes no campo intelectual do feminismo, consequentemente, suas preocupações são interpretativas e críticas às estruturas que se perpetuaram ao longo dos anos dando vantagens ao sexo masculino, como no caso do campo intelectual. Tais estudos surgem e são, fundamentalmente, da ordem da experiência de mulheres que não viram suas histórias serem contadas, ou foram invisibilizadas em suas trajetórias profissionais. Segundo Marilyn Strathern (2006, p. 68),

> O feminismo objeta a comparação entre culturas, propondo, em vez disso, a tautologia de que as relações entre os sexos devem ser explicadas por outras relações. Isso se deve a uma visão da constituição da sociedade que a toma meramente como um contexto para essas relações [...].

A marginalização das mulheres no campo profissional encontra explicações históricas, em que construtos foram criados para consolidar a ideia de incapacidade ou inferioridade feminina em uma visão binária de masculino e feminino.

Em uma sociedade altamente moralizada, em que prevaleciam os princípios de recato assentados em um imaginário religioso, o trabalho feminino deveria seguir uma lógica própria. Era possível a algumas exercer o ofício desde que estivesse vinculado aos papéis de gênero já delimitados desde o nascimento, e por isso o magistério foi tão importante na trajetória de inserção de mulheres no universo do trabalho, já que "o critério de nomeação das mestras envolvia a honestidade, prudência e conhecimento, e ainda a costura e o bordado. Elas eram isentas da obrigação de ensinar geometria, aritmética; nas escolas para meninas, estava restrito as 4 operações" (Azevedo, 2002, p. 292), características comuns à construção do que era "ser mulher" na perspectiva ocidental e burguesa estabelecida, em que se construiu a ideia de uma cultura feminina dentro de um sistema de relações desiguais (Morant, 2017).

Essas relações desiguais eram ditadas ainda na infância, instância em que meninas eram instruídas pelos preceitos maternos, o que explica por que muitas "herdaram" da mãe a profissão na docência, ou, melhor dizendo, tiveram esta como única alternativa possível dentro dos parâmetros estabelecidos. Devido à necessidade de complementar a renda familiar, muitas jovens de classes humildes vão recorrer ao aparato do Estado para lecionar, dando ênfase ao fato de serem filhas de "ex-professoras públicas" ou "renomadas professoras" que já atuavam naquele espaço, facilitando assim o acesso destas à profissão. Os requerimentos enviados à Inspetoria da Instrução revelam uma infinidade de mulheres que utilizaram a estratégia de recorrer ao nome de suas mães nos pedidos, talvez em uma tentativa de conseguir autorização sem quaisquer empecilhos ditados pelo regulamento em vigor. O destino dado por Machado de Assis a Estela é muito mais do que uma simples ficção, pois traz à tona a complexidade da condição das mulheres no que se refere ao trabalho no período que escreve. Muitas conseguiram escrever, mas tiveram que enfrentar dificuldades relacionadas às suas jornadas com as aulas ou funções domésticas, outras até tentaram, mas a necessidade de subsistência levou ao acúmulo de tarefas e a falta de tempo. As filhas que seguiram a mãe na profissão, por sua vez, viram ali um caminho mais fácil, que já havia sido desbravado com inúmeras dificuldades pelas suas mães, o que possibilitou em parte um crescimento intelectual e financeiro que garantiu seguridade às ambições emancipacionistas na luta por direitos, que começou a se ampliar ainda mais em finais do século XIX, sobretudo através da imprensa.

FONTES

ALMANAQUE LAEMMERT. Rio de Janeiro: [s. n.], 1893.

BRASIL. DECRETO Nº 1.331-A, DE 17 DE FEVEREIRO DE 1854. Disponível em: https://www2.camara.leg.br/legin/fed/decret/1824-1899/decreto-1331-a-17-fevereiro-1854-590146-publicacaooriginal-115292-pe.html Acesso em: 19 jan. 2023.

DIÁRIO DO BRAZIL. [S. l.]: [s. n.], ed. 57, 11 maio 1883.

INSTRUÇÃO PÚBLICA. Império do Brasil, números 11.3.35 (ano 1871), 12.3.39 (ano 1856). Arquivo Geral da Cidade do Rio de Janeiro (AGCRJ). Consulta *in loco*.

O SEXO FEMININO. [S. l.]: [s. n.], 1873, 1874, 1875, 1889.

REFERÊNCIAS

ALMEIDA, Iane S. **Mulher e educação**: paixão pelo possível. São Paulo: Unesp, 1998.

ANDRADE, Fernanda Alina de Almeida. **Estratégias e Escritos**: Francisca Diniz e o movimento feminista no século XIX (1873-1890). Dissertação (Mestrado em História) – Universidade Federal de Minas Gerais, Belo Horizonte, 2006.

APPLE, Michael. **Trabalho docente e textos**: economia política das relações de classe e gênero em educação. Porto Alegre: Artes Médicas, 1995.

ASSIS, Machado de. **Iaiá Garcia**. São Paulo: Martin Claret, 2013.

AZEVEDO, Helena Selma. Professoras e escritoras: a possibilidade de profissionalização das mulheres cearenses de classe média no final do XIX/XX. *In*: COSTA, Ana Alice Alcântara; SARDENBERG, Cecília Maria Bacellar (org.). **Feminismo, Ciência e Tecnologia**. Salvador: Editora Redor, 2002.

BRAGA, Carolina de Toledo. **Viuvez e cotidiano das mulheres em meados dos Oitocentos (Pernambuco, 1842-1853)**. Dissertação (Mestrado em História) – Universidade Federal Fluminense, Niterói, 2019.

CHALHOUB, Sidney. **Machado de Assis historiador**. São Paulo: Companhia das Letras, 2003.

GODOI, Rodrigo Camargo. **Um editor no Império**: Francisco de Paula Brito (1809-1861). São Paulo: Edusp, 2016.

GODOI, Rodrigo Camargo. José de Alencar e os embates em torno da propriedade literária no Rio de Janeiro (1856-1875). **Revista Estudos Históricos**, Rio de Janeiro, v. 30, n. 62, p. 573-596, 2017.

GONDRA, José Gonçalves; SCHUELER, A. **Educação, Poder e Sociedade no Império Brasileiro**. São Paulo: Cortez, 2008.

GONDRA, José Gonçalves; TAVARES, Pedro Paulo Hausmann. A Instrução Reformada: Ações de Couto Ferraz nas Províncias do Espírito Santo, Rio de Janeiro e na Corte Imperial (1848-1854). *In*: CONGRESSO DA SBHE, 3., 2004, Curitiba. **Anais** [...]. Curitiba: SBHE, 2004.

LERNER, Gerda. **A criação do Patriarcado**: história da opressão das mulheres pelos homens. São Paulo: Cultrix, 2019.

LERNER, Gerda. **A criação da consciência feminista**: a luta de 1200 anos das mulheres para libertar suas mentes do pensamento patriarcal. São Paulo: Editora Cultrix, 2022.

LIMEIRA, Aline de Morais; NASCIMENTO, Fátima Aparecida do. Actos que a docência manda calar: aspectos da relação entre escola, magistério e sexualidade no século XIX. **Revista pro.posições**, [*s. l.*], v. 27, n. 3, p. 179-200, 2016.

MARQUES, Wilton José. **Gonçalves Dias, o poeta na contramão**: literatura e escravidão no romantismo brasileiro. São Carlos: Edufscar, 2010.

MORANT, Isabel. Mujeres e historia. La consstrucción de una historiografia. *In*: SOBERÓN, Estela Roselló; ZAPATERO, Alberto Baena (org.). **Mujeres en la Nueva España**. México: Universidad Nacional Autónoma de México: Instituto de Investigaciones Históricas, 2017. p. 25-54.

RIBEIRO, Cristiane de Paula. **"A vida caseira é a sepultura dos talentos"**: gênero e participação política nos escritos de Anna Rosa Termacsics dos Santos (1850-1886). Dissertação (Mestrado em História) – Universidade Federal de Juiz de Fora, Juiz de Fora, 2019.

RIBEIRO, Cristiane de Paula. Francisca Senhorinha da Mota Diniz. *In*: DUARTE, Constância L. (org.). **Memorial do memoricício**: escritoras brasileiras esquecidas pela história. Belo Horizonte: Editora Luas, 2022, p. 43-46.

ROSA, Gerlice Teixeira. **Ethos e argumentação de Senhorinha Diniz em O Sexo Feminino**. Dissertação (Mestrado em Linguística do texto e do discurso) – Universidade Federal de Minas Gerais, Belo Horizonte, 2011.

SABINO, Ignez. **Mulheres Illustres do Brazil**. Prefacio de Arthur Orlando. Rio de Janeiro; Paris: Editora Garnier, 1899. 280 p.; Edição fac-similar. Florianópolis: Editora Mulheres, 1996.

SCHUELER, Alessandra Frota M. Professoras primárias na cidade do Rio de Janeiro de fins de século XIX: notas sobre a feminização da docência. **Cadernos de Educação**, Pelotas: FaE/UFPel, ano 13, n. 22, p. 119-136, 2004.

STRATHERN, Marilyn. **O gênero da dádiva**: problemas com as mulheres e problemas com a sociedade na Melanésia. Campinas: Editora da Unicamp, 2006.

SZURMUK, Mónica; TORRE, Cláudia. Nuevos géneros, nuevas exploraciones de la condición de mujer: viajeras, periodistas y mujeres trabajadoras. **Mora**, [s. l.], n. 24, p. 191-202, 2018.

TELLES, Norma. **Encantações**: escritoras e imaginação literária no Brasil, século XIX. São Paulo: Intermeios, 2012.

WOOLF, Virginia. **Um teto todo seu**. Rio de Janeiro: Nova Fronteira, 2019.

CAPÍTULO 9

MULHERES NO TRABALHO DOCENTE E NOS MOVIMENTOS SOCIAIS DO RIO DE JANEIRO ENTRE AS ÚLTIMAS DÉCADAS DO SÉCULO XIX E MEADOS DO SÉCULO XX: UMA QUESTÃO DE GÊNERO, RAÇA E CLASSE

Alessandra Frota Martinez de Schueler – UFF
Irma Rizzini – UFRJ

Introdução

No presente texto, temos como objetivo principal apresentar uma síntese de resultados parciais de pesquisa interinstitucional (Universidade Federal Fluminense e Universidade Federal do Rio de Janeiro) a respeito das lutas de mulheres pela educação e as transformações nas relações de gênero no âmbito do trabalho docente, entre as últimas décadas do século XIX e meados do século XX. Em linhas gerais, o estudo vincula-se aos campos da História da Educação e da Profissão Docente e consiste em inventariar e analisar a atuação profissional de algumas professoras e diretoras de escolas públicas no Rio de Janeiro e sua participação nos debates sociais mais amplos de seu tempo. As fontes privilegiadas na pesquisa foram as seguintes: periódicos comerciais e a chamada imprensa de trabalhadores e a pedagógica; documentação manuscrita e impressa dos órgãos oficiais da Instrução Pública Municipal (séries documentais pertencentes ao acervo do Arquivo Geral da Cidade do Rio de Janeiro), além da produção intelectual escrita por professores e professoras em outros suportes (tais como: ofícios, requerimentos, cartas às autoridades administrativas de ensino, artigos, conferências públicas, livros escolares, panfletos, entre outros)[92].

---
[92] Projeto de pesquisa intitulado "Gêneros e constituição do trabalho docente: professoras como intelectuais na cidade do Rio de Janeiro (1850-1950)". Projeto de pesquisa interinstitucional - Universidade Federal Fluminense e Universidade Federal do Rio de Janeiro. Rio de Janeiro. Início: novembro de 2017.

Para a realização do estudo, optamos por uma perspectiva teórica fortemente ancorada na interface entre a História da Educação, a História das Mulheres e Relações de Gênero e a História Social (Perrot, 1988; Priore; Bassanezi, 1997; Pinsky; Pedro, 2013).

Consideramos útil a categoria de gênero, tal qual definida por Joan Scott em estudo clássico, sem que isso signifique uma ruptura com pressupostos fundamentais da História Social. Para Scott (1995), gênero é um elemento constitutivo das relações sociais baseado nas diferenças sexuais; é um modo primário de significar as relações de poder. Compreendemos que a abordagem analítica proposta ainda é pertinente no sentido de analisar os efeitos de gênero nas relações sociais concretas, na medida em que o gênero é entendido tanto como produto dessas relações como participante de sua construção. No entanto, fortemente marcadas pela formação no campo da História Social, advogamos que o uso da categoria gênero abre igualmente a possibilidade de propor análises centradas na experiência social de sujeitos e sujeitas históricos que, inseridos(as) em políticas de dominação específicas, apropriavam-se e ressignificavam construções de gênero em seus conflitos cotidianos, com objetivos próprios (Thompson, 1981; Mac Cord; Schueler, 2014; Soihet; Pedro, 2007). O trabalho de ensinar, como um trabalho relacional, supõe interações humanas constantes. As desigualdades sociais, as relações de classe, gênero, raça, a trajetória social, a geração, as redes de sociabilidade e as condições históricas materiais de realização do trabalho docente, agem e produzem efeitos sobre essas interações (Collins; Bilge, 2021). Analisar as relações interseccionais de poder e as desigualdades estruturais e históricas, sem subsumir as agências de homens e mulheres, contribui para pensarmos sobre o fato de que o exercício das funções no magistério não basta para unificar as experiências de professores e professoras, concepções e práticas de trabalho, nem as formas coletivas que eles e elas, eventualmente, criam e/ou nas quais participam.

Seguindo tal perspectiva analítica, na primeira seção do capítulo, interrogamos possíveis e variados caminhos no processo de se tornar professora e diretora de escolas na cidade do Rio de Janeiro, a partir de indícios de percursos e trajetórias de algumas mulheres[93]. Mulheres que, a despeito das suas experiências singulares e da diversidade de condições

---

[93] A noção de trajetória é aqui compreendida como processo indeterminado e condicionado de experiências e caminhos indefinidos, no campo aberto de possibilidades para homens e mulheres naquele espaço-tempo (Bourdieu, 2006).

sociais (de classe, gênero e raça), compartilharam o ofício, alçaram novos espaços de trabalho nas salas de aula, na gestão de instituições escolares e em outras instâncias administrativas (Gouvêa, 2004; Louro, 1992). Envolveram-se, também, com a produção escrita de livros escolares e não escolares, a elaboração de metodologias e propostas de ensino e colaboraram com artigos para a imprensa periódica comercial ou pedagógica. Na segunda seção, analisamos a atuação de algumas dessas mulheres, para além dos muros das instituições escolares. Elas tiveram suas vidas implicadas e inscritas na dinâmica tensa da vida social urbana. Interagiram não apenas com as comunidades das regiões onde se situavam as escolas em que trabalhavam, mas, também, dialogaram e atuaram, no limite de seus condicionamentos e experiências, com diferentes demandas e pautas de movimentos sociais e políticos de seu tempo, com destaque para os debates sobre a ampliação dos direitos à educação, em face das profundas desigualdades estruturais de gênero, raça e classe na sociedade em que viviam.

Tornar-se professora e diretora de escola: mulheres no trabalho docente na cidade do Rio de Janeiro

No ano de 1917, professoras e professores da cidade do Rio de Janeiro se depararam com duas cartas publicadas por colegas na revista *A Escola Primária*[94]. As missivas tratavam das disputas em torno de um artigo sobre "Lições de leitura no quadro negro" pelo "método fônico-sintético", publicado na mesma revista, escrito pela professora primária Orminda Isabel Marques. Ela havia atuado como professora adjunta na Escola Modelo[95]

---

[94] *A Escola Primária* é o título de um periódico pedagógico organizado por inspetores, inspetoras, professores e professoras da municipalidade do Rio de Janeiro, publicado entre 1916 e 1938.

[95] As Escolas Modelos, situadas nos prédios escolares próprios, criados ainda nas décadas finais do Império – conhecidas como "Escolas do Imperador" –, nas áreas centrais e populosas da cidade do Rio de Janeiro, foram estruturadas para oferecer ensino primário graduado e se constituíram espaços de formação prática e exercício de aprendizagem para as normalistas, professoras adjuntas iniciantes e estagiárias aspirantes do ofício. Representaram a chamada "modernidade pedagógica" e simbolizaram os projetos educacionais de "ordem e progresso" vinculados ao regime republicano. Ao longo da Primeira República, essas escolas também se tornaram grupos escolares e, em alguns casos e períodos específicos, ofereceram instrução profissional para meninos e/ou meninas. Havia cinco Escolas Modelos em 1901, de acordo com o Decreto nº 844, de 19 de dezembro de 1901, quais sejam: Escola Modelo Estácio de Sá e Escola Modelo Gonçalves Dias (ambas em São Cristóvão), Escola Modelo da Praça da Harmonia (José Bonifácio, no Largo de Santa Rita), Escola Modelo da Glória (José de Alencar, no Largo do Machado) e Escola Modelo da Praça Onze, antiga escola da Freguesia de Santana). Apesar de sua centralidade e importância, ainda são escassas as pesquisas historiográficas sobre a cultura escolar nessas instituições modelares na Primeira República e seus impactos na cultura urbana, bem como sobre suas diretoras, professoras, alunos e alunas.

Gonçalves Dias, em São Cristóvão, sob a orientação da diretora Olympia do Couto. Em carta anônima, o missivista "A. B. C." clamou por justiça, pois não fora citado, pela articulista, o seu trabalho intitulado "Quadros murais para o ensino de leitura". Alegou que o método para o ensino de leitura já era conhecido e praticado em várias escolas da cidade. O livro fora impresso com reformulações, após o parecer da própria diretora da Gonçalves Dias, Olympia do Couto (A Escola Primária, 1917, p. 326-327).

Em resposta ao autor da carta, a professora Orminda Isabel Marques não deixou de observar que o "distinto professor" se ocultou sob o pseudônimo "A. B. C". Em sua defesa, alegou ter apresentado o resumo de uma demonstração prática que fez na Escola Modelo Gonçalves Dias, sobre o modo pelo qual se deve introduzir o ensino da leitura com a utilização dos quadros murais. Julgou-se, então, desobrigada de apontar todos os trabalhos referentes ao assunto; mas indicou a sua referência fundamental, "a fonte principal", representada pelos ensinamentos da "competente mestra – D. Olympia do Couto", que havia sido a sua primeira orientadora no assunto (Marques, 1917, p. 69-70). Em seguida, a diretora Olympia do Couto dirigiu uma missiva à colega (Couto, 1917). Mencionou os laços de simpatia que unia as duas desde 1909, quando Orminda havia sido professora adjunta em sua escola, laços que se voltaram a reunir em 1915, na Escola de Aplicação, dirigida por Olympia[96]. Na sua carta, a diretora saiu em defesa da "professora conhecida pelos dotes intelectuais e morais que a caracterizam". Argumentou, ainda, que o signatário "A. B. C." não teria sido o único a reivindicar a autoria sobre os quadros murais, pois um funcionário da Diretoria de Instrução Pública também publicara uma obra sobre a mesma temática. O conflito envolveu, ainda, a inspetora escolar, Esther Pedreira de Mello, já que o convite à professora Orminda Marques para escrever na revista "uma rápida exposição do aludido processo" fora por ela redigido[97].

Embora não seja nosso objetivo, neste momento, analisar maiores detalhes sobre os fatos da contenda envolvendo as disputas pelos direitos autorais sobre o referido livro e metodologia de ensino de leitura com quadros murais, parece evidente, no imbróglio, a existência de sólidos vínculos laborais e laços de solidariedade entre as professoras públicas

---

[96] Olympia do Couto passou a dirigir a Escola de Aplicação em abril de 1916. A Escola funcionava nas dependências da Escola Normal e, nesse ano, foi transferida para a Escola Modelo Gonçalves Dias. A nota consta no jornal O Paiz, de 3 de abril de 1916, p. 6.

[97] Para maiores detalhes, conferir os seguintes exemplares e artigos: A Escola Primaria (n. 10, 1917). Leitura pelo método fônico-sintético; A Escola Primaria (n. 11, 1917).

Orminda Isabel Marques e Olympia do Couto. Nos textos por elas publicados, é possível apreender que compartilharam processos de formação, concepções sobre o ensino e o exercício da profissão docente, cujas tarefas se organizavam a partir da produção coletiva, elaboradas e reelaboradas no cotidiano do exercício profissional de ambas na Escola Modelo Gonçalves Dias, localizada em São Cristóvão, cuja direção estava a cargo de Olympia do Couto. Nessa escola, que funcionava desde o Regulamento da Instrução Pública Municipal de 1901[98], enquanto local de aprendizagem e exercício da prática docente para as normalistas, professoras adjuntas e estagiárias em formação, Orminda Isabel Marques foi regente de classes do ensino primário. Também naquela escola, materiais e métodos de ensino produzidos pelos professores e professoras na escola eram testados e compartilhados. Conhecimentos, saberes e métodos que emergiam das práticas educativas e que, certamente, circulavam pelas outras escolas da cidade.

Para além da disputa brevemente narrada, o que, de fato, interessa-nos no episódio é a compreensão sobre a significativa presença feminina em diferentes espaços, funções e cargos da instrução pública no Rio de Janeiro no período em análise. O denominado "processo de

---

[98] Decreto nº 844, de 19 de dezembro de 1901. Em 1901, com o retorno de Medeiros e Albuquerque na administração dos negócios da instrução, a implementação de Escolas Modelos ressurge na respectiva legislação municipal. Elas foram inicialmente previstas na reforma de ensino de 1897 — Decreto nº 377, de 23 de março de 1897 —, que teve curta vigência. Em 1897, Medeiros e Albuquerque foi nomeado diretor geral da Instrução Pública do Distrito Federal pelo prefeito Francisco Furquim Werneck de Almeida (1895-1897). No entanto, por estar na oposição ao presidente Prudente de Morais (1894-1898), foi perseguido e forçado a pedir asilo à embaixada do Chile. Demitido do cargo, recorreu à Justiça e conseguiu retornar para a diretoria no período de 1901 a 1906. Cabe enfatizar que a instabilidade e as disputas políticas impactaram na gestão da educação pública na cidade, caracterizada pela alta rotatividade nos cargos e sucessivas reformas de ensino. Entre 1890 e 1906, houve nada menos do que cinco reformas legislativas na instrução pública. Nesse período, a gestão da instrução pública no Distrito Federal estava sob a responsabilidade da Diretoria Geral de Instrução, subordinada ao Poder Executivo, cujo titular era nomeado pelo Prefeito. As atribuições e competências dos poderes executivo (Prefeito, indicado pelo Presidente da República) e legislativo (Conselho Municipal, eleito por voto misto distrital e proporcional) foram discriminadas pela Lei Orgânica do Distrito Federal (Lei nº 85, de 20 de setembro de 1892). Para Freire (1999), o pacto fundador do Distrito Federal acabou proporcionando um tipo de intervencionismo federal temperado, pois, no lugar da autonomia do município, o poder federal e o municipal entrelaçavam-se na sua composição política. O molde instituído, ao mesmo tempo que garantia a representação dos habitantes no Conselho, permitia que o Presidente da República designasse o Prefeito, mediante a aprovação do Senado. Ao Senado também coube o poder de deliberar sobre vetos do Prefeito aos projetos aprovados no Conselho Municipal e conflitos de competência entre os poderes. Além disso, a Capital Federal contava com representantes eleitos no Congresso Nacional. A dispersão do poder político e do seu eixo de gravitação (Conselho Municipal, Prefeito e Senado) acabou criando, nos primeiros anos, um fortalecimento dos grupos políticos locais estruturados e atuantes nos distritos da cidade. Para compreender mais sobre as tensões políticas e a organização dos poderes no período, consultar os trabalhos de Freire (1999) e Magalhães (2004). Sobre as disputas de projetos e as reformas de ensino, os trabalhos de Torres (2009) e Marques (2015) são referências fundamentais.

feminização do magistério" (Chamon, C., 2005; Chamon, M., 1996), que vinha se intensificando desde os anos finais do Império, em várias cidades do país, expandiu-se para outras ramificações da educação, não sem tensões e conflitos, como se pode observar pelo caso relatado e publicado por professoras e professores nas páginas da revista *A Escola Primária*. Tal processo se constituiu de maneira concomitante ao crescente ingresso das meninas nas escolas públicas e particulares, o que ocorreu, ressalvada as diferenças e desigualdades regionais, em diversas cidades e localidades do território brasileiro nas últimas décadas do século XIX (Louro, 1997; Almeida, 1998; Muniz, 2003). No Rio de Janeiro, a expansão da educação primária e profissional, entre as décadas de 1870 e 1940, levou a um aumento significativo dos índices de alfabetização, segundo os censos oficiais, sendo que o número de mulheres alfabetizadas cresceu quase três vezes mais do que o dos homens (Fraccaro, 2016)[99]. Para essas parcelas de meninas e mulheres letradas, o magistério primário emergia como um trabalho possível e, apesar de algumas posições contrárias e disputas em torno do tema, era considerado mais "adequado" ao gênero feminino, representado como extensão das tarefas domésticas, ao cuidado e à maternidade (Almeida, 1998; Garzoni, 2012; Rizzini; Schueler, 2018). Ao longo do período em análise nesta pesquisa, na cidade do Rio de Janeiro, a presença feminina no magistério primário tornou-se majoritária: em 1912, por exemplo, cerca de 84% dos postos nesse nível de ensino já eram ocupados por mulheres (Pena, 1981, p. 115)[100].

Desde a sua criação como Escola Normal da Corte, em 1880, a institucionalização da formação escolarizada do magistério primário, sem dúvida, foi um dos fatores que viabilizaram a ampliação do acesso de jovens mulheres à profissão docente, com vistas à ocupação de cargos públicos de

---

[99] No recenseamento da população realizado pela prefeitura do Distrito Federal em 1906, por exemplo, pouco mais da metade dos habitantes foi registrada como alfabetizada (51,89%). Do total, 56,30% eram homens e 46,02% (Recenseamento do Rio de Janeiro, 1907).

[100] As lutas de meninas e mulheres pela educação formal é longeva no país, mas a temática ainda aguarda estudos mais aprofundados. Entre finais do século XIX e as primeiras décadas do século XX, houve a conquista, por algumas poucas mulheres, do acesso à educação secundária e superior, o que fez com que as áreas da medicina, o direito, as belas artes e a engenharia, redutos tradicionais dos homens, começassem a ser vislumbradas como possibilidades nas experiências históricas femininas para grupos de mulheres letradas (Pena, 1981; Besse, 1999; Rago, 2007; Simioni, 2008; Santos; Santos, 2019). Sem falar no quantitativo, cada vez mais expressivo, de meninas e mulheres trabalhadoras no setor de serviços urbanos, no comércio e nos escritórios. No período, calcula-se que dois terços da classe trabalhadora nas oficinas de manufaturas, nas fábricas e indústrias têxteis nas principais cidades brasileiras era composta por mulheres e crianças, pessoas que labutavam sob intenso regime de exploração, precariedade, baixa remuneração e, em regra, aljiados do acesso à educação formal (Pena, 1981).

professoras primárias. As normas e os regulamentos da Instrução Pública, a despeito da instabilidade política nas primeiras décadas republicanas e de uma profusão intensa de sucessivas reformas de ensino, em regra, estabeleceram critérios e mecanismos para incentivar a incorporação de meninas e mulheres na Escola Normal (Uekane, 2016). A inserção das normalistas, e também de não normalistas, nas categorias iniciais do magistério público, como professoras adjuntas efetivas e estagiárias, antes mesmo da diplomação na Escola Normal, possibilitou a um grupo significativo de mulheres, após alguns anos de exercício, a progressão na carreira docente (Marques, 2015). Como professoras catedráticas[101], vitalícias e com antiguidade no ofício, algumas mulheres alcançaram posições de maior destaque na hierarquia da Diretoria Geral de Instrução Pública. Assumiram a direção de escolas primárias, Escolas Modelos[102], Instituto Profissional Feminino[103], além de outras funções, como a inspeção de ensino[104]. Embora as escolas primárias tenham se tornado um espaço feminino por excelência, as professoras interagiam e disputavam relações assimétricas e desiguais de poder, com os pares do sexo masculino, professores, inspetores, políticos,

---

[101] Pela reforma de ensino de 1901, foram criadas quatro categorias no magistério municipal da seguinte forma: a) professor primário; b) professor adjunto efetivo; c) professor adjunto estagiário; d) professor adjunto de 2ª classe. Os professores primários (urbanos ou suburbanos) constituiriam aqueles nomeados por concurso público, limitados exclusivamente aos diplomados pela Escola Normal. Após cinco anos de efetivo exercício, os professores primários concursados adquiriam estabilidade no cargo e eram considerados vitalícios na cadeira (cátedra). As demais categorias ingressavam por nomeação expedida pela diretoria geral de instrução pública. Os lugares de professores adjuntos efetivos seriam preenchidos por normalistas diplomadas que tivessem até 35 anos. Os professores adjuntos estagiários seriam os normalistas, diplomados ou não. Os professores adjuntos de 2ª classe, também nomeados por portaria, deveriam possuir mais de 15 anos e, pelo menos, atestado de exame final no curso das escolas primárias. Tais mudanças apontam para o aprofundamento da hierarquização no exercício das funções docentes no ensino primário municipal, com a crescente institucionalização da diplomação pela Escola Normal e, sobretudo, a larga utilização do trabalho precário de jovens em formação para o magistério, instável e de baixo custo para os cofres públicos, de modo a garantir o provimento das escolas públicas nas áreas urbanas, suburbanas e rurais do Rio de Janeiro (Marques, 2015, p. 182; Schueler; Rizzini, 2019).

[102] Em 1901, ano de reorganização das Escolas Modelo na cidade, professoras catedráticas foram designadas para a direção das cinco instituições então implementadas pela reforma de ensino: Escola Modelo Benjamin Constant, Escola Modelo da Praça Marechal Deodoro (Gonçalves Dias), Escola Modelo da Rua da Harmonia, Escola Modelo da Rua da Matriz e Escola Modelo da Praça de Duque de Caxias. Suas diretoras eram, respectivamente: Hortência de Miranda Rodrigues, Olympia do Couto, Maria do Nascimento Reis Santos, Judith Tavares e Alice de Oliveira Fortunato de Brito (Marques, 2015, p. 188).

[103] Evangelina Monteiro de Barros assumiu a direção do Instituto Profissional Feminino, criado em 1899. A professora, além de funcionária do magistério municipal, era diretora e proprietária do colégio particular que foi comprado pela municipalidade na gestão do prefeito Ubaldino do Amaral (1897-1898). Como diretora do Instituto, ela manteve assento no Conselho Diretor de Instrução Pública entre 1902 e 1906. (Marques, 2015, p. 87, 185). Sobre a reforma no ensino profissional do Distrito Federal, ver o Decreto nº 282, de 27 de fevereiro de 1902.

[104] Esther Pedreira de Mello é considerada a primeira professora a exercer o cargo de inspetora de ensino na cidade do Rio de Janeiro no contexto estudado. Conferir Santos (2017).

administradores, e outros intelectuais, nos postos que passaram a assumir com maior frequência nos primeiros anos do século XX. Por exemplo, o Conselho Superior de Instrução Pública, órgão consultivo e deliberativo subordinado à Diretoria Geral da Instrução Pública do Distrito Federal, reuniu professores e intelectuais de destaque nos círculos letrados, tais como Hemetério José dos Santos, Joaquim Abilio Borges, José Veríssimo, Manoel Bonfim, Medeiros e Albuquerque e Olavo Bilac, mas também incorporou diretoras de instituições escolares e professoras primárias, como Alina de Oliveira Fortunato de Britto, Evangelina Monteiro de Barros, Olympia do Couto, Virgínia Pinto Cidade, Esther Pedreira de Mello, entre outras integrantes do corpo docente municipal.

Ao lado das mais experientes, então diretoras de Escolas Modelos e de escolas primárias rurais ou urbanas, grupos de iniciantes, adjuntas e estagiárias, atuavam de forma a assumir, sob a orientação daquelas, a regência de aulas, classes e escolas do ensino primário, como foi o caso da professora Orminda Isabel Marques. Professoras que compartilhavam percursos semelhantes na instrução pública, atuando em várias frentes, nos esforços para obter o diploma da Escola Normal, pela colocação profissional e, enfim, pela sobrevivência. Algumas delas se iniciaram no ofício muito cedo, antes ou durante a formação na Escola Normal, ao abrirem escolas particulares em suas próprias residências. Em janeiro de 1885, Alina de Oliveira, anunciou sua "Escola para Meninas", situada no subúrbio (Gazeta de Noticias, 1885, p. 3)[105]. Diplomada pela Escola Normal em 1889, quase uma década depois foi nomeada professora catedrática, junto com Olympia do Couto e Stella Leindheiner. A diretora da Escola Modelo José de Alencar, situada no Largo do Machado[106], teve, como suas colegas, longa trajetória na instrução pública. Após a

---

[105] Sobre o "comércio da instrução", a heterogeneidade das instituições particulares, das diferentes e hierárquicas formas de exercer e experimentar o ofício docente no Rio de Janeiro do século XIX, ver Limeira (2010).

[106] Embora não haja neste texto espaço para discutir a questão, não podemos deixar de mencionar que a nomeação de Alina de Oliveira Fortunata de Brito (sobrenome adquirido pelo casamento), em 1903, para direção da Escola Modelo José de Alencar, no Largo do Machado, foi questionada judicialmente pela professora catedrática Marya Reis, que ocupou o cargo de direção e residiu, com sua família, na referida escola, entre os anos de 1889 e 1903. O episódio aponta para as disputas políticas no âmbito da administração pública e o quanto os cargos de direção das escolas, ainda que sujeitos às regras dos regulamentos normativos, eram utilizados como "moedas de troca" e instrumentos de barganha para as autoridades em benefício de suas redes de sociabilidade e governança. As professoras participavam dessas redes, disputando as posições, e poderiam ser beneficiadas ou prejudicadas em seus interesses, conforme os revezes no jogo da política local. Para os detalhes do caso, conferir Marques (2015, p. 205). Salientamos que a temática do uso político dos cargos no magistério público da municipalidade, bem como o mapeamento e a atuação de professores e professoras nas distintas redes políticas no período analisado, merece maior investimento da historiografia especializada.

aposentadoria, acometida pela cegueira, Alina de Oliveira Fortunata de Brito dedicou-se a elaborar obras didáticas em Braille para crianças cegas (Jornal do Commercio, 1934, p. 6).

Olympia do Couto também teve experiências semelhantes no seu longo percurso pelo magistério público. Juntamente com a professora Virgínia Cidade, ela integrou a primeira turma de professoras diplomadas pela Escola Normal do Rio de Janeiro, em 1886, fato pelo qual ambas receberam homenagens e reconhecimento público, em solenidade comemorativa dos 60 anos da instituição (então Instituto de Educação do Rio de Janeiro), ocorrida no dia 5 abril de 1940. Por meio da consulta à imprensa periódica, pudemos acompanhar os preparativos do evento e as pequenas notas biográficas que foram produzidas para saudar as mestras[107]. Entre as décadas de 1930 e 1940, os nomes de Olympia do Couto e Virgínia Cidade foram também inscritos em escolas municipais do Rio de Janeiro[108]. Na pesquisa nominativa[109] que realizamos pelo sítio da Hemeroteca Digital da Biblioteca Nacional, acompanhamos os rastros do percurso de Olympia desde os tempos de estudante na Escola Normal, por meio de breves menções sobre exames realizados, com notável desempenho em mecânica e astronomia, e premiações recebidas[110], desde o início de sua carreira no magistério como professora adjunta interina na Freguesia de Santo Antônio, área central da cidade (1884), até a sua formatura, em 1886. Nesses primeiros indícios, os registros informavam seu nome de batismo — Olympia Francisca Proença[111]. Como profes-

---

[107] A efeméride do aniversário de 60 anos da Escola Normal e as homenagens realizadas às primeiras diplomadas foram publicadas nos maiores jornais da cidade, como *Jornal do Brasil* e *Correio da Manhã*. Consultamos a notícia no *Jornal do Commercio*, 5 de abril de 1940, p. 10. Em 1934, a Associação dos Professores Primários do Rio de Janeiro organizou um almoço para confraternizar e render homenagem a Olympia do Couto. Interessante apontar que, nas listas de adesão para o evento divulgadas na imprensa, consta o nome de Orminda Isabel Marques, antiga companheira de ofício, ex-aluna e professora adjunta na Escola Modelo Gonçalves Dias, na qual Olympia do Couto foi diretora. O fato reforça, uma vez mais, a longevidade dos seus laços profissionais e pessoais (Jornal do Brasil, 1934, p. 14).

[108] Encontramos referências à Escola Olympia do Couto, situada na Mangueira, no fim da década de 1930. Ver, por exemplo: Diário de Notícias (25 out. 1939, p. 7). Virgínia Cidade teve seu nome ligado à escola municipal em 1940. Sobre isso, consultar: O Jornal (6 abr. 1940, p. 8).

[109] Na metodologia de pesquisa nominativa (Ginzburg, 1991), a busca por entre "rastros e fios", a partir do nome, permite a compreensão das tramas complexas tecidas pelos agentes sociais, em diferentes escalas de análise e contextos móveis.

[110] "D. Olympia Francisca Proença, aluna da Escola Normal da Corte, recebe como prêmio um relógio e corrente de ouro, oferecidos por E. F. Gondolo à mais distinta pelo saber nos exames de 1881" – nota publicada no Novo e Completo Indice Chronologico da Historia do Brasil (RJ), edição de março de 1882, p. 173-174.

[111] Nos primeiros anos de ofício, ainda em formação como professora adjunta interina, depois efetiva, ela passou por várias escolas, situadas nas áreas rurais e urbanas da cidade. Dos anos de 1885 a meados de 1886, regeu a 1ª escola de meninas do Curato de Santa Cruz. Em 30 de agosto de 1886, a professora adjunta Olympia

sora catedrática, em 1891, foi designada para a sua primeira experiência como diretora de escola primária feminina e, em 1898, foi nomeada para administrar a Escola Municipal Gonçalves Dias, em São Cristóvão, onde permaneceu até a jubilação, em 18 de fevereiro de 1918[112]. Nessa década de 1890, sua vida profissional e pessoal foi bastante notada pelos periódicos: participou da fundação da Associação Protetora dos Órfãos, tendo atuado como secretária na Diretoria da entidade, compôs o Conselho Superior de Instrução Pública e, em 1897, celebrou o matrimônio com o Dr. Pedro do Couto, razão pela qual passou a ser registrada com o sobrenome adquirido através do casamento. À frente da Escola Modelo Gonçalves Dias, nas décadas seguintes, a professora Olympia do Couto teve seu nome inscrito nos jornais, por anos seguidos, em variadas ocorrências que envolveram a escola ou sua atuação no ofício: realização de exames de alunos e alunas, participação nas bancas de avaliação das adjuntas e estagiárias na prática escolar, festas e celebrações escolares, participação no Conselho Superior de Instrução Pública, elaboração de pareceres para livros, obras e métodos de ensino, entre tantas outras ocorrências e atividades realizadas. A diretora também integrou associações docentes e colaborou com artigos sobre temas pedagógicos diversos para revistas, com destaque para a anteriormente aqui citada, *A Escola Primária*. Mesmo depois de aposentada, em 1918, após 30 anos de magistério público, continuou ativa. Como vimos, Olympia do Couto gozou de vida longa, entre as décadas de 1920 e 1940, teve o privilégio de receber, pessoalmente, as homenagens do corpo docente municipal, de ver seu nome inscrito numa escola pública da cidade e, ainda, de participar da efeméride de aniversário de 60 anos da Escola Normal, instituição na qual se tornou professora. A trajetória de Olympia do Couto, brevemente analisada, em que pese as singularidades da sua experiência, cumpriu etapas regulares da carreira no magistério público naquele contexto histórico. De certo modo, vários percursos profissionais das docentes pesquisadas foram similares[113].

Francisca Proença foi designada para reger interinamente a escola de meninas da freguesia da Gávea. Em 1 de janeiro de 1890, foi nomeada para a 5ª escola de meninas do Engenho de Dentro/Engenho Velho. O percurso dessa professora foi acompanhado a partir de inúmeras ocorrências, fragmentadas e dispersas, indícios pesquisados por consulta nominativa na base de dados da Hemeroteca Digital, entre os períodos de 1880 a 1950.

[112] Notícia da jubilação de Olympia do Couto foi publicada na *Gazeta de Notícias*, de 19 de fevereiro de 1918, p. 2.

[113] Maria do Nascimento Reis Santos, contemporânea de Olympia do Couto, professora e Diretora da Escola Modelo Municipal José Bonifácio, situada na Praça da Harmonia, na Gamboa, teve um percurso profissional bastante semelhante: nascida na Bahia, onde iniciou os estudos na Escola Normal, diplomando-se na Escola do Rio de Janeiro. Depois de nomeada como professora adjunta para a escola de meninas de Pedra de Guaratiba, em 1883, lecionou em várias outras localidades: Realengo, Engenho Novo e São Cristóvão. Em 1902, tornou-se

No entanto, havia uma grande parcela de mulheres que se tornaram professoras se estabelecendo na profissão por outros meios, sem passar pelos muros da Escola Normal. Professoras que aprenderam o ofício na prática, desde sua experiência como alunas, atuando como auxiliares e, posteriormente, como adjuntas e estagiárias nas escolas primárias isoladas, particulares, públicas ou subvencionadas, por onde passou o maior contingente de crianças no século XIX e nas primeiras décadas do XX. Havia, ainda, uma parcela importante de aspirantes ao magistério que labutaram por anos a fio na Escola Normal, sem lograr concluir o curso e obter a diplomação. As reprovações nas disciplinas, o trabalho, a maternidade e o apoio à família em circunstâncias específicas, levaram muitas moças a abandonarem o curso.

Outras mulheres puderam contar com o apoio da rede familiar para seguirem na profissão, muitas vezes, a única "herança imaterial" recebida de pais, mães ou outros responsáveis, que legaram o ofício familiar às novas gerações[114]. Algumas mulheres venceram obstáculos ainda maiores à permanência e ao crescimento na profissão, como a pobreza, a violência do racismo e as limitações impostas pelas relações hierárquicas de gênero, classe e raça vigentes. Luara dos Santos Silva (2022) mapeou as trajetórias de professoras negras vinculadas a quatro famílias com membros que mantiveram, por duas ou três gerações, estreita vinculação com redes de sociabilidade intelectual no campo educacional da cidade: os Paula Brito, os Hemetério dos Santos, os Silva Guimarães e os Silva Callado. Das 14 mulheres originárias dessas famílias negras, nove tornaram-se professoras: Rufina e Alexandrina de Brito; Rufina Vaz, Coema e Guinare Hemetério dos Santos; Elvira Pilar da Silva Guimarães; Luiza, Alice Noêmia e Clara Callado. A pesquisa minuciosa das trajetórias dessas mulheres, realizada pela historiadora Luara dos Santos Silva, corroborou as hipó-

---

diretora da Escola Municipal José Bonifácio, uma das Escolas Modelos da cidade, permanecendo nessa função até 1917, quando se aposentou. Faleceu em 1930 (Jornal do Brasil, 22 de abril de 1930). Situada na região portuária da cidade do Rio de Janeiro, a Escola José Bonifácio foi uma instituição educacional que integrou, articulou-se e construiu-se, num território onde se ergueram, e se erguem, marcos fundamentais da história, memória e cultura africanas na cidade. Atualmente, o antigo prédio da escola é sede do Museu da História e da Cultura Afro-Brasileira. O Museu de História e da Cultura Brasileira foi criado pelo Decreto Municipal nº 43128/2017. Informações disponíveis em: https://www.rio.rj.gov.br/web/muhcab. Acesso em: 3 maio 2022.

[114] A metáfora da "herança imaterial", na transmissão familiar do ofício docente, foi tomada de empréstimo e por inspiração do trabalho do historiador Giovanni Levi (**A herança imaterial**. Trajetória de um exorcista no Piemonte do século XVII. Rio de Janeiro: Civilização Brasileira, 2000), por várias(os) pesquisadoras(es) da História da Educação e da Profissão Docente no Brasil. Consultar, por exemplo, Schueler (2002); Nascimento (2011); Munhoz e Vidal (2015); e Monção (2018).

teses de pesquisas anteriores que apontaram para a heterogeneidade do conjunto do professorado carioca, formado por pessoas de origens raciais e sociais diversas[115].

Analisar essas trajetórias, na perspectiva de lutas e estratégias engendradas para driblar os obstáculos à sua agência histórica, propicia uma compreensão das contribuições, tão diversas, dessas mulheres para o tensionamento das relações sociais de gênero, de raça e classe. Os meios empregados para lidar com as adversidades e empecilhos na carreira se sucederam de modos distintos também: do enfrentamento explícito ao silêncio. No caso das professoras negras investigadas por Luara dos Santos Silva, o silêncio foi um recurso para se proteger dos ataques abertos motivados pelo racismo, bem como a conformidade estratégica aos ideais de "feminilidade respeitável" impostos às mulheres e esperados para as professoras (Silva, L. dos S., 2022, p. 195). No entanto, nem todas permaneceram nas sombras: Cacilda Francioni de Souza, nascida livre em 1858, alcançou certo prestígio, à época, na militância abolicionista, no magistério público e nas letras. Como algumas de suas colegas de profissão, Cacilda Francioni de Souza dirigiu escolas, publicou livros didáticos e integrou o Conselho Diretor de Instrução Primária e Secundária do Distrito Federal, ao final do século XIX. Em 1897, assumiu a cadeira de Português e Literatura no curso noturno da Escola Normal, atuando juntamente ao professor negro, Hemetério José dos Santos (Santos, A. P., 2019). Casou-se com o médico abolicionista negro, Vicente de Souza, e participou intensamente dos debates e iniciativas educacionais dos movimentos abolicionistas. Essa professora permaneceu, até recentemente, à margem dos interesses historiográficos, invisibilidade até então conferida a determinados grupos não compreendidos como agentes históricos, sobretudo, as mulheres negras (Alves, 2020). As questões do acesso à educação de crianças pobres, negras e indígenas, bem como a melhoria das condições das escolas, mobilizaram muitas mulheres que se tornaram professoras, algumas das quais vivendo nos seus próprios corpos, peles e existências, uma série de condicionamentos, atravessamentos, violências e contingências impostos pelas desigualdades nas relações de classe, gênero e raça. Em alguns casos, ao tornarem-se professoras e assumirem outras funções públicas,

---

[115] Maria Lúcia Müller (1999) realizou estudos pioneiros sobre o tema. A atuação de professores e professoras negras no Rio de Janeiro tem sido uma temática mais recente no campo; ver, por exemplo, além dos indispensáveis trabalhos de Luara dos Santos Silva (2015, 2022), as pesquisas realizadas por Adriana M. P. da Silva (2000); Schueler (2002); Fonseca (2002); Barros (2005, 2017); Veiga (2008); Aderaldo P. Santos (2019); Alves (2020); e Lopes (2020).

puderam expressar suas opiniões e levaram suas reivindicações por meio da grande imprensa e dos impressos pedagógicos. A seguir, enfocando as imbricações entre a cultura escolar e a cultura urbana, privilegiaremos algumas trajetórias de mulheres engajadas nesses debates e iniciativas no Rio de Janeiro entre o final do século XIX e meados do XX.

Professoras em ação na cidade: mulheres nos movimentos sociais e políticos

As relações escola-cidade foram frutos de belas análises empreendidas por Clarice Nunes (1994, 1996), em estudos dedicados à História da Educação no Rio de Janeiro, cujas contribuições favoreceram uma produção historiográfica subsequente, voltada para a compreensão da escola como um importante espaço da *urbs*. As relações da escola e de seus professores e professoras, com as questões vividas pelas populações que habitavam a cidade, podem ser analisadas a partir de ângulos os mais distintos. Na pesquisa, escolhemos observar a atuação de algumas mulheres que tiveram suas trajetórias no magistério público e em diversos movimentos sociais e políticos na cidade do Rio de Janeiro. Elas exerceram suas atividades predominantemente no período republicano, aproximadamente entre as décadas de 1890 e 1920. Isto não significa que, no período do Império, as professoras não tenham se envolvido com as problemáticas do seu tempo, muito pelo contrário[116]. No mapeamento dos nomes de professoras e diretoras de escolas públicas no Rio de Janeiro, entre o Império e a República, aprofundamos o interesse pelas trajetórias de duas professoras municipais com marcante atuação política: Elisa Scheid e Aurea Corrêa[117].

As articulações políticas de Elisa Scheid, na região suburbana da cidade do Rio de Janeiro, e sua participação na defesa de candidaturas eleitorais de representantes dos setores do movimento operário e de

---

[116] Como vimos na seção anterior, a trajetória da professora pública Cacilda Francioni de Souza, uma mulher negra nascida livre no período da escravidão, em 1858, demonstra a imbricação entre o trabalho docente, a militância abolicionista, a atividade musical e a intensa vivência nos diversos acontecimentos sociais e políticos da cidade nas décadas seguintes. Ela e seu esposo, o médico negro Vicente de Souza, estabeleceram extensa rede de sociabilidade com intelectuais e artistas do período. Seu trabalho indicia dois aspectos: a presença feminina (e negra) nas lutas pela liberdade e o engajamento de professoras públicas nas questões sociais e raciais de seu tempo. Histórias de professoras negras que viveram na primeira metade dos Oitocentos com comprometimentos semelhantes já foram estudadas em algumas regiões do país, como a da escritora, poetisa, jornalista e educadora abolicionista, Maria Firmina dos Reis (1822-1917). Sobre ela, consultar: Freitas (2008); Muzart (2013); R. A. da Silva (2017); e Cruz, Matos e Silva (2018).

[117] Para Elisa Scheid, encontramos registros de sua atuação como professora municipal entre 1899 e 1927. No caso de Aurea Correa, indiciamos seu percurso no magistério público entre 1896 e 1920.

lideranças locais, receberam atenção especial do jornal *Gazeta de Notícias*, por meio da *Interview*, publicada em janeiro de 1906 (As Eleições..., 1906). A professora participou da criação e da direção da União Operária do Engenho de Dentro (1899-1903) e do Partido Operário Independente (1901) e constituiu ampla rede de sociabilidade na sua inserção em associações e movimentos de trabalhadores, publicações e organizações políticas formais e advogou a atuação das mulheres nos movimentos sociais e políticos. A despeito das interdições e desigualdades históricas de gênero, classe e raça, nossa hipótese é a de que a professora representou liderança proeminente na defesa dos direitos dos/as trabalhadores/as e da educação, atuando na propaganda político-partidária e na formação de agremiações trabalhistas (Rizzini; Gomes; Schueler, 2020). Ter uma professora ocupando um papel de liderança em uma associação formada por operários, em sua maioria provindos das oficinas da Estrada de Ferro Central do Brasil, não constitui nenhuma dissonância, tendo em vista a importância conferida por essas organizações à instrução dos afiliados[118]. A própria União Operária do Engenho de Dentro fundou duas escolas para os associados e seus filhos, batizadas de Elisa Scheid, em homenagem à sua figura mais ilustre.

É importante ressaltar que a participação das mulheres nos debates e nas iniciativas educacionais não é aqui vista como um processo destacado ou isolado, mas vivenciado na complexidade das relações sociais e das lutas no campo educacional naquele contexto de pós-abolição. A experiência pessoal e profissional de Aurea Corrêa é interessante como exemplo dessa complexidade: foi poetisa, conferencista, professora adjunta e, depois, efetiva da instrução primária do Distrito Federal. Atuou em diferentes distritos da capital, em escolas urbanas e suburbanas do sexo feminino e masculino. Foi colaboradora da *Gazeta de Noticias*, entre 1909 e 1912, assinando diversas reportagens sobre temas variados e também participou da revista pedagógica *O Magistério*, em 1909. Com um grande grupo de mulheres, incluindo algumas professoras, criou, em 1910, o Centro Civilista de Senhoras, em apoio à campanha de Rui Barbosa para a presidência da República. Em 1912, constava como membro do Comitê de Propaganda Socialista. Com outros intelectuais, participou da criação da Associação Escola Moderna, responsável pela fundação de uma escola no centro do Rio de Janeiro, inspirada nas experiências de educação libertária

---

[118] Sobre as ações educativas das associações de trabalhadores e de outras modalidades de organizações, criadas entre os séculos XIX e XX no Rio de Janeiro, ver Costa (2012).

de Francisco Ferrer, desenvolvidas em Barcelona. Única conferencista do sexo feminino a integrar os eventos de difusão da iniciativa, defendeu publicamente o ensino racional para as mulheres (Rizzini; Schuler, 2020).

As professoras Aurea Corrêa e Leolinda de Figueiredo Daltro atuavam como adjuntas, em 1898, no 10º Distrito Escolar, na região de Campo Grande, subúrbio do Rio de Janeiro. Ambas tiveram longa carreira na instrução pública, contudo, na vida política, assumiram posicionamentos opostos na acirrada campanha presidencial de 1909-1910. Aurea presidiu o Centro Civilista feminino em apoio ao candidato Rui Barbosa e Leolinda integrou a Junta Feminina pró-Hermes-Wenceslau. Embora não pudessem votar, grupos de mulheres se organizaram para tentar influir no desenrolar da disputa eleitoral. A professora ganhou notoriedade e despertou o interesse da historiografia por sua defesa pela educação laica dos indígenas e por sua atuação em favor da causa feminista (Rocha, 2016). No caso das professoras e diretoras de instituições escolares analisadas, a participação nos movimentos sociais se coadunava com a labuta diária nas escolas, e expandiam-se pelas áreas urbanas e suburbanas do Rio de Janeiro, atendendo crianças de diversas condições sociais e pertencimentos étnico-raciais (Schueler; Rizzini, 2019)[119].

Do trabalho feminino, do acesso à educação profissional e superior ao voto, a agenda de reivindicações por direitos se ampliava[120]. Logo após a Proclamação da República, por exemplo, mulheres letradas solicitaram que seus nomes fossem inclusos na lista eleitoral (Oliveira, 2009). A defesa do voto qualificado feminino também foi empregada pela advogada Myrthes de Campos, para pedir a sua nomeação enquanto eleitora, em 1903. Porém, dessas solicitantes, nenhuma teve sucesso, pois o voto feminino só foi legalmente instituído no país em 1932 (Karawejczyk, 2013; Galvão, 2016). Rotulada pela imprensa como a "mulher advogado", Myrthes de

---

[119] O engajamento das professoras nas causas sociais também se dava por meios então considerados mais aceitáveis ao seu sexo e condição: a caridade e a filantropia (Câmara, 2017). Foi o que fez, por exemplo, Olympia Francisca Proença (nome de solteira de Olympia do Couto), ao participar da fundação e da diretoria da Associação Protetora dos Órfãos como 2ª secretária, em 1894, ao lado da professora Guilhermina Barradas, 1ª secretária da entidade (O Tempo, ed. 1127, n. 1, 13 abr. 1894, p. 1).

[120] Cabe não esquecer que, no ano de 1868, a defesa do direito político de votar já aparecia na pauta de algumas mulheres, como a da escritora, musicista e professora, Ana Rosa Termacsics dos Santos (1850-1886), que publicou o Tratado Sobre a Emancipação Política da Mulher e Direito de Votar (Rio de Janeiro, Typographia de Paula Britto), personagem recentemente estudada por Cristiana Ribeiro (2019). No final do século XIX, jornais femininos e feministas discutiam a temática, destacando-se, particularmente, as folhas dirigidas e a militância política de Josephina Álvares de Azevedo (1851-1905) pela introdução do sufrágio feminino na primeira constituição republicana, em 1891. Sobre as temáticas, ver: Rago (2007); Souto (2013); Karawejczyk (2013); Duarte (2016); e Carula (2016).

Campos lutou por anos para obter sua inscrição no Instituto da Ordem dos Advogados Brasileiros, após colar grau de Bacharel na Faculdade Livre de Ciências Jurídicas e Sociais do Rio de Janeiro, em 1898. Embora tenha conhecido uma breve passagem pela instrução pública, como substituta de Esther Pedreira de Mello na inspeção escolar, em 1920, Myrthes atuou na área por outros meios: advogou, em seus escritos e conferências, pelo acesso das mulheres à educação secundária e superior, pauta importante das associações feministas do século XX. Chegou a publicar dois artigos sobre os direitos das mulheres e a reforma da instrução pública na revista *A Escola Primária*, no início dos anos de 1920. Por meio da imprensa diária, Myrthes de Campos participou ativamente de debates, combateu preconceitos e propôs transformações nas imagens estereotipadas e nas limitações jurídicas, civis e políticas, historicamente impostas às mulheres (Schueler; Rizzini, 2021).

Considerações finais

Neste capítulo, vimos que, a despeito dos enquadramentos de gênero e das desigualdades sociais e raciais, que impunham constrangimentos à atuação das mulheres, algumas dentre elas, ao tornarem-se professoras e/ou diretoras de escolas públicas na cidade do Rio de Janeiro, foram partícipes importantes na construção e execução das políticas públicas de educação na cidade. Assim como nem todas as mulheres tiveram um único caminho, os mesmos privilégios ou percalços para adentrar no magistério e em outras profissões liberais, suas redes de sociabilidade intelectual e política podiam variar. Uma parte delas empenhou-se no engajamento em atividades sociais e políticas, na defesa de pautas relacionadas aos direitos das meninas e mulheres, das populações pobres e trabalhadoras e das crianças e jovens negras e indígenas pelo acesso e ampliação da educação formal. Extrapolando os muros das escolas e instâncias administrativas, contribuíram, também, na constituição da profissão e dos direitos que consideravam devidos à categoria docente. Filiaram-se a diversas redes de associações de professores, operárias, filantrópicas, feministas, dentre outras formas de associativismo (Silva, M. G. da, 2018). Os indícios de experiências dessas mulheres evidenciam a ocupação de diversos espaços possíveis, ao menos, àquelas pertencentes a determinados grupos sociais letrados, o que é antagônico à representação corrente sobre o papel feminino restrito ao mundo doméstico naquele contexto.

Dos caminhos trilhados na pesquisa, e também daqueles que ainda não trilhamos, restam muitas indagações, temáticas e problemas em aberto. Por que, afinal, essas mulheres abraçaram o ofício, e quebraram, pouco a pouco, o histórico monopólio masculino, conquistando seus espaços na profissão docente? Algumas que atuaram como professoras e diretoras de escolas ultrapassaram as barreiras modelares dos discursos que visavam confiná-las aos espaços privados da família. Ocuparam espaços e funções sociais, que eram tradicionalmente monopólio dos homens e, mais do que isso, posicionaram-se como sujeitos atuantes no processo de construção de representações e discursos que, na maioria das vezes, eram contraditórios, ambíguos e lhes atribuíam determinadas funções relacionadas à extensão da maternidade e à domesticidade.

Na interseção de suas próprias trajetórias como docentes, e dos debates sobre a educação, masculina e feminina, bem como nas tensões e nas ambiguidades inerentes às relações de poder naquela sociedade, nossa hipótese é a de que as mulheres, professoras aqui analisadas, não se sujeitaram à passividade. Ao contrário, agiram de acordo com suas possibilidades, compartilhando e defendendo ideias que se afinavam ou digladiavam com determinadas visões hegemônicas sobre as relações sociais de gênero, raça e classe.

Cada vez mais convocadas e dispostas a desempenhar um papel central na socialização escolar das crianças – inicialmente meninas –, as professoras primárias contribuíram não somente para a conformação, mas também para a construção e a elaboração de sentidos e percepções acerca das funções, diferenciações, desigualdades e hierarquias entre homens e mulheres. Como bem argumentou Luara dos Santos Silva (2021), ao concordar com a hipótese proposta por Maria Lúcia Muller (2009), as professoras públicas primárias foram as "construtoras da nação", não apenas porque transmitiam símbolos e valores republicanos nas escolas, mas porque, em suas agências cotidianas, lutaram de variadas formas para proporcionar educação formal aos filhos e filhas da classe trabalhadora.

Apesar dos limites de suas experiências históricas, condições e pertencimentos sociais, raciais e de gênero, os enfrentamentos e as pautas disputadas por essas mulheres, entre as décadas finais do século XIX e meados do século XX, a exemplo das lutas pelos direitos civis, sociais e políticos travadas pela advogada Myrthes de Campos, ainda são extremamente relevantes no século XXI; especialmente no contexto transnacional atual, de graves retrocessos e de persistência da não efetividade dos direitos civis, sociais, políticos e sexuais para ampla maioria das mulheres.

A dominação masculina numa sociedade heteronormativa, misógina e etnocêntrica, e as profundas desigualdades — de classes, gêneros, raças, etnias, gerações, sexualidades, religiosidades, entre tantos outros marcadores — são estruturantes no Brasil. Tornar visível a trajetória de mulheres atuantes no campo educacional é também um modo de disputar as narrativas e de militar contra o esquecimento e a violência impostos pelos múltiplos silenciamentos historicamente vivenciados pelas mulheres. É uma maneira de fortalecer as lutas presentes e de reafirmar, simultaneamente, o que Aline de Morais Limeira (2022) denominou de "poesia da diversidade" — a complexa pluralidade e a historicidade das nossas experiências docentes.

REFERÊNCIAS

A ESCOLA PRIMÁRIA. [S. l.]: [s. n.], ano 1, n. 10, 1917.

A ESCOLA PRIMÁRIA. [S. l.]: [s. n.], ano 1, n. 11, p. 322-352, 1 ago. 1917.

ALMEIDA, Jane S. **Mulher e educação**: a paixão pelo possível. São Paulo: Unesp, 1998.

ALVES, Sirlene R. Música, docência e letras: no caminho de liberdade de Cacilda Francioni de Souza. **Revista Transversos**, Rio de Janeiro, n. 20, p. 175-196, dez. 2020.

AS ELEIÇÕES nos subúrbios: o Partido Operário "interview" com Elisa Scheid. **Gazeta de Notícias**, Rio de Janeiro, ano XXXII, n. 5, p. 2, 5 jan. 1906.

BARROS, Surya A. P. de. **Negrinhos que por ahi andão**: a escolarização da população negra em São Paulo (1870-1920). 2005. 163 f. Dissertação (Mestrado em Educação) – Faculdade de Educação, Universidade de São Paulo, São Paulo, 2005.

BARROS, Surya A. P. de. **Universo letrado, educação e população negra na Parahyba do Norte (século XIX)**. 2017. 306 f. Tese (Doutorado em Educação) – Faculdade de Educação, Universidade de São Paulo, São Paulo, 2017.

BESSE, Susan K. **Modernizando a desigualdade**. Reestruturação da ideologia de gênero no Brasil (1914-1940). São Paulo: Edusp, 1999.

BOURDIEU, P. A ilusão biográfica. *In*: FERREIRA, Marieta de M.; AMADO, Janaína. (org.). **Usos & abusos da história oral**. 8. ed. Rio de Janeiro: FGV, 2006.

CÂMARA, Sônia. As Damas da Assistência à Infância e as ações educativas, assistenciais e filantrópicas (Rio de Janeiro/RJ, 1906-1930). **História da Educação**, Porto Alegre, v. 21, n. 53, p. 199-218, set./dez. 2017. Disponível em: https://seer.ufrgs.br/index.php/asphe/article/view/66363. Acesso em: 24 jan. 2023.

CARULA, Karoline. A imprensa feminina no Rio de Janeiro nas décadas finais do século XIX. **Estudos Feministas**, Florianópolis, v. 24, n. 1, p. 261-279, jan./abr. 2016. Disponível em: https://www.scielo.br/j/ref/a/49CgFNgTfv63sbqkzL7hbXy/abstract/?lang=pt. Acesso em: 24 jan. 2023.

CHAMON, Carla. **Maria Guilhermina Loureiro de Andrade**: a trajetória profissional de uma educadora. 2005. 315 f. Tese (Doutorado em Educação) – Programa de Pós-Graduação em Educação, Universidade Federal de Minas Gerais, Belo Horizonte, 2005.

CHAMON, Magda. **Relações de gênero e a trajetória de feminização do magistério em Minas Gerais**. 1830-1930. 1996. 300 f. Tese (Doutorado em Educação) – Programa de Pós-Graduação em Educação, Universidade Federal de Minas Gerais, Belo Horizonte, 1996.

CHRONICA NACIONAL, OU, NOVO E COMPLETO **INDICE CHRONOLOGICO DA HISTORIA DO BRASIL**. Rio de Janeiro, Typ. Universal de Laemmert, edição de março de 1882, p. 173-174. Disponível em: https://memoria.bn.gov.br/docreader/DocReader.aspx?bib=707619&pesq=novo+e+completo+indice+chronologico+-da+historia+do+brasil+rj+1842+a+1889+mar+1882&pagfis=3723. Acesso em: 30 jul. 2024.

COLLINS, Patrícia Hill; BILGE, Sirma. **Interseccionalidade**. Tradução de Rane Souza. 1. ed. São Paulo: Boitempo, 2021.

COSTA, Ana Luiza de J. **O educar-se das classes populares oitocentistas no Rio de Janeiro entre a escolarização e a experiência**. 2012. 274 f. Tese (Doutorado em Educação) – Faculdade de Educação, Universidade de São Paulo, São Paulo, 2012.

COUTO, Olympia do. Carta. **A Escola Primaria**, ano 2, n. 3, p. 58-80, 1 dez. 1917.

CRUZ, Mariléia dos S.; MATOS, Érica de L. de M.; SILVA, Ediane H. S. "Exma. Sra. D. Maria Firmina dos Reis, distinta literária maranhense": a notoriedade de uma professora afrodescendente no século XIX. **Notandum**, [s. l.]: CEMOrOc/FEUSP, n. 48, p. 151-166, set./dez. 2018. Disponível em: http://www.hottopos.com/notand48/151-166Marileia.pdf. Acesso em: 24 jan. 2023.

DIÁRIO DE NOTÍCIAS. [S. l.]: [s. n.], 25 out. 1939.

DUARTE, Constância L. Imprensa feminina e feminista no Brasil. *In*: DUARTE, Constância Lima. **Século XIX**: dicionário ilustrado. Belo Horizonte: Autêntica, 2016. p. 13-28.

FONSECA, Marcus Vinicius. **A educação dos negros**: uma nova face do processo de abolição da escravidão no Brasil. Bragança Paulista: Edusf, 2002.

FRACCARO, Glaucia C. C. **Os direitos das mulheres**: organização social e legislação trabalhista no entreguerras brasileiro (1917-1937). 2016. 198 f. Tese (Doutorado em História) – Programa de Pós-Graduação em História, Universidade Estadual de Campinas, Campinas, 2016.

FREIRE, Américo. Três faces da cidade: um estudo sobre a institucionalização e a dinâmica do campo político carioca (1889-1969). **Revista Estudos Históricos**, Rio de Janeiro, v. 13, n. 24, 1999. Disponível em: https://bibliotecadigital.fgv.br/ojs/index.php/reh/article/view/2105. Acesso em: 24 jan. 2023.

FREITAS, Anamaria G. B. de. Práticas educacionais abolicionistas: aspectos do trabalho docente, através das trajetórias de Etelvina Amália de Siqueira (Sergipe, 1862-1937) e Maria Firmina dos Reis (Maranhão, 1825-1917). *In*: CONGRESSO BRASILEIRO DE HISTÓRIA DA EDUCAÇÃO: O ENSINO E A PESQUISA EM HISTÓRIA DA EDUCAÇÃO, 5., 2008, Aracaju. **Anais** [...]. São Cristóvão: Editora UFS, 2008. v. 1. p. 1-13. Disponível em: https://ri.ufs.br/handle/riufs/1067. Acesso em: 24 jan. 2023.

GALVÃO, Laila M. Os entrecruzamentos das lutas feministas pelo voto feminino e por educação na década de 1920. **Revista Direito & Práxis**, Rio de Janeiro, v. 7, n. 13, p. 176-203, 2016. Disponível em: https://www.e-publicacoes.uerj.br/index.php/revistaceaju/article/view/16786. Acesso em: 24 jan. 2023.

GARZONI, Lerice C. **Arena de combate**: gênero e direitos na imprensa diária (Rio de Janeiro, início do século XX). 2012. 291 f. Tese (Doutorado em História Social) – Programa de Pós-Graduação em História, Universidade Estadual de Campinas, Campinas, 2012.

GAZETA DE NOTICIAS. [S. l.]: [s. n.], n. 7, 7 jan. 1885.

GOUVÊA, Maria C. Meninas na sala de aula: dilemas da escolarização feminina no século XIX. *In*: FARIA FILHO, L. M. (org.). **A infância e sua educação**: materiais, práticas e representações (Portugal e Brasil). Belo Horizonte: Autêntica, 2004, p. 157-182.

GINZBURG, Carlo. O nome e o como. Troca desigual e mercado historiográfico. *In*: GINZBURG, Carlo; CASTELNUOVO, E.; PONI, C. (org.). **A micro-história e outros ensaios**. Rio de Janeiro: Bertrand Brasil; Lisboa: Difel, 1991.

JORNAL DO COMMERCIO. [*S. l.*]: [*s. n.*], ed. 276, 22 ago. 1934.

JORNAL DO BRASIL. [*S. l.*]: [*s. n.*], 4 dez. 1934.

JORNAL DO BRASIL. [*S. l.*]: [*s. n.*], 22 de ab. 1930.

KARAWEJCZYK, Mônica. **As filhas de Eva querem votar**: dos primórdios da questão à conquista do sufrágio feminino no Brasil (c.1850-1932). 2013. 398 f. Tese (Doutorado em História) – Programa de Pós-Graduação em História, Universidade Federal do Rio Grande do Sul, Porto Alegre, 2013.

LIMEIRA, Aline de M. **O Comércio da Instrução no Século XIX**: Colégios Particulares, Propagandas e Subvenções Públicas. 2010. 282 f. Dissertação (Mestrado em Educação) – Programa de Pós-Graduação em Educação, Universidade do Estado do Rio de Janeiro, Rio de Janeiro, 2010.

LIMEIRA, Aline de M. Por uma poesia da diversidade, para não empobrecer o passado: instituições e sujeitos escolares. *In*: SILVA, Alexandra L. da; LIMEIRA, Aline de M.; LEONARDI, Paula (org.). **Pontos de vista**. Histórias na Educação. Rio de Janeiro: Mauad X, 2022. p. 103-140.

LOPES, Kátia G. C. **"Dai-lhes mestres, dai-lhes oficinas"**: O acesso de negros livres, libertos e "sujeitos de pés descalços" à cultura letrada no Rio de Janeiro oitocentista. 2020. 290 f. Tese (Doutorado em Educação) – Faculdade de Educação, Universidade do Estado do Rio de Janeiro, Rio de Janeiro, 2020.

LOURO, Guacira L. Uma leitura da história da educação sob a perspectiva de gênero. **Teoria e Educação**, São Paulo: PUC-SP, n. 6, p. 53-67, 1992. Disponível em: https://revistas.pucsp.br/index.php/revph/article/view/11412. Acesso em: 24 jan. 2023.

LOURO, Guacira L. Mulheres na sala de aula. *In*: PRIORE, M. Del (org.). **História das mulheres no Brasil**. São Paulo: Contexto: Editora Fundação Unesp, 1997. p. 443-481.

MAC CORD, Marcelo; SCHUELER, Alessandra. História Social e História da Educação: as contribuições de E. P. Thompson. *In*: CARVALHO, R. A. de; MIGLIO, Ilka; FARIA FILHO, L. M. (org.). **Nas bordas de Clio**: História Social e Educação. 1. ed. Belo Horizonte: Mazza, 2014. v. 1. p. 53-81.

MAGALHÃES, Marcelo de S. **Ecos da política**: a capital federal, 1892-1910. 2004. 300 f. Tese (Doutorado em História) – Programa de Pós-Graduação em História, Universidade Federal Fluminense, Niterói, 2004.

MARQUES, Jucinato S. **O fio e os rastros da escolarização do Distrito Federal (1890-1906)**. 2015. 245 f. Tese (Doutorado em Educação) – Faculdade de Educação, Universidade Federal do Rio de Janeiro, Rio de Janeiro, 2015.

MARQUES, Orminda Isabel. Ainda a respeito da orientação sobre as lições de leitura no quadro negro pelo "método fônico-sintético". **A Escola Primaria**, ano 2, n. 3, p. 58-80, 1 dez. 1917.

MONÇÃO, Vinicius de M. **Maria Guilhermina Loureiro de Andrade nas redes do Kindergarten**. 2018. 226 f. Tese (Doutorado em Educação) – Universidade Federal do Rio de Janeiro, Rio de Janeiro, 2018.

MÜLLER, Maria Lúcia. **As construtoras da nação**: professoras primárias na Primeira República. Niterói: Intertexto, 1999.

MUNHOZ, Fabiana Garcia; VIDAL, Diana Gonçalves. Experiência docente e transmissão familiar do magistério no Brasil. **Revista Mexicana de Historia de la Educación**, Cidade de México, v. 3, n. 6, p. 126-157, 2015.

MUNIZ, Diva. **Um toque de gênero**: história e educação em Minas Gerais (1835-1892). Brasília: Editora da Universidade de Brasília: Finatec, 2003.

MUZART, Zahidé L. Uma Pioneira: Maria Firmina dos Reis. **Muitas Vozes**, Ponta Grossa, v. 2, n. 2, p. 247-260, 2013. Disponível em: https://revistas.uepg.br/index.php/muitasvozes/article/view/6400. Acesso em: 24 jan. 2023.

NASCIMENTO, Cecília V. do. **Caminhos da docência**: Trajetórias de mulheres professoras em Sabará - Minas Gerais (1830-1904). 2011. 231 f. Tese (Doutorado em Educação) – Programa de Pós-Graduação em Educação, Faculdade de Educação, Universidade Federal de Minas Gerais, Belo Horizonte, 2011.

NUNES, Clarice. A escola reinventa a cidade. *In*: HERSCHMANN, Micael; PEREIRA, Carlos Alberto Messeder (org.). **A invenção do Brasil moderno**: medicina, educação e engenharia nos anos 20-30. Rio de Janeiro: Rocco, 1994. p. 180-201.

NUNES, Clarice. Cultura escolar, modernidade pedagógica e política educacional no espaço urbano carioca. *In*: HERSCHMANN, Micael; KROPF, Simone; NUNES, Clarice. **Missionários do progresso**: médicos, engenheiros e educadores no Rio de Janeiro 1870-1937. Rio de Janeiro: Diadorim, 1996. p. 155-224.

O JORNAL. Rio de Janeiro: [*s. n.*], 6 abr. 1940.

O TEMPO. Rio de Janeiro, ed. 1127, n. 1, 13 abr. 1894, p. 1.

OLIVEIRA, Karine da Rocha. **Josefina Álvares de Azevedo**: a voz feminina no século XIX através das páginas do jornal A Família. Rio de Janeiro: Fundação Biblioteca Nacional, 2009. Disponível em: https://antigo.bn.gov.br/producao-intelectual/documentos/josefina-alvares-azevedo-voz-feminina-seculo-xix. Acesso em: 24 jan. 2023.

PENA, Maria V. J. **Mulheres e Trabalhadoras**. Presença feminina na constituição do sistema fabril. Rio de Janeiro: Paz e Terra, 1981.

PERROT, Michelle. **Os excluídos da história**. São Paulo: Paz e Terra, 1988.

PINSKY, Carla; PEDRO, Joana (org.). **Nova história das mulheres no Brasil**. São Paulo: Editora Contexto, 2013.

PRIORE, Mary; BASSANEZI, Carla (org.). **História das mulheres no Brasil**. São Paulo: Editora Contexto, 1997.

RAGO, Elizabeth J. **Outras falas**: feminismo e medicina na Bahia (1836-1931). São Paulo: Annablume/Fapesp, 2007.

RECENSEAMENTO DO RIO DE JANEIRO. Districto Federal – realizado em 20 de setembro de 1906. Rio de Janeiro, Officina da Estatística, 1907.

RIBEIRO, Cristiane de P. **"A vida caseira é a sepultura dos talentos"**: gênero e participação política nos escritos de Anna Rosa Termacsics dos Santos (1850-1886). 2019. 279 f. Dissertação (Mestrado em História) – Programa de Pós-Graduação em Educação, Universidade Federal de Juiz de Fora, Juiz de Fora, 2019.

RIZZINI, Irma; GOMES, Camilla E. D.; SCHUELER, Alessandra F. M. de. Elisa Scheid: uma professora nos movimentos de trabalhadores da Estrada de Ferro Central do Brasil (Engenho de Dentro, Rio de Janeiro, 1890 a 1910). **Revista HISTEBR**, Campinas, v. 20, p. 1-18, 2020. Disponível em: https://periodicos.sbu.unicamp.br/ojs/index.php/histedbr/article/view/8656567. Acesso em: 24 jan. 2023.

RIZZINI, Irma; SCHUELER, Alessandra. F. M. de. Entre o mundo da casa e o espaço público: um plebiscito sobre a educação da mulher (Rio de Janeiro, 1906). **Revista História e Historiografia da Educação**, Curitiba, v. 2, n. 4, p. 122-146, jan./abr. 2018. Disponível em: https://revistas.ufpr.br/rhhe/article/view/55858. Acesso em: 24 jan. 2023.

RIZZINI, Irma; SCHUELER, Alessandra Frota M. de. "O feminismo transborda": docência, produção escrita e atuação política de Aurea Corrêa na cidade do Rio de Janeiro (1900-1920). **Revista Práxis Educacional**, v. 16, p. 42-65, 2020. Disponível em: https://www.academia.edu/en/41534701/_O_FEMINISMO_TRANSBORDA_DOC%C3%8ANCIA_PRODU%C3%87%C3%83O_ESCRITA_E_ATUA%C3%87%C3%83O_POL%C3%8DTICA_DE_AUREA_CORR%C3%8AA_NA_CIDADE_DO_RIO_DE_JANEIRO. Acesso em: 24 jan. 2023.

ROCHA, Elaine P. Vida de professora: ideias e aventuras de Leolinda de Figueiredo Daltro durante a Primeira República. **Revista Mundos do Trabalho**, Florianópolis, v. 8, n. 15, p. 29-47, jan. 2016. Disponível em: https://periodicos.ufsc.br/index.php/mundosdotrabalho/article/view/1984-9222.2016v8n15p29. Acesso em: 24 jan. 2023.

SANTOS, Aderaldo P. **Arma da educação**: cultura política, cidadania e antirracismo nas experiências do professor Hemetério José dos Santos. 2019. 435 f. Tese (Doutorado em Educação) – Programa de Pós-Graduação em Educação, Universidade Federal do Rio de Janeiro, Rio de Janeiro, 2019.

SANTOS, Heloisa H. M. dos. **Esther Pedreira de Mello, uma mulher (in)visível**. Curitiba: Appris, 2017.

SANTOS, Jucimar C. dos; SANTOS, Mayara P. de J. Da educação primária ao ensino superior: o desafio das mulheres de cor e trabalhadoras para alcançar a educação escolar no Brasil entre o final do século XIX e início do século XX. **Canoa do Tempo**, [s. l.], v. 11, n. 2, out./dez. 2019. Disponível em: https://www.periodicos.ufam.edu.br/index.php/Canoa_do_Tempo/article/view/6675. Acesso em: 24 jan. 2023.

SCHUELER, Alessandra F. M. de. **Forma e Culturas escolares na cidade do Rio de Janeiro**: representações, experiências e profissionalização docente em escolas públicas primárias. 2002. 300 f. Tese (Doutorado em Educação) – Faculdade de Educação, Universidade Federal Fluminense, Niterói, 2002.

SCHUELER, Alessandra F. M. de; RIZZINI, Irma. Entre becos, morros e trilhos: expansão da escola primária na cidade do Rio de Janeiro (1870-1906). **Cadernos de História da Educação**, [s. l.], v. 18, n. 1, p. 160-175, jan./abr. 2019. Disponível em: https://seer.ufu.br/index.php/che/article/view/47656. Acesso em: 24 jan. 2023.

SCHUELER, Alessandra F. M. de; RIZZINI, Irma. Myrthes de Campos (1875-1965): a "mulher advogado" na luta pelos direitos das mulheres. **Revista Communitas**, [s. l.], v. 5, n. 9, p. 24-38, jan./mar. 2021. Disponível em: https://periodicos.ufac.br/index.php/COMMUNITAS/article/view/4438. Acesso em: 24 jan. 2023.

SCHUELER, Alessandra F. M. de; RIZZINI, Irma; MARQUES, Jucinato de S. Felismina e Libertina vão à escola: notas sobre a escolarização nas freguesias de Santa Rita e Santana (Rio de Janeiro, 1888-1906). **Revista História da Educação**, [s. l.], v. 19, n. 46, p. 145-165, maio/ago. 2015. Disponível em: https://seer.ufrgs.br/asphe/article/view/46047. Acesso em: 24 jan. 2023.

SCHUELER, Alessandra F. M. de.; TEIXEIRA, Giselle B. Civilizar a infância: moral em lições no livro escolar de Guilhermina de Azambuja Neves (Corte imperial, 1883). **Revista de Educação Pública**, Cuiabá, v. 17, n. 35, p. 563-577, set./dez. 2008. Disponível em: https://periodicoscientificos.ufmt.br/ojs/index.php/educacaopublica/article/view/507. Acesso em: 24 jan. 2023.

SCOTT, Joan W. Gênero: uma categoria útil de análise histórica. **Educação & Realidade**, Porto Alegre, v. 20, n. 2, p. 71-99, jul./dez. 1995. Disponível em: https://seer.ufrgs.br/index.php/educacaoerealidade/article/view/71721. Acesso em: 24 jan. 2023.

SILVA, Adriana M. P. da. **Aprender com perfeição e sem coação**: uma escola para meninos pretos e pardos na Corte. Brasília: Editora Plano, 2000.

SILVA, Luara Santos. **'Etymologias, preto'**: Hemetério José dos Santos e as questões raciais de seu tempo (1888-1920). 2015. 165 f. Dissertação (Mestrado em Relações Étnico-Raciais) – Programa de Pós-Graduação em Relações Étnico-Raciais, Cefet/RJ, Rio de Janeiro, 2015.

SILVA, Luara dos Santos. **Histórias de professoras negras no Rio de Janeiro**: experiências e tensões de classe, raça e gênero (1870-1920). 2022. 331 f. Tese (Doutorado em História) – Programa de Pós-Graduação em História Social, Universidade Federal Fluminense, Niterói, 2022.

SILVA, Marcelo G. da. **"Operários do pensamento"**: trajetórias, sociabilidades e experiências de organização docente de homens e mulheres no Rio de Janeiro

(1900-1937). 2018. 304 f. Tese (Doutorado em Educação) – Programa de Pós-Graduação em Educação, Universidade Federal Fluminense, Niterói, 2018.

SILVA, Régia A. da. Maria Firmina dos Reis e sua escrita antiescravista. **Revista Interdisciplinar em Cultura e Sociedade (RICS)**, São Luís, v. 3, n. 2. p. 43-58, jul./dez. 2017. Disponível em: https://periodicoseletronicos.ufma.br/index.php/ricultsociedade/article/view/8137. Acesso em: 24 jan. 2023.

SIMIONI, Ana P. C. **Profissão Artista**. Pintoras e escultoras acadêmicas brasileiras. São Paulo: Editora da Universidade de São Paulo – Fapesp, 2008.

SOIHET, Rachel; PEDRO, Joana. M. A emergência da pesquisa da história das mulheres e das relações de gênero. **Revista Brasileira de História**, São Paulo, v. 27, n. 54, p. 281-300, dez. 2007. Disponível em: https://www.scielo.br/j/rbh/a/QQh4kZdCDdnQZjv6rqJdWCc/?lang=pt. Acesso em: 24 jan. 2023.

SOUTO, Bárbara F. **"Senhoras do seu destino!"**: Francisca Senhorinha da Motta Diniz e Josephina Álvares de Azevedo - projetos de emancipação feminista na imprensa brasileira (1873-1874). 2013. 197 f. Dissertação (Mestrado em História) – Programa de Pós-Graduação em História, Universidade de São Paulo, São Paulo, 2013.

THOMPSON, Edward P. **Experiência**: o termo ausente no planetário marxista. A miséria da teoria ou um planetário de erros: uma crítica ao pensamento de Althusser. Rio de Janeiro: Zahar Editores, 1981.

TORRES, Rosane dos S. **Filhos da Pátria, Homens pelo Progresso**: O Conselho Municipal e a Instrução Pública na Capital Federal (1892-1902). 2009. 245 f. Dissertação (Mestrado em História Social) – Faculdade de Formação de Professores, Universidade do Estado do Rio de Janeiro, Rio de Janeiro, 2009.

UEKANE, Marina. **Com o bom professor tudo está feito, sem elle nada se faz**: uma análise da conformação do magistério primário no Distrito Federal (1892-1912). 2016. 260 f. Tese (Doutorado em Educação) – Programa de Pós-Graduação em Educação, Universidade Federal Fluminense, Niterói, 2016.

VEIGA, Cynthia G. Escolas públicas para os negros e os pobres no Brasil: uma invenção imperial. **Revista Brasileira de Educação**, Rio de Janeiro, v. 13, n. 39, set./dez. 2008. Disponível em: https://www.scielo.br/j/rbedu/a/hjFMbWn5YWMsSgtQq6SKHTG/abstract/?lang=pt. Acesso em: 24 jan. 2023.

CAPÍTULO 10

A EDUCAÇÃO DE MULHERES JUDIAS NO INÍCIO DO SÉCULO XX[121]

Natália Gil – UFRGS
Mariana Motta Klein – UFRGS

> *Os judeus não construíram pirâmides, não ergueram catedrais majestosas, não construíram a Muralha da China nem o Taj Mahal. Criaram textos e os liam juntos em família, em refeições festivas e também nas refeições do dia a dia (Amós Oz, Mais de uma luz, 2017, p. 53).*

A cultura judaica tem nos livros e na leitura ponto fulcral de sociabilidade, entrelaçando experiências de várias gerações, consolidando laços identitários a despeito das distâncias geográficas. Ler, escrever, estudar são ações que fazem parte do cotidiano dessas pessoas, independentemente de onde estejam e, embora com diferenças, tanto entre homens como entre mulheres. A partir da análise dos relatos de mulheres judias que habitaram Porto Alegre nas décadas iniciais do século XX, foi possível escrutinar as vivências femininas partilhadas em diferentes contextos geográficos — Berlim, São Paulo, Porto Alegre, entre outros — em que o estudo e a escola são menção recorrente, ladeados pela importância dada à família, ao trabalho, às tradições religiosas.

A partir do exame de entrevistas produzidas e guardadas pelo Instituto Marc Chagall[122], procedemos neste capítulo à narrativa da vivência de mulheres e suas relações com a educação. Algumas imigrantes, outras já nascidas no Brasil, vários pontos em comum tecem trajetórias individuais de mulheres cujo traço identitário mais destacado é fazerem parte do povo judeu, que em suas múltiplas diásporas foi consolidando fortes vínculos culturais. Inicialmente, apresentamos uma breve descrição das caracterís-

---
[121] Este capítulo é uma versão ampliada de trabalho originalmente apresentado no 25º Encontro da Asphe (Associação Sul-Rio-Grandense de Pesquisadores em História da Educação), que aconteceu em Bagé (RS) em 2019.
[122] Agradecemos ao Instituto Cultural Judaico Marc Chagall, por disponibilizar acesso ao acervo e, especialmente, à Fabiana Pinheiro da Costa, pela generosa acolhida no dia a dia de pesquisa na biblioteca daquele Instituto.

ticas do acervo consultado. Em seguida, trazemos alguns aspectos sobre a relação das mulheres judias com a cultura e o trabalho e sua percepção sobre o lugar da mulher na sociedade brasileira. Por fim, destacamos a centralidade da escolarização e do estudo nas vivências dessas mulheres.

Um acervo de entrevistas para a preservação da memória judaica

Para realizar a pesquisa documental, utilizamos como fonte um conjunto de entrevistas produzido pelo Instituto Cultural Judaico Marc Chagall nos anos 1980 e 1990 na cidade de Porto Alegre no âmbito do projeto *Preservação da Memória Judaica*. Trata-se de entrevistas com judeus nascidos no Brasil e outros vindos da Europa de forma independente ou através da Jewish Colonization Association (ICA), associação internacional que servia aos judeus emigrados prestando-lhes assistência ao tirá-los da Europa antissemita e levá-los para Brasil, Argentina e Canadá. A intencionalidade das entrevistas, quando foram produzidas, era registrar as formas de manutenção da tradição e da religiosidade de judeus que se instalaram no Rio Grande do Sul. Foram realizadas com pessoas já em idade avançada que contam suas memórias de infância e juventude — referindo-se, portanto, às décadas iniciais do século XX — a partir de perguntas feitas por entrevistadores, muitos dos quais também judeus e atuantes na comunidade judaica de Porto Alegre. O conjunto compõe-se de mais de 400 entrevistas[123] de duração variada, sendo algumas bastante longas e, às vezes, feitas em mais de um dia. Foram originalmente gravadas e encontram-se disponibilizadas transcritas no arquivo do Instituto Cultural Judaico Marc Chagall. Os temas abordados são variados: como constituíram família, como saíram das colônias e foram para outros municípios do Rio Grande do Sul, experiências com educação, experiências na Europa e Oriente Médio, religiosidade etc. Interessou-nos, especificamente, analisar algumas entrevistas de mulheres buscando destacar as menções que fazem à condição de mulher nas sociedades em que viveram, a importância atribuída à educação e a centralidade do trabalho em suas vidas.

Para esta pesquisa, dos muitos registros disponíveis, selecionamos aleatoriamente entrevistas com 19 mulheres que viveram em Porto Alegre[124]. Algumas delas nascidas na Europa, vieram para o Brasil quase sempre em

---

[123] Nem todas as entrevistas são individuais. Há situações em que irmãos ou casais são entrevistados juntos.

[124] A análise refere-se ao conjunto completo das 19 entrevistas selecionadas, no entanto, nem todas foram diretamente citadas neste capítulo dada a opção por trazer apenas alguns exemplos representativos de experiências recorrentes entre essas mulheres.

função da escalada do antissemitismo no continente europeu e relatam tanto memórias daquele tempo como também das experiências no contexto brasileiro. Esses deslocamentos produzem compreensões acerca do contraste das experiências femininas em diferentes lugares que nos interessou observar. Desenvolvemos a análise a partir da leitura atenta de cada entrevista selecionada, no seu registro transcrito, e organizamos nossas anotações em torno das seguintes categorias: (a) mulheres na sociedade; (b) a escola e os estudos no Brasil; (c) a escola na Europa; (d) liberdade, livros e cultura; e (e) trabalho.

A vinda dos judeus para o continente americano foi decorrência, principalmente, do conturbado contexto na Europa durante o século XIX e XX. Muitos precisaram deixar suas terras fugindo da escassez de recursos para subsistência e das perseguições. Como destaca Ieda Gutfreind (2004, p. 82), "[...] a grande maioria das pessoas que abandonam seus lares é motivada por necessidades de sobrevivência: buscam escapar da fome e da miséria ou de perseguições políticas, religiosas e mesmo culturais". Grande parte desses foi conduzida pela *Jewish Colonization Association* (ICA), fundada por Barão Maurice de Hirsh juntamente com banqueiros e filantropos, e tiveram por destino as colônias instaladas no Brasil, Argentina e Canadá (Gutfreind, 2004).

No estado do Rio Grande do Sul, a chegada dos judeus pela ICA iniciou-se em 1904 e constituiu, primeiro, a colônia Philippson na região que corresponde atualmente ao município de Santa Maria. Em seguida, outra colônia foi criada no interior do estado, no município de Quatro Irmãos. Instalados nas colônias, os imigrantes deram ensejo à vida diária no novo lugar. Quando chegaram, a ICA já havia preparado sinagoga, lote para cemitério e escola com um professor. Com o passar do tempo, o trabalho agrícola foi subsidiando as necessidades básicas das famílias. No entanto, em função de adversidades nas plantações e da dificuldade de adaptação ao estilo de vida da colônia, alguns dos imigrantes começaram a planejar outros destinos para si e suas famílias. Parte expressiva deles não tinha prática com a agricultura e o ambiente era diferente daquele das regiões de origem (Sorj, 1997).

Assim, muitos logo buscaram se instalar em cidades maiores pretendendo encontrar no meio urbano possibilidades ampliadas de estudo para seus filhos e melhores condições de vida para toda a famílias. Dentre as entrevistas analisadas, compreendendo judeus que se instalaram em Porto

Alegre, os relatos indicam frequentemente percalços no período de adaptação. Alguns estabeleciam comércios, outros trabalhavam em comércios instalados anteriormente. Muitos concentraram-se no bairro do Bom Fim. A dificuldade financeira, no princípio, era grande para algumas famílias, a moradia era precária e frequentemente dividida com outros judeus. Mas os relatos acentuam a prosperidade que adveio com tempo e esforço.

Mulheres judias e sociedade

Os contextos europeus de onde vieram muitas das mulheres judias haviam estabelecido um trânsito cultural pouco comum na vivência cotidiana das mulheres que viveram na cidade de Porto Alegre no mesmo período. O valor atribuído à leitura, à fruição cultural em geral e à liberdade pelas mulheres entrevistadas contrasta com a restrição das mulheres porto-alegrenses ao espaço doméstico e com as exigências de decoro e submissão às quais estavam submetidas. Na maior parte dos casos, mesmo as mulheres de elite, educadas nos moldes franceses, tinham poucas experiências culturais para além dos livros e não podiam circular sozinhas pelas cidades (Kosminsky, 2004).

Diante disso, a primeira impressão que as mulheres judias têm acerca das mulheres brasileiras é, muitas vezes, de falta de liberdade e ignorância. Zeldi Oliven (1988, p. 12-13) destaca o quanto a liberdade é preciosa para o povo judaico: "Eu não sei se você sabe, mas entre os judeus é atribuído um alto valor à liberdade [...]. A liberdade de pensar, e de falar, e de ter outras opiniões". As mulheres judias estavam acostumadas a sair às ruas sem que isso representasse um risco à avaliação moral que a sociedade fazia delas e continuaram preservando tais condutas no novo contexto.

Do ponto de vista cultural, o teatro e os livros são referências recorrentes nos relatos dessas mulheres. A falta de opções teatrais em Porto Alegre causava algum estranhamento e não tardou para que os próprios judeus organizassem apresentações.

Gutfreind (2004, p. 105) menciona que

> [...] as manifestações teatrais em língua ídiche representaram um elemento aglutinador dos laços identitários de parte representativa dos judeus de Porto Alegre. Divulgadas em jornais locais e propagandeadas no interior da coletividade judaica, tais apresentações, seja por parte de profissionais ou amadores, no período a que nos referimos, lotavam o

> Teatro São Pedro, então a principal instituição cultural da capital do estado sulino, com capacidade aproximada de setecentos espectadores, cujo número aumentava com cadeiras extras.

Fanny Baibich (1988, p. 25) lembra-se de que quando era pequena os pais costumavam frequentar apresentações teatrais:

> [...] Coliseu era o teatro. Eles iam a pé até lá, mas iam ao teatro. Às vezes, a coletividade fazia teatro também, se apresentavam. E nós ficávamos os três sozinhos em casa. Eu era mais velha, cuidava dos outros. Ficava cuidando deles, e eles iam ao teatro [...].

Margot Leventhal (1991, p. 86) também conta sobre o coro como uma atividade de fruição do povo judaico em Porto Alegre, para além das atividades religiosas:

> P [entrevistadora]: E o objetivo desse coro, vocês cantavam... Se apresentavam também ou... Faziam por prazer?
> R: Não, por prazer e para ter um coro para cantar nas atividades que tinham por causa de Israel, no "Iom Haatzmaut". Então, já naquela época existia o Dror, o Hashomer Hatzair, o Betar. Então, nós festejávamos isso tudo, né? Então havia um coro [...].

Para além das relações com o teatro e a música, a amplitude de perspectiva e a possibilidade de ganhos simbólicos resultantes do domínio de outros idiomas também são algo que merece destaque. Muitas das mulheres puderam trabalhar como professoras de inglês ou alemão pelo conhecimento que tinham desses idiomas. Além disso, também o uso do ídiche[125] é comumente mencionado. Flora Litvin (1991, p. 2) expressa alguns aspectos do ambiente linguístico vivenciado em sua casa em relato que se assemelha a outros localizados no acervo de entrevistas:

> Então nós tínhamos duas línguas em casa, além do português. E era muito interessante porque na nossa casa, como na minha casa depois de casada, o meu marido fala muito bem o "idish", entende. Quando nós queríamos falar alguma coisa que as crianças não entendessem, nós falávamos o "idish".

---

[125] Trata-se de uma língua do subgrupo germânico que foi adotada por judeus, particularmente na Europa Central e na Europa Oriental, e é escrita utilizando caracteres hebraicos.

Em consonância com o que foi evidenciado, a importância dos livros, do estudo e da escola é central. É o que se percebe, por exemplo, na fala de Clara Safro (1988, p. 39): "[...] Eu não tive tempo porque tinha família, tinha que cuidar dos meus filhos e meu marido, eu nunca tive empregada, tive que fazer eu mesma sozinha e sempre tive tempo para ler meu livro". Também na entrevista de Geny Lapczyk (1987) a importância do estudo aparece destacada. Ela relata que a mãe antes de morrer fez o irmão mais velho prometer que garantiria que todos estudassem:

> [...] sabia que ia morrer porque o médico disse que não tinha mais cura. [...] Então, ela chamou o meu irmão e pediu que ele estudasse porque ela achou que ele era todo inteligente e devia estudar. [...] Éramos três irmãos. Naquele tempo eu tinha uns oito anos, talvez nem isso, então ele prometeu que iríamos estudar. E de fato, ele fez o que prometeu, eu estudei. Tirei o primário com distinção, os professores sempre me elogiavam para os outros alunos. E depois entrei, o que se chama assim como aqui é o Elementar, durante três anos. Então tinha que escolher línguas para ver a língua que eu queria. Eu quis alemão. Eu achei que inglês ou outras línguas eram mais difíceis, porque o alemão é parecido com o "idish". Aí, estudei três anos de alemão. [...] Aí, eu disse não, eu queria profissão, porque a mãe morreu e o pai não sei o que vai acontecer, eu quero uma profissão. Aí eu fui para a escola de Alta Costura (Lapczyk, 1987, p. 3-4).

O relato de Eva Sopher nos permite observar a expectativa de que as mulheres seguissem estudando para além do domínio básico de saberes. Ela imigrou ao Brasil já na adolescência e, portanto, tinha concluído na Alemanha a escola primária. No entanto, quando chegou em São Paulo, foi estudar no Mackenzie tendo sido colocada em uma turma de crianças bem mais novas, já que não falava português. Como isso a entediava, decidiu sair da escola e começar a trabalhar contrariando a vontade de seus pais: "[...] eu penso no meu pai: 'Deus o livre, a gente tem que concluir o colégio'. Eu saí do colégio contra o desejo dos meus pais. Eu consegui o meu primeiro emprego aos dezessete anos, contra o desejo dos meus pais [...]" (Sopher, 1987, p. 33-34).

Tal relato descortina outro aspecto frequente e igualmente importante na vida das mulheres judias entrevistadas, o trabalho. Na fala de Geny Lapczyk (1987, p. 22), é possível observar como tais questões aparecem lado a lado:

> Eu cozinhava no corredor, na panela de carvão, botava na rede de arame e cozinhava no corredor da lojinha que eu tive. Eu fazia de tudo. Eu fazia tudo sozinha prá cuidar da lojinha que eu fiz. Era costurar, limpar, era cozinhar, para meus filhos poderem estudar. Minha luta foi grande.

Eva Alterman Blay (2009), examinando as questões identitárias de judeus que se instalaram em São Paulo, observa que as mulheres judias acumulavam as atividades domésticas e o trabalho fora de casa, frequentemente em comércios da família. A autora destaca que

> [...] mulheres judias têm um longo passado de trabalho [...]. No século XIX e começo do XX, as mulheres judias nos schtetlach e nas cidades também trabalhavam em atividades econômicas: muitas acompanhavam as atividades artesanais de seus maridos e vendiam os produtos que eles produziam, outras eram operárias, e algumas, poucas, exerciam atividades qualificadas. Ao chegar ao Brasil, esse comportamento teve continuidade (Blay, 2009, p. 253).

Do mesmo modo, Ethel V. Kosminsky (2004, p. 288), cuja pesquisa comparou vivências de mulheres judias em São Paulo e Nova York, também reporta a importância da atividade laboral feminina e seu significado no âmbito da família:

> A questão do trabalho está intimamente relacionada à posição da mulher dentro da família. Assim, a mulher judia, tanto a casada quanto a solteira, na Europa Oriental, podia trabalhar no mercado em praça pública, ou numa pequena loja, vendendo pequenas mercadorias, tais como agulhas, linha etc.

Nas entrevistas disponíveis no Instituto Cultural Judaico Marc Chagall, a valorização do trabalho como atividade fundamental na vida está presente tanto em relatos de homens como de mulheres. Marta Faermann (1987, p. 7), por exemplo, menciona ter começado a trabalhar cedo: "Com doze anos eu posso dizer que eu já trabalhava com meu pai na firma. Estudava e vinha do colégio e já ajudava. E com dezessete anos, eu já dirigia a firma". Outro relato nesse sentido é de Nina Zabludovsky Caro, nascida em Bialystok (Polônia), e que diz ter logo começado a dar aulas de alemão quando chegou ao Brasil.

Segundo ela, não era raro no contexto brasileiro, nos anos 1930 e 1940, que as mulheres trabalhassem, mas como professoras primárias:

> P [entrevistadora]: E, naquela época era pouco comum que uma mulher trabalhasse?
> R [Nina Caro]: Não, mas aqui as pessoas se dirigiam à gente como professora. E de modo geral naquela época professora era professora primária. Como eu tinha formação acadêmica talvez me tenham dado um pouco mais de respeito. Mas eu nunca usei "doutora" como título aqui.
> P: O que quer dizer professora primária?
> R: Professora dos Anos Iniciais do colégio. Professora é qualquer uma que dá aulas a crianças de seis anos de idade no colégio (Caro, 1988, p. 8).

Alguns relatos destacam, ainda, a surpresa com relação à falta de autonomia das mulheres porto-alegrenses como se nota a seguir:

> Porto Alegre era uma cidadezinha, todos conheciam todo mundo, e para a mulher a vida aqui era simplesmente terrível, simplesmente terrível! Eu, após pouco tempo, comecei a dar aulas de inglês para ganhar dinheiro. E eu entrei nos círculos brasileiros ricos, e vi como viviam essas mulheres, e eu me senti a rica, e tive a impressão de que elas eram as pobres. Pois, realmente, eram pobres [...]. Elas não sabiam nada, não podiam, não ouviam música, não liam, não conheciam nada de nada. Nada. E eram mulheres inteligentes (Oliven, 1988, p. 21-22).

A importância da escola e do estudo

Nos relatos presentes nas entrevistas analisadas, as experiências escolares reportam muitas vezes ao período vivido na Europa. Nesse sentido, é possível observar que a opção por frequentar escolas judaicas só se apresenta após o início das perseguições aos judeus. É apenas no contexto do antissemitismo que a referência à identidade judaica se sobrepõe a outros critérios de escolha escolar. Segundo contam as entrevistadas, nos países de onde vieram, até a ascensão do Nazismo, os judeus frequentavam comumente escolas públicas junto com as demais crianças ou mesmo escolas cristãs. Eva Sopher (1987, p. 2-3), nascida em Frankfurt em 1923, relata em detalhes tal situação:

> Nós morávamos em Frankfurt muito bem. Meu pai era banqueiro bem sucedido. As dificuldades começaram em 1933 com a ascensão de Hitler. Era exatamente o ano em que eu deveria iniciar o ginásio tendo sido transferida, por isso mesmo, da escola pública, porque na Alemanha não se tinha

> escolas primárias pagas, a gente frequentava escola pública, então eu fui, aí sim, transferida para o ginásio no qual minha irmã já estava há um tempo relativo a sua idade, onde minha mãe tinha sido criada, onde toda a família tinha frequentado as aulas durante o ginásio. Minha irmã, nos primeiros dias de aula, veio para casa chorosa, aborrecida, porque a colega da aula dela tinha dito que o pai não permitia que ela se sentasse ao lado de uma menina judia. Naquela época, ou seja, no início do ano, devia ser abril, que iniciavam os anos letivos nos colégios lá, meu pai processou o colégio e ainda ganhou o processo contra o colégio. Isso no início de Hitler. Resultado: nós fomos tirados daquele colégio e fomos colocados num estabelecimento judaico, uma escola muito boa que somente não tinha sido considerada antes por se encontrar bem afastada da nossa residência e pelo fato que eu dizia que a mãe, os tios, os outros já tinham se formado naquele ginásio.

Sima Grobocopatel também relata que o início das perseguições na Europa interferiu nas trajetórias escolares dos judeus. Conta que tinha feito o primário na Bessarábia, onde nasceu, e cursava um colégio profissionalizante quando "começou a entrar o Fascismo, né? Então não deixou a gente estudar adiante, né? Não tinha possibilidade de estudar" (Grobocopatel, 1988, p. 1). Outro relato que menciona o mesmo tipo de situação é o de Zeldi Oliven. Filha de poloneses, nascida em Berlim em 1919, conta que frequentava uma escola cristã da qual precisou se retirar quando começaram as perseguições aos judeus e ela se viu isolada naquele contexto:

> Foi muito claro dentro do colégio. Eu, a partir da subida do Hitler ao poder, eu não tinha mais uma amiga alemã; nem assim... um amiguinho mais distante. Não tinha mais. As minhas amigas eram só judias [...] (Oliven, 1988, p. 4-5).

Apenas depois disso é que ela passou a frequentar a escola judaica.

Desses relatos, outra forte evidência é a importância de continuar a estudar apesar das adversidades. Na chegada ao Brasil e nas escolhas de escolarização para os próprios filhos, meninos ou meninas, esse aspecto tem presença notável. Janeta Ioschpe (1987, p. 1) menciona logo no início de seu relato a centralidade da escola enquanto ainda vivia na Polônia: "Quando nós éramos pequenos, a mamãe já nos pôs no grupo escolar que se chamava, em 'idish', 'cheider' e nós estudávamos a história de nosso povo, o 'idish'. Também estudávamos um pouco o polonês". Já instalados no Brasil, o estudo segue importante em seu relato: "Olha, eu estudei uns quatro anos em Passo Fundo, no Instituto Educacional, e depois continuei estudando em Quatro Irmãos, onde era meu professor Luis Brofman [...]" (Ioschpe, 1987, p. 2). Quando se refere à educação dos filhos, a importância do estudo é reiterada: "Nós criamos nossos filhos na maior riqueza possível. Não tivemos, naquela época intensas riquezas, mas a nossa riqueza era uma boa educação, uma boa instrução [...]. E nisso nós éramos egoístas" (Ioschpe, 1987, p. 6).

A importância da educação dos filhos tem lugar destacado na organização familiar dessas pessoas. Ieda Gutfreind (2004, p. 82) menciona, na análise que produz acerca da imigração judaica no Rio Grande do Sul, que

> [...] em relação às necessidades básicas da vida, a educação dos filhos foi um fator que motivou a saída da colônia, pois nesta somente havia o ensino primário; desse modo tinham que enviar seus filhos para estudar nas cidades, o que para muitos criava dificuldades com despesa de pagamentos de diárias de pensões ou aluguéis, roupas, material de estudo etc. Muitos pais optaram em acompanhar os filhos, transferindo-se para as cidades.

Janeta Ioschpe (1987, p. 9) refere-se à sua experiência na colônia de Quatro Irmãos e ressalta que "[...] o povo judeu é um povo que gosta muito do livro. E, devido à instrução dos filhos, eles foram saindo, para onde tem faculdades onde possam instruir os filhos". Conforme seus filhos cresceram, as possibilidades de escolarização na região eram insuficientes, o que os levou a se instalarem em Porto Alegre:

> Ficamos morando em Quatro Irmãos até os filhos precisarem de ginásio. A minha filha mais velha, Clara, esteve dois anos no Americanos, interna. O meu filho Daniel esteve um ano em Passo Fundo no Instituto, interno. Com a tenra idade de dez anos ele entrou no internato. Foi muito difícil para ele. Então resolvemos em 1948 mudar-nos para Porto Alegre. Eles transferiram os colégios para cá. Tanto eu quanto a Clara, minha cunhada, esposa do Salomão, nos mudamos, já que os filhos precisaram de colégio superior, que lá no interior não tinha. Esse foi o nosso motivo da vinda para Porto Alegre [...].
> Nossos filhos estudavam no Colégio Americano e no IPA. Não foram para o ginásio, para o Julinho, porque eram muito pequenos ainda e tínhamos medo deles tomarem o bonde. Não estavam acostumados [...] (Ioschpe, 1987, p. 3-6).

Nesse relato, importa destacar dois aspectos cruciais para a compreensão do lugar da escolarização das meninas em famílias judaicas que se instalaram em Porto Alegre. O primeiro deles é o fato de que, em todas as entrevistas analisadas, a continuidade dos estudos das filhas aparece como tão importante quanto a dos filhos. O segundo aspecto está em que o mais comum é a menção da frequência ao ginásio e não à Escola Normal, instituição destinada à formação docente que, na tradição brasileira, constituiu-se como percurso principal de formação das meninas das elites até meados do século XX. Articulando-se a esse último fato, está a recorrência pela escolha do Colégio Americano ou IPA, instituições Metodistas que ofereciam opção de ginásio às meninas em uma época na qual, em Porto Alegre, as poucas instituições que disponibilizavam esse nível de ensino às meninas eram católicas[126].

Geny Lapczyk (1987, p. 22), nascida em 1903, expressa a raridade da situação ao se referir à escolarização de sua filha: "E veio uma professora na minha casa, para estudar com a minha filha, continuar do primário que ela já tinha tirado e nesse meio tempo, o meu filho tirou também o primário. Eles entraram no IPA os dois. Única menina com não sei quantos rapazes". Essa frase expressa uma diferença no que se refere ao percurso de escolarização das meninas em Porto Alegre.

Nesse sentido, na entrevista de Ruth Herz (1991, p. 12), aparecem mais referências ao ginásio, narrando o seu processo de seleção e a experiência de diálogo com o colégio católico Bom Conselho:

> [...] meu pai nos matriculou logo no Bom Conselho, falando com as freiras que não poderíamos assistir aulas de religião, que não poderíamos escrever no sábado, e nos dias santificados. Acho que como éramos os primeiros, eles foram muito bacana conosco, e permitiram todas essas regalias. Minha mãe chegou a falar com o Secretário de Educação, para que eu fizesse o exame de admissão para o ginásio, que tinha caído num sábado, num outro dia, como única pessoa. Aí, a madre Benícia, do Bom Conselho naquela época, pelo que eu sei, que ela falava muito bem o alemão: "O sábado de vocês termina ao anoitecer. Ela não poderia fazer o exame à noite?" Aí, evidente, sozinha, meu pai me levou após a "Avdalá" no Bom Conselho, eu sozinha num

---

[126] O Colégio Israelita de Porto Alegre, criado em 1922, só passou a oferecer o Curso Ginasial a partir de 1956 (Almeida, 2018).

salão enorme com a freira assistindo e a licença do Secretário de Educação, eu acho que era o Germano Petersen, que havia dado, pessoalmente, a minha mãe à permissão. Prestei o exame de admissão.

Ruth Herz (1991, p. 16) segue a sua narrativa contando sobre como os católicos recebiam,

> P [entrevistadora]: Os católicos que viviam em Porto Alegre. R: Recebiam muito bem. A única coisa que fomos ensinadas pelas professoras, as freiras do Bom Conselho foi: "Não se dominem de judeus, mas de israelitas". Que em israelita, não se entendia o judeu perseguido, o Judas. Não sei, hoje esse conceito não existe. Mas isso foi em 1934. Nesse ponto, o que foi difícil, era a comunicação. Só falávamos com as pessoas que falavam alemão.

Mais para frente, após fundação do Colégio Israelita e o relato sobre o envolvimento assíduo dos pais nessa atividade, Flora Litvin (1991, p. 26) destaca a relação do colégio Israelita com as outras escolas:

> Nós ali, com o nosso vizinho, o colégio Rio Branco, sempre, sempre nos demos bem. Nós íamos buscar não sei o que, eles vinham buscar não sei quanto. [...] E com as outras escolas, com o IPA, mesmo com o Farroupilha, nós tínhamos competições esportivas. [...] muitos dos nossos professores eram professores nas outras escolas também [...]. E eu acho que era importante isso, para nós, para a nossa escola [...]. E acho que para eles também era importante. Nós tínhamos as competições esportivas, literárias, às vezes até sobre assuntos judaicos. E aí era interessante, acho que ainda continuam fazendo isso.

Considerações finais

Neste capítulo, pretendemos apresentar a análise de aspectos das entrevistas com mulheres judias que viveram em Porto Alegre na primeira metade do século XX.

Revisitando entrevistas produzidas nas décadas de 1980/1990 pelo projeto *Preservação da Memória Judaica* e disponíveis no acervo do Instituto Cultural Judaico Marc Chagall, tivemos acesso às memórias e aos pontos de vista de judias imigrantes que se instalaram no Rio Grande do

Sul e pudemos conhecer aspectos relacionados à história de escolarização dessas pessoas e seus filhos.

Optamos por circunscrever a atenção aos relatos sobre a presença da escola e do estudo na vida das mulheres que residiram em Porto Alegre. Destacou-se, nesse sentido, a menção recorrente à importância dos livros e da cultura, do estudo e da escola, bem como o apreço à liberdade feminina e a valorização da atividade laboral. Importante observar que nos relatos dessas mulheres a continuidade dos estudos em nível pós-primário era considerada tão importante para as meninas quanto para os meninos.

Nesse sentido, como eram poucas as instituições de ensino frequentadas por meninas (após o curso primário) e pouco comum nas famílias brasileiras, mesmo nas elites, o desejo de que as meninas tivessem longas trajetórias escolares, não foi raro que meninas judias frequentassem instituições escolares cristãs, católicas ou metodistas. O acesso a bens culturais, como a ida ao teatro e o conhecimento de uma língua estrangeira, também é algo ressaltado pelas entrevistadas.

ENTREVISTAS

Berta Ruth Herz. Acervo do Instituto Cultural Judaico Marc Chagall. Data da entrevista: 1988.

Clara Safro. Acervo do Instituto Cultural Judaico Marc Chagall. Data da entrevista: 1988.

Dora Wainberg. Acervo do Instituto Cultural Judaico Marc Chagall. Data da entrevista: 1988.

Eva Sopher. Acervo do Instituto Cultural Judaico Marc Chagall. Data da entrevista: 1987.

Fanny Baibich. Acervo do Instituto Cultural Judaico Marc Chagall, data da entrevista: 1988.

Flora Litvin. Acervo do Instituto Cultural Judaico Marc Chagall. Data da entrevista: 1991.

Geny Lapczyk. Acervo do Instituto Cultural Judaico Marc Chagall. Data da entrevista: 1987.

Herbert Moritz Caro e Nina Zabludovsky Caro. Acervo do Instituto Cultural Judaico Marc Chagall. Data da entrevista: 1988.

Ida Katz. Acervo do Instituto Cultural Judaico Marc Chagall. Data da entrevista: 1988.

Janeta Ioschpe. Acervo do Instituto Cultural Judaico Marc Chagall. Data da entrevista: 1987.

Margot Leventhal e Eva Dorfman. Acervo do Instituto Cultural Judaico Marc Chagall. Data da entrevista: 1991

Marta Faermann. Acervo do Instituto Cultural Judaico Marc Chagall. Data da entrevista: 1987.

Matilde Goisman. Acervo do Instituto Cultural Judaico Marc Chagall. Data da entrevista: 1990.

Nina Zalbludovsky Caro. Acervo do Instituto Cultural Judaico Marc Chagall. Data da entrevista: 1988.

Rosa Wolfrid. Acervo do Instituto Cultural Judaico Marc Chagall. Data da entrevista: 1988.

Rosita Berger. Acervo do Instituto Cultural Judaico Marc Chagall. Data da entrevista: 1988.

Ruth Herz. Acervo do Instituto Cultural Judaico Marc Chagall. Data da entrevista: 1991.

Sima Grobocopatel. Acervo do Instituto Cultural Judaico Marc Chagall. Data da entrevista: 1988.

Simão Meimes Junior e Fanny Baibich. Acervo do Instituto Cultural Judaico Marc Chagall. Data da entrevista: 1988.

Zeldi Oliven. Acervo do Instituto Cultural Judaico Marc Chagall. Data da entrevista: 1988.

REFERÊNCIAS

ALMEIDA, Dóris Bittencourt. Memórias da ÍdichSchule: movimentos de uma escola judaica, pelas narrativas de estudantes e professores (1922–1956, Porto Alegre/RS). **Perspectiva**, Florianópolis, v. 36, n. 3, p. 908-929, jul.-set. 2018.

BLAY, Eva Alterman. Gênero, resistência e identidade: Imigrantes judeus no Brasil. Tempo Social. **Tempo Social**, São Paulo, v. 21, n. 2, p. 235-258, 2009.

GUTFREIND, Ieda. **A imigração judaica no Rio Grande do Sul**. São Leopoldo: Editora da Unisinos, 2004.

KOSMINSKY, Ethel Volfzon. Questões de gênero em estudos comparativos de imigração: mulheres judias em São Paulo e em Nova York. **Cadernos Pagu**, Campinas, v. 23, p. 279-328, jul.-dez. 2004.

OZ, Amós. **Mais de uma luz**: fanatismo, fé e convivência no século XXI. São Paulo: Companhia das Letras, 2017.

SORJ, Bila (org.). **Identidades judaicas no Brasil contemporâneo**. Rio de Janeiro: Imago, 1997.

SOBRE AS AUTORAS

Aldenize da Silva Ladislau

Mestre em História, licenciada em História pela Universidade Federal da Paraíba (UFPB). Professora da Educação Básica nas cidades de Bayeux e João Pessoa. Integrante do Grupo de Pesquisa "História da Educação no Nordeste Oitocentista" (GHENO/UFPB) e Grupo de Estudos e Pesquisas "História da Educação da Paraíba" (Histed-BR/UFPB).

E-mail: denize.silva2015@hotmail.com
Contato profissional: @prof.aldenizeladislau
Orcid: 0009-0000-4003-9055

Alessandra Frota Martinez de Schueler

Doutora em Educação, mestra em História, licenciada em História pela Universidade Federal Fluminense (UFF). Professora associada da área de História da Educação, na Faculdade de Educação, na mesma universidade. Pesquisadora colaboradora nos seguintes grupos: Laboratório de História Digital, Pública e Social da Educação (UFF); Núcleo de Pesquisa em História da Educação (NEPHE/Uerj); Grupo de Pesquisa "Gêneros, Sexualidades e Diferenças nos Vários EspaçosTempos da História e dos Cotidianos" (Gesdi – FFP/Uerj).

E-mail: alefrotaschueler@gmail.com
Orcid: 0000-0002-7708-6899

Aline de Morais Limeira

Mestre e doutora em Educação pela Universidade do Estado do Rio de Janeiro (Uerj). Professora adjunta do Centro de Educação da Universidade Federal da Paraíba (UFPB), professora colaboradora do Programa de Pós-Graduação em Educação (Uerj) e professora credenciada do Programa de Pós-Graduação em Educação (PPGE/UFPB). Integrante do Grupo de Pesquisa "História da Educação no Nordeste Oitocentista" (GHENO/UFPB) e vice-líder do Núcleo de Ensino e Pesquisa em História da Educação (NEPHE/Uerj).

E-mail: alinedemoraislimeira@gmail.com
Orcid: 0000-0002-5964-6661

Amanda Galvíncio

Mestre e doutora em Educação pela Universidade Federal da Paraíba (UFPB). Professora adjunta do Departamento de Fundamentação da Educação, do Centro de Educação da Universidade Federal da Paraíba. Coordenadora do Grupo de Estudos e Pesquisas em História da Educação – GT Paraíba (HISTEDBR-PB), desenvolvendo pesquisas na linha de História intelectual e dos intelectuais, (auto)biografias e estudos de gênero. Integrante do Grupo de "História da Educação no Nordeste Oitocentista" (GHENO/UFPB) e Grupo de "História das Infâncias e Estudo de Gênero" (GHIEG/UFPB). Também desenvolve estudos e orientação na área de internacionalização, formação acadêmica, comunicação e divulgação científica junto ao Grupo de Estudos sobre Segurança Energética do Departamento de Relações Internacionais (Gesene/UFPB).

E-mail: amanda_galvincio@hotmail.com
Orcid: 0000-0002-6930-8607

Anamaria Gonçalves Bueno de Freitas

Possui graduação em Pedagogia (1989), mestrado em Educação (1995) e doutorado na mesma área (2003) pela Universidade Estadual de Campinas (Unicamp). Possui pós-doutorado pela Universidade de São Paulo (2010). Atualmente, é professora do Departamento de Educação, da Universidade Federal de Sergipe (UFS); vice-coordenadora do Grupo de Pesquisa em História da Educação: memórias, sujeitos, e práticas educativas (GEPHED/UFS).

E-mail: anagbueno@uol.com.br
Orcid: 0000-0003-1386-525X

Clarice Nascimento de Melo

É graduada em História pela Universidade Federal do Pará (UFPA). Doutora em Educação pela Universidade Federal do Rio Grande do Norte (UFRN). É docente e pesquisadora em História da Educação do Programa de Pós-Graduação em Currículo e Gestão da Escola Básica, da UFPA. Lidera o Grupo de Estudos e Pesquisa em História e Educação (GEPHE/UFPA).

E-mail: mnclarice@gmail.com
Orcid: 0000-0001-7287-5648

Cristiane Batista da Silva Santos

Doutora em Estudos Étnicos e Africanos pela Universidade Federal da Bahia (UFBA). Professora adjunta do Departamento de Ciências da Educação (DCIE) da Universidade Estadual de Santa Cruz (Uesc) e do Programa de Pós-Graduação em Educação (PPGE) na mesma universidade. Pesquisadora do Grupo de Pesquisa em Política e História da Educação (GRUPPHED/Uesc).

E-mail: cbssantos@uesc.br

Contato profissional: 71 991084964

Orcid: 0000-0002-7582-6582

Cristiane Ribeiro

Doutoranda em História Social da Cultura pela Universidade Estadual de Campinas (Unicamp) com a tese: "Mulheres de Letras na Imprensa: uma história da evolução da profissão da jornalista numa perspectiva de gênero, século XIX no Rio de Janeiro". Licenciada e mestre pela Universidade Federal de Juiz de Fora (UFJF), com a dissertação: "'A vida caseira é a sepultura dos talentos': gênero e participação política nos escritos de Anna Rosa Termacsics dos Santos (1850-1886)". Integra o Grupo de Pesquisa em Gênero e História (GRUPEGH/USP), o Núcleo de Estudos da Edição, Literatura e Imprensa (Neelim/Unicamp) e o Núcleo de Estudos em História Social da Política (NEHSP/UFJF). Foi professora substituta do Cefet-MG entre 2020 e 2022. É bolsista do Conselho Nacional de Desenvolvimento Científico e Tecnológico (CNPq).

Lattes: http://lattes.cnpq.br/3535043065515166

E-mail: crisdepaularibeiro@hotmail.com

Orcid: 0000-0002-5177-2807

Gabriela Guimarães Silva

É graduada em História pela Universidade Federal do Pará, vinculada ao Grupo de Estudos e Pesquisas História e Educação (GEPHE/UFPA). Possui área de interesse nos seguintes temas: História da educação de mulheres, Ensino de História, Gênero e Sexualidade e Relações Étnico-raciais. Atualmente, cursa bacharelado em Serviço Social na UFPA.

E-mail: gabrielaguima3@gmail.com

Orcid: 0009-0008-6008-0002

Irma Rizzini

Doutora em História Social e mestra em Psicologia Social pela Universidade Federal do Rio de Janeiro (UFRJ). Professora associada da área de História da Educação, na Faculdade de Educação da UFRJ. Integra o Programa de Estudos e Documentação Educação e Sociedade (Proedes/FE/UFRJ) e o Núcleo de Pesquisa em História da Educação (NEPHE\Uerj).

E-mail: irma.rizzini@gmail.com
Orcid: 0000-0002-6195-6490

Itacyara Vianna Miranda

Doutora em Educação, mestre em História, licenciada em História pela Universidade Federal da Paraíba (UFPB). Professora adjunta da UFPB, vinculada ao Departamento de Fundamentação da Educação/CE e professora credenciada ao ProfHistória/UFPB. Membro do Grupo de estudos e Pesquisas História, Sociedade e Educação no Brasil (HISTEDBR-Paraíba). Vice-líder do Grupo de História da Educação no Nordeste Oitocentista (UFPB).

E-mail: itacyaravm@gmail.com
Orcid: 0000-0003-4201-0752

Maria Luiza Ugarte Pinheiro

Professora associada da Universidade Federal do Amazonas (Ufam), atuando no Curso de Pós-Graduação em História. Autora de artigos e de capítulos de livros e dos livros *A cidade sobre os ombros: trabalho e conflito no porto de Manaus: 1899-1920*; *Folhas do Norte: letramento e periodismo no Amazonas, 1880-1920*; *Gênero & imprensa na História do Amazonas* e *Mundos do trabalho na cidade da borracha: trabalhadores, lideranças, associações e greves operárias em Manaus (1880-1930)*, este último em parceria com Luís Balkar S. P. Pinheiro.

E-mail: malu.ufam@gmail.com
Orcid: 0000-0002-9994-1921

Mariana Motta Klein

Mestranda em Educação pela Universidade Federal do Rio Grande do Sul (UFRGS), atualmente pesquisa a escrita de mulheres no cárcere em Buenos Aires, Argentina. Possui graduação em Pedagogia pela UFRGS (2019) e um período do Bacharelado em Letras Português-Espanhol pela

UFRGS (2022). Durante a graduação em Educação, foi bolsista de iniciação científica CNPq no projeto "Exclusão escolar na história brasileira: persistências e resistências (1920-2020)" e participante do grupo "Estudos Sócio-Históricos sobre Escolarização" (ESHE/UFRGS), coordenado pela Prof.ª Dr.ª Natália de Lacerda Gil. Na primeira graduação também pesquisou a Universidade Federal da Integração Latino-Americana (UNILA) e as dimensões de integração na América Latina através dos aspectos linguísticos e culturais, sob orientação da Prof.ª Dr.ª Maria Estela Dal Pai Franco, no projeto de pesquisa "Universidades em Contextos Emergentes" do Grupo de Estudos sobre Universidades (GEU/UFRGS). Também tem atuação na Educação de Jovens e Adultos, pré-vestibulares e escolas de idiomas com o ensino de Língua Espanhola.

E-mail: marianamottaklein@hotmail.com
Orcid: 0000-0002-6084-8797

Natália Gil

Doutora em Educação pela Universidade de São Paulo (USP). Professora na Faculdade de Educação da Universidade Federal do Rio Grande do Sul (UFRGS) e líder do grupo de pesquisa "História da escolarização no Brasil: políticas e discursos especializados" (Histeb/UFRGS). Coordena juntamente com Mateus Saraiva a pesquisa "Qualidade, racionalidades colonizadas e exclusão escolar (1920-2020)". Tem se dedicado a investigar a história da exclusão na escola brasileira e as implicações dos processos de quantificação em educação.

E-mail: natalia.gil@uol.com.br
Orcid: 0000-0002-0818-4858

Nilce Vieira Campos Ferreira

Doutorado e pós-doutorado em Educação. Professora na Graduação em Pedagogia e na Pós-Graduação em Educação na Universidade Federal de Mato Grosso (UFMT/PPGE/Campus Cuiabá). Coordenadora do Grupo de Pesquisa em História da Educação, Acervos Históricos Institucionais e Gênero (GPHEG). Coordenadora da Rede de Pesquisa, Ensino e Extensão em Educação das Regiões Centro-Oeste e Norte do Brasil e da América Latina (RECONAL-Edu).

E-mail: nilcevieiraufmt@gmail.com
Orcid: 0000-0002-9165-0011

Thais Fernanda Vicente Rabelo Maciel

Professora da Universidade Federal de Sergipe (Colégio de Aplicação da UFS). Doutora em Música pela Universidade Federal de Minas Gerais (2021) e mestre em Música pela Universidade Federal da Bahia (2014). Licenciada em Música pela Universidade Federal de Sergipe (2011). Pesquisadora da Música de Sergipe no século XIX. Coordena o Centro de Estudos em Musicologia e Patrimônio Musical Sergipano (Cemuse).

E-mail: thaisrabelomusica@gmail.com

Orcid: 0000-0003-1939-038X